·彩图版·

龚书铎⊙主编

编话

八卷·宋史

新编

二十四史

巴蜀书社

白话精编二十四史 第八卷 宋史

图书在版编目（CIP）数据

白话精编二十四史／龚书铎主编 .—成都：巴蜀书社，2016.10

ISBN 978-7-5531-0739-4

Ⅰ．①白… Ⅱ．①龚… Ⅲ．①中国历史－古代史－纪传体②二十四史－译文 Ⅳ．① K204.1

中国版本图书馆 CIP 数据核字（2016）第 231862 号

白话精编二十四史　第八卷	龚书铎　主编

策划组稿	林建
责任编辑	施维　张照华　肖静　封龙　童际鹏　张亮亮
出　版	巴蜀书社
	成都市槐树街2号　邮编610031
	总编室电话：（028）86259397
网　址	www.bsbook.com
发　行	巴蜀书社
	发行科电话：（028）86259422　86259423
经　销	新华书店
制　作	日知图书（www.rzbook.com）
印　刷	天津市光明印务有限公司
版　次	2016年10月第1版
印　次	2016年10月第1次印刷
成品尺寸	165mm×230mm
印　张	160
字　数	3000千字
书　号	ISBN 978-7-5531-0739-4
定　价	298.00元（全十卷）

前　言

鲁迅先生曾说："历史上写着中国的灵魂，指示着民族的未来。"中国的历史，无疑是我们国家和整个华夏民族的灵魂所在。从有文字以来，中国人就对历史的记述有着浓厚的兴趣。"左史记言，右史记事"滥觞于前，孕育了中国几千年来持续不断的历史记述制度，不仅"世有史官"，而且设立专门的著史机构；除了国家专门组织的著史工作之外，大量的私人著史活动也是风起云涌，从不同的角度，以不同的观念并在不同的深度和广度上反映了历史的真实，从而形成了一股汹涌澎湃的文化思潮，影响深远。

在这样的制度和文化背景下，几千年来，中国产生的历史著作可谓汗牛充栋，为了有所区别，于是产生了"正史"和"野史"之分。在浩如烟海的历史著作中，就正史而言，"二十四史"无疑是其中的佼佼者，是中国历史文化遗产中的璀璨明珠。

作为正史总集的"二十四史"是中国史学主干，由清乾隆帝钦定后，正史遂成为"二十四史"的专有名称。它从《史记》（司马迁著）至《明史》（张廷玉等著）共计24部、3243卷，约4000万字。"二十四史"的著作年代前后相差计1800年，是世界图书史上独有的巨著。

"二十四史"全部按照纪传体的形式，采取以人物为中心、以时间为顺序的方式记事，完整、系统地记录了从传说中的黄帝到明朝末年四千多年间中华民族形成、发展、融合、兴旺的历史轨迹，全面展示了历代王朝的兴亡盛衰规律，翔实而细致地记载了各个历史时期的经济、政治、文化、科技、军事、疆域、民族、外交等多方面内容以及宝贵的历史经验教训。

为了让读者能够轻松阅读这一皇皇巨著，我们编撰出版了这部《白话精编二十四史》，从24部史书中选取具有代表性的精华篇章编译为白话，遵循"信达雅"的原则，保持原书风貌，浓缩原著精华。为了适应现代读者的审美需求，本书打破了传统正史读物的条条框框，版式设计新颖别致，书中插配了近千幅与史书内容相关的绘画、书法、建筑、陶瓷、金银器等精美图片，通过这些元素的完美结合，将读者带进一个真实而多彩的历史空间，让读者全方位、多角度地去感受中华文明和华夏民族智慧之所在。

目录

白话精编二十四史（第八卷）
● 宋史

宋史

宋史

宋史

中国社会科学院历史研究所中国史研究编辑部副编审

曲鸣丽

　　《宋史》为纪传体，是元朝人脱脱等利用旧有宋朝国史编撰而成，基本上保存了宋朝国史的原貌。全书 496 卷，是二十四史中最庞大的一部官修史书。它记载了北宋太祖建隆元年（960）至南宋帝昺祥兴二年（1279）共计 320 年的历史，包括政治、经济、军事、典章制度、社会生活和民族关系等，另有天文、律历、河渠、地理、仪卫、舆服等方方面面，不仅条目繁多，而且内容详实，仅列传就有两千多人，记载了大大小小上万起事件，反映了这个时期文武百官的风貌和历史变迁的进程。

　　由于《宋史》成书仓促及修书者思想上的局限，书中部分地方略显杂芜，人物编排上也存在偏颇。尽管《宋史》存在这些缺陷，但因其卷帙浩繁，保存了不少已散佚的原始资料，其史料价值仍是其他史书所不能替代的。要了解宋代光辉灿烂的文化以及这个时期特殊的历史现象，《宋史》是一部很好的历史参考书。

白话精编二十四史
第八卷

宋史 本纪 本纪

太祖本纪

对于任何一个王朝来说，开国之君都是一段绕不过去的传奇。宋太祖赵匡胤出生那天就充满着众多难解的"异象"，而这也拉开了他传奇人生的序幕：少年得志，青年扬名，中年称帝，晚年蹊死……他用赤诚、霸气和谦谨谱写了大宋帝国荡气回肠的开国伟业。

宋太祖赵匡胤是后周大将赵弘殷的二儿子，出生在洛阳（今属河南）夹马营，当时红光绕房，奇异的香气一夜都没散去，而太祖身体上泛出的金黄色，三天都没有变。

【少年英豪】

长大后，太祖相貌堂堂、器宇轩昂，有见识的人都认为他绝非一般人。

太祖学习骑马射箭，一直比常人要好。一次，太祖想要驯服一匹性情极其暴烈的马，还坚持不用马鞍。谁知这匹脱缰的烈马飞奔上登城楼的坡道，太祖的额头一下子撞到门框的横木上，从马背上重重地摔了下来。在周围人的惊叫声中，太祖慢慢爬起来，继续追赶烈马，最后终于飞身跃上，扬尘而去。

还有一次，太祖和后来成为宋朝大将的韩令坤在一间废弃的土屋中赌博，赌兴正浓之时，听见麻雀在屋子外面互相争啄，噪声大作。两个人心烦不已，争着起身到屋子外捕捉麻雀，谁知他们刚跨出屋子，土屋就倒塌了。

后汉初年，太祖四处游历却没有获得多少机会，在襄阳寺庙中借住。一位会看相算命的老和尚，一见太祖，便说："我给你足够的盘缠，你朝北走就会有机遇了。"太祖便一直往北走，当时正值周太祖以后汉枢密使的身份征讨叛军，太祖便应征在其麾下任职。

【一战扬名】

显德三年（956）春天，太祖跟随周世宗征讨淮南，首战就在涡口打败南唐军万余人，斩杀南唐兵马都监何延锡等人。

南唐节度使皇甫晖、姚凤率领号称十五万的军队，驻扎在清流关，誓言与太祖决一死战。面对挑战，太祖率军连夜奔袭，将皇甫晖、姚凤的军队打得四处逃散。太祖紧追不舍，一直追到了城下，皇甫晖说："我们各自为了自己的主人，我希望双方布好阵势以决胜负。"太祖笑着答应了。

等皇甫晖摆好了阵势，太祖猛地抱紧马脖子一直冲入敌军阵内，一挥大刀，直接砍中了皇甫晖的脑袋，顺势把姚凤也一并擒住。

半夜里，太祖的父亲赵弘殷也率领军队来到城下，并传呼开门。太祖却传出话去："父亲诚然是至亲，但是把守城门却是国家大事，我不能擅自深夜开门。"一直等到天亮，赵弘殷才被允许进城。

这时候，大将韩令坤也攻下扬州，南唐迅速派兵进行反攻。见到声势浩大的敌军，韩令坤开始动摇起来，主张退兵。周世宗连忙派太祖率领两千人马赶往六合（今属江苏南京）进行侧面增援。到了六合，太祖当即下令："如果扬州兵敢退到六合，就砍断他们的脚。"断了后路，韩令坤只好固守扬州，一心迎敌。不久，太祖就在六合东面打败了南唐齐王李景达，斩杀一万多人。

班师回朝后，太祖声名大噪，被任命为殿前都指挥使，不久又被任命为定国军节度使。

【黄袍加身】

显德七年（960）春，北汉联合契丹一起进攻后周，朝廷命令太祖率领军队抵御敌人。

大军到了陈桥驿（今河南开封东北），便安营扎寨了。这时，军队里有一个名叫苗训的精通天文的人招呼将士们观看一个奇特的景象。只见太阳下面还有个太阳，黑光来回晃动了很长时间。就在这天的后半夜，军中将士们一起来到驿门前，纷纷要求太祖做皇帝，虽然有人劝阻，但众人心意已决。

天快亮的时候，将士们来到了太祖的营帐外，太祖的弟弟赵匡义进入了太祖的房间禀明事情原委，太祖起

🔥 **宋太祖像**
显德七年（960），五代末期后周禁军统帅赵匡胤被部下黄袍加身，逼周恭帝让位，建立北宋。

身。这时候，将士们拿着兵器立在庭院中，说："如今军队里还没有真正的主人，我们愿意拥护您做皇帝。"太祖还没有答话，周围便有人把黄袍加在他的身上，齐齐下拜，高呼万岁。紧接着，众人还扶太祖上马。太祖握住马缰，反问："我的号令，你们还会听从吗？"众将士说："当然听从。"太祖大声说："当朝太后、皇帝，我们以后仍然要尽心侍奉他们，你们决不能有所冒犯。各位大臣也都是我的同僚，你们也不能欺辱。另外，朝廷的府库、官员百姓的家庭，你们也不能抢掠侵犯。听从命令的有重奖，反之则要砍下你们的头。"将士们都再次下跪称是，严整军队返回汴京（今河南开封）。

这里面，还有个小插曲。后周副都指挥使韩通不服，他准备带兵抵抗。情急之下，太祖的手下王彦升把韩通杀死在他的家中。虽然王彦升一生对太祖赤胆忠心，但他的这一行为不符合太祖下达的善待大臣的命令，因此，王彦升终生没有得到大将的符节。

太祖率领大军重返汴京，登上明德门，随即命令将士回到军营去，自己也回到了官署。过了不久，将领们拥着宰相范质等人前来拜见。太祖见了他们，哭泣着说："我违背天地，如今到了这种地步！"范质等不知该怎么回答。有个将领大声地叫了起来："我们没有主人，今天大家一定要请点检当天子！"范质等人互相看了看，没有办法，只好退到台阶下下拜称臣。

紧接着，太祖召集众位大臣，到了黄昏时候，大臣们也都排好了位置。这时，翰林承旨陶谷即从袖中取出周恭帝的禅位诏书，一番仪式后，太祖登上了皇帝的宝座。而周恭帝和符太后都迁到西宫，周恭帝改称郑王，符太后尊为周太后。

【赤诚待人】

有一天，太祖退朝回来，坐在便殿中闷闷不乐。左右侍从忙问其故。太祖说："你们认为当皇帝是一件容易的事吗？我在早朝的时候一时兴起做了件错事，到现在还心里难受呢。"汴京新建的宫殿落成，太祖来到正殿刚坐下，便令侍从将殿门全部打开，他对侍从说："这就好比我的内心，很少有不正的地方，人们都可以看见的。"

吴越国君钱俶前来朝拜，上下官员都请求太祖将钱俶扣留从而夺取他的领地，太祖不听，放钱俶回国。等到告别的时候，太祖拿来群臣请求扣留钱俶的奏章数十卷，封存做标记后送给钱俶，叮嘱他在途中秘密观看。钱俶在路上打开观看的时候，发现全都是要扣留自己的奏章。钱俶既感激又害怕，江南平定之后，钱俶就主动请求归顺大宋。

南汉后主刘铽喜欢在酒中下毒毒死大臣。归顺后，跟随太祖到讲武池，太祖斟酒赐给刘铽。刘铽怀疑里面有毒，哭着说："臣的罪不容饶恕，陛下既然饶我不死，我愿意当大宋的普通百姓，不敢喝这杯酒。"太祖笑着对他说："我待人推心置腹，怎么会那样做呢？"说完，太祖拿过刘铢的酒喝了，另外斟了一杯给刘铢。

【节俭崇法】

太祖生活很节俭，宫中苇帘的边缘都统一用青布包裹。太祖经常穿的衣服也都洗过多次。太祖不仅这样要求自己，还经常教育别人要以节俭为本。有一次，他看见姐姐魏国长公主的短袄上装饰有翠鸟的羽毛，就语重心长地说："你生长在富贵的环境里，应当懂得珍惜这个福分。"

孟昶是五代时期后蜀的国君，后来归顺宋朝，是一位奢靡的主儿。一次，太祖看到孟昶用珍宝装饰溺器，就把它捣毁打碎，并且不留情面地斥责说："你用宝石装饰这个，又会用什么器具盛装食物呢？你这样做，不亡国才怪呢。"

太祖喜欢阅读《尧典》《舜典》，经常感叹道："尧舜时候惩处四个凶人，只是把他们流放，为什么近代的法规那么严酷呢？"后来，太祖对刑律处罚有了自己的看法后，对宰相说："五代诸侯飞扬跋扈，有违反法律杀人的人，朝廷也置之不问。人命是最重要的，姑息纵容藩镇，这样做怎么能行呢？从今以后，诸州判决死刑，要记录好案情禀明朝廷，交给刑部审查。"宰相将太祖的这番话记录了下来，立为法令。

【传位其弟】

开宝九年（976），太祖在万岁殿去世，终年 50 岁。太祖接受母亲杜太后的遗令，把帝位传给了弟弟赵匡义，即宋太宗。

太宗曾经生了很严重的病，太祖前去探望，并亲自烧艾草给他敷在疼痛的地方。太宗觉得痛，太祖就把烧得热热的艾草敷在自己的身体上。太祖还常对左右近臣说太宗走路的样子很有气势，并且降生时有异象，以后一定能当一个好天子。

白话精编二十四史

第八卷

论赞

论 曰：从前尧、舜凭借禅让，汤、武凭借征战，最后都坐拥天下。这四位圣人以后，世道有盛有衰，有乱世也有太平，慢慢向前推移。

五代乱到极点，宋太祖从一名普通的士兵发迹，直到登上皇帝的宝座，等到他发号施令，各地的豪杰都俯首听命，四方列国一个个被削平，这不是普通人能轻易做到的。他在位 17 年间，为子孙后代树立起典章法则。夏商周三代以来，如果要考察礼教文明的治理、道德仁义的风尚，宋代跟汉、唐相比一点也不逊色。开创王业而留传给后世的君主，能做到宋太祖这般事业的，也可说是伟大的了！

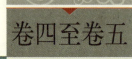

太宗本纪

宋 太宗赵炅是宋太祖赵匡胤的弟弟，在陈桥兵变中，他与赵普一起拥立赵匡胤为帝，并亲身参与了太祖统一四方的大业。太祖去世后，38岁的赵光义登基为帝，继续宋朝的统一事业，发展农业生产，扩大科举取士规模，加强对官员的考察与选拔，限制节度使权力，确立了宋朝文官政治的局面。不过，由于急功近利，太宗两次伐辽都受挫，也为宋朝后来的"积贫积弱"埋下了隐患。

宋太宗本名赵匡义，后因避其兄宋太祖的名讳，改名赵光义，即位后又改名赵炅。他的出生也颇有神奇之处，据说其母杜太后梦见神人捧着太阳来给她，然后她就怀孕了。太宗出生的当夜，他的家里有红光向上升腾，好像火烧一般，连城中的大街小巷也都能闻到异常的香气。

【继承大统】

太宗从小就显得与众不同，很有威严，跟别的小孩子一起玩耍，别人都很害怕他，也都很听他的话。他长大后，鼻梁高挺，一看就是大人物的面相。太宗生性好学，他的父亲领兵打仗时，每次攻破州县，即使不拿财物，也要搜罗一些古书送给他，并经常鼓励他。太宗也很争气，学问精深，而且多才多艺。

太祖即位后，太宗被任命为殿前都虞侯。太祖出征太原时，太宗是一个得力的帮手，被封为晋王，位列宰相之上，可见太祖对他的器重。

开宝九年（976）十月，太祖去世，太宗继承大统，成为宋朝的第二任皇帝。太宗即位后，大赦天下，对于常例所不宽恕的行为，也都予以了宽大处理。他的弟弟赵廷美被封为开封尹兼中书令，而他的两个侄子——太祖的两个儿子德昭和德芳，也被封为节度使。十一月，太宗追封已经去世的尹夫人为淑德皇后，并立越国夫人符氏为新皇后。太宗十分重视人才，为了考察各地官员的能力，他还诏令各地转运使考察州、县的官吏是否能干，将这些官吏按能干程度分为三等，规定每年的年底要向朝廷报告。太宗还下令各州大力搜寻懂天文、术数的人，把他们送到朝廷，如果有隐藏不报的按死罪处理。在外交方面，太宗也没有放松。他派遣冯正、张玘出使契丹，将太祖去世的消息告诉给契丹国首领。

这一年被改为太平兴国元年(976)，太宗下令太祖的儿子和齐王廷美的儿子都称皇子，女儿都称皇女。契丹国也派使者带着钱物前来吊唁死去的太祖。

【攻灭北汉】

太宗即位后，很想做出一番大的事业。他首先将目光投向了北汉，想从这个弹丸小国入手，打几次胜仗，从而建立起自己的威信。但北汉也不是那么容易对付的，因为它有强大的契丹做靠山。太宗也明白，自己之前的周世宗与太祖都曾经亲征太原，攻打北汉，但都没能取得成功。所以，太宗最初也有些犹豫。他征求老将曹彬的意见，曹彬信心很足，他告诉太宗，周世宗的失败是由于正式攻城之前的一次战败动摇了军心，太祖的失败则是由于士兵们水土不服，所以两次失败都是有原因的，并不是因为北汉有多么厉害。

这样一来，太宗有了信心，于是决定出师北伐，派遣潘美、崔彦进、李汉琼、曹翰、刘遇等大将，率各路兵马直驱太原。

当时，朝廷与契丹之间有和约，契丹听说大宋要攻打北汉，就派使者质问大宋为什么要这样做。太宗说："北汉不听从我大宋的命令，所以我们要兴师问罪。如果你们契丹不插手，我们跟你们的和约还有效；如果你们插手进来，那么就战场上见！"

宋太宗赵光义像

宋太宗（939～997）是北宋的第二位皇帝。他即位后采取了一系列维护统一、发展生产的措施，为宋朝的稳定做出了重要的贡献。

太平兴国四年（979），太宗从东京出发，御驾亲征，攻打北汉。契丹得知大宋出兵的消息后，决定出兵支援北汉，派出宰相耶律沙率军与宋军作战。宋军大将郭进率军扼守石岭南。耶律沙到达后，本想等大军赶到再进攻，但他手下的将领贪功，执意要先行进攻。由于战场是在山地，契丹的强悍骑兵完全不能发挥出优势，而且还有一条深涧横在前面，更削弱了契丹军队的战斗力。等到契丹军队晃晃悠悠地渡过河，郭进率宋军迎头猛击，大败契丹军。耶律沙勉强逃得一命。

此战之后，契丹军队的士气大泄，各路军队纷纷撤退。北汉皇帝刘继元看到自己的靠山不行了，惊恐不已，派出一名密使把告急乞师信塞进他的发髻之中，偷偷溜出太原城，让他再次去向契丹求助。结果这名使者在半路上就被郭进抓住了。

宋军趁势追击，五月下旬，太宗本人也赶到太原城下慰劳诸将，并亲自穿上战袍指挥攻城。北汉军队支撑不下去了，开始有人投降。最后，刘继元也只好亲自来到城北投降。于是，宋朝灭掉了北汉，得十州之地，共有三万五千多户。

🔥 **鎏银鱼龙纹铁斧·北宋**

此斧前为龙首，后为鱼尾。鱼龙腹部以下接铸一锥状柄，铸造精工，为稀世珍品。

【伐辽失败】

平定北汉之后，太宗很希望趁热打铁，一鼓作气把契丹也灭了，但是将士们刚刚经历过大战，很需要休息，这一点却被太宗忽略了。太平兴国四年七月，身心俱疲的宋军刚刚从太原归来，就又出发北伐契丹。

进入契丹国境内后，宋军最初的进军还很顺利，契丹东易州（今河北易县）和涿州（今河北涿州）的守官可能是看到大宋灭北汉的威风，心里有点害怕，就不战而降，把两座城池拱手献给了宋军。这一下，太宗的信心更足了。宋军很快便包围了契丹的重镇幽州（今属北京）城。

在此之前，宋军在沙河打败了契丹大将耶律奚底所率的兵马，这应该说是一个不错的开局。因此，宋军对耶律奚底的军队很看不起，有些骄傲。这时，另一名契丹大将耶律斜轸想出了一个对付宋军的好办法。他命令自己的士兵举着耶律奚底军队的青色军旗，佯装成失利后的溃兵，在路上游走。太宗知道后，以为耶律奚底的军队还没有被完全消灭，就派兵前去追击。结果，宋军被诱进了耶律斜轸设下的埋伏圈，吃了败仗。宋军原本就身心俱疲，这下子士气更加低落了。在后面的战斗中，

契丹又派出大军，大败宋军。太宗的第一次伐辽以失败告终。

这次失败让太宗吸取了教训，雍熙三年（986），太宗再次北进伐辽，这一次，宋军经过了充分的准备，太宗也同样亲自部署和指挥作战。

宋军兵分三路，东路为宋军主力，由曹彬等率领，采取缓慢行军战术，虚张声势，向幽州进发，以牵制契丹军的主力；中、西路军分别由田重进和潘美率领，意图速战速决，解决契丹军的右翼，然后与东路主力会合攻取幽州。北伐开始后，曹彬率领东路军私自冒进，一路奏捷，却破坏了北伐的整体军事部署。最后，曹彬占领涿州后，没能守住城池，反被契丹军队反击，宋军在岐沟关惨败。由于东路军是主力，他们的失败使得太宗的第二次伐辽同样以失败告终。这不仅使北宋元气大伤，也沉重打击了太宗北伐的决心。从此，大宋对于契丹的方针，也从进攻转为防守。

【如愿传子】

虽然太宗的登基是太后遗命，但他的心里还是有所顾虑，怕哥哥赵匡胤的两个儿子德昭和德芳不服。太宗征辽时，德昭也在军中。宋军惨败，太宗一度脱离了大部队，大臣们都找

不到他，于是有人提议立德昭为帝。后来，太宗又回来了，听说了这件事。当时德昭正好进宫，为生还的将士们请赏。太宗觉得德昭是在拉拢人心，便不高兴地说："等你做了皇帝再赏赐也不迟。"德昭听后惶恐万分，回到家后便自杀身亡。两年以后，太祖的另一个儿子德芳也夭折了。从此，太祖的子嗣便不能对太宗的皇位构成威胁。

然而，太宗还有一个眼中钉，就是他的弟弟赵廷美。当时，正好有人上报说赵廷美阴谋造反。太祖的开国重臣赵普在太宗即位后颇受冷落，为了争取太宗对自己的信任，并对付政敌卢多逊，赵普便向太宗上奏，说卢多逊与赵廷美勾结，希望太宗早日归西。太宗相信了赵普的话，将卢多逊罢官，将赵廷美降为涪陵（今重庆涪陵）县公，赶出皇宫。赵廷美悲愤难平，两年后客死异乡。

至道元年（995），太宗将自己的儿子赵元侃立为太子，改名赵恒，赵恒就是后来的宋真宗。

论赞

论 曰：太宗沉着有谋略，有平定天下的大志。攻取太原，讨伐契丹，其功勋光耀史册。如果不是他的弟弟赵廷美的死，后人几乎没有什么可以责备他的。

高宗本纪

宋 高宗赵构是南宋的第一个皇帝，他见证了父兄被金人掳走的莫大国耻，目送了北宋王朝的终结，机缘巧合地做了皇帝，却不思进取，面对金人不敢抵抗，只知道逃跑，甚至一路逃到海上。虽然他也曾在金人面前勇敢过，但是最终他的转变让人叹息，更让人愤慨。

宋高宗名赵构，字德基，是徽宗的第九个儿子，被封为康王。赵构从小就天资聪颖、性格开朗，他博学强记，每天能背诵一千多字的文章。同时，赵构的身体也很强壮，力大无比，可以不费力地拉开一石五斗的强弓，臂力惊人。可以说，赵构是一个文武双全的人。

▶【敢为人质】

靖康元年（1126）正月，金军入侵大宋的京城东京（今河南开封），在城西北驻军，并派使者进城，要求宋朝派出亲王和宰臣到金军中议和。当时，宋朝可以说是一见到金军就两腿发软，之前已经答应把太原、中山、河间三镇割让给金国，此时见金人又提出要求，又一口答应下来。可是，派谁去呢？要知道，亲王和宰臣不是一般的大臣，而前去议和又是凶多吉少，这下可愁坏了钦宗皇帝。这时，康王赵构站了出来，主动要求派自己前去。钦宗一看，高兴极了，于是任

命少宰张邦昌为计议使，与赵构一同前往金营。

赵构和张邦昌来到金营后，金军统帅斡离不为了显示金军的威风，便将他们扣留在军中，一连待了十几天。不过，赵构一点也没有慌张害怕的意思，他每天意气悠闲，该干什么干什么，一点也没被金人吓倒。

二月的一天，宋军将领姚平仲夜袭金人营寨，但以失败告终。金军很生气，向宋朝质问此事。身在金营的张邦昌害怕金人惩罚自己，当场就吓哭了，赵构却显得很镇定。斡离不看到赵构这样不同寻常，觉得他不是个适合当人质用来要挟宋朝的人，就要求把赵构送回去，让宋朝的另一个亲王肃王来代替他。钦宗不敢不答应，就派人把肃王送到金军中，和张邦昌留在那里做人质，赵构则返回了大宋。

▶【登上皇位】

金兵撤退后，钦宗的腰又直了起来，想要收回之前割让出去的三镇。

于是当年八月，金兵再次南下入侵，眼看就要包围东京。宋朝出使金国的使者王云回来后，说金国坚决要得到割地，否则就攻取东京。

听到金人的口气如此强硬，钦宗又害怕了。他看到康王赵构之前在金营中表现得很勇敢，就再次派他出使金国议和。赵构接到命令后，立即从东京出发，来到磁州（今属河北邯郸）时，当地的守臣宗泽劝赵构说："肃王被带到金国后，就再也没能回来，现在金兵已经逼近，您再去恐怕也是凶多吉少，请您就留在磁州。"由于王云是和赵构一起前往金国的，磁州当地的百姓认为王云是要把赵构挟持到金国，群情激奋，就一哄而上把王云杀了。

当时，金军统帅粘罕、斡离不已经率兵渡过黄河，相继包围东京。赵构身边的人认为现在不能出使金国，也不能留在磁州，这时，正好相州（今属河北临漳）知州汪伯彦也捎来密信，请赵构到相州去，于是赵构便来到相州。

钦宗知道赵构的下落后，任命他为河北兵马大元帅，让他招募兵马解救京城之急。赵构在相州建了大元帅府，并于当年十二月率军离开相州，踏着冰渡过黄河，驻军大名府（今属北京）。

建炎元年（1127），东京被金军攻破，徽宗、钦宗被金人掳走。金人为了灭掉赵氏的江山，就立张邦昌为傀儡皇帝，随后撤军。张邦昌皇位还没坐热，就有人建议他把皇位让给赵构，因为他只有金人做靠山，金人走了，没有人会对他心服口服。张邦昌没有办法，只好派人去寻找赵构，请他来做皇帝。

赵构一开始表现得很谦让，坚决不接受这个请求，因为他是钦宗的弟弟，并非名正言顺的皇位继承人。不过，比起更加名不正言不顺的张邦昌，宋朝原先的大臣们自然还是更愿意接

🔴 **卧萧照瑞应图卷（局部）·明·仇英**

图中绘赵构自磁州北回，渡河时刚上岸冰即坼裂，后随者陷入冰河，赵构幸免于难。

受赵氏的子孙来继承皇位。宗泽就给赵构写信，认为张邦昌是篡权叛乱，这一点没有什么可怀疑的，劝赵构早下决心，及早称帝，好恢复赵宋天下。门下侍郎吕好问也送来蜡封的书信，说如果赵构不立自己为皇帝，恐怕会有不应当皇帝的人篡位。这样一来，赵构才放下心来，接受了这个请求。宗泽又来信说，南京应天府（今河南商丘）是太祖振兴王业的地方，地处中原，漕运尤其方便。于是，赵构就赶往南京应天府，在那里登基做了皇帝。

【一路南逃】

高宗在位初期，还是很有志气和理想的。他起用抗战派李纲为相，以宗泽为东京留守，发动军民抗金，但没过多久，他开始转向投降策略，罢免了李纲，起用投降派黄潜善、汪伯彦，把宋军防线由黄河一线南移至淮、汉、长江一线，面对金军只知道后退逃跑。

从建炎元年（1127）到绍兴八年

● 楼舡图

楼舡是宋代水军战船的一种。

（1138）的十余年间，高宗一直辗转在东南沿海各地，躲避金军。宗泽一直力劝高宗回到东京，但高宗对此置之不理，只求一时的安稳。

建炎元年秋，金军攻宋。高宗唯恐自己也被金人抓走，重蹈靖康之变的覆辙，便不顾主战派大臣们的反对，于十月将朝廷迁至扬州（今江苏扬州）。建炎三年（1129），金军奔袭扬州，高宗当时正在后宫寻欢作乐，听到消息，慌忙带领少数随从乘马出城，疾驰至瓜洲（今属江苏扬州），渡江逃跑，辗转来到杭州。

在高宗逃亡的过程中还发生了一次兵变。建炎三年三月，随从高宗保驾的御营司将领苗傅、刘正彦等人因对高宗身边的宦官不满，包围行宫，诛杀宦官，胁迫高宗让位于年仅三岁的皇子，由孟太后垂帘听政，把国号改为明受。兵变历时两个月，后来由于韩世忠等人起兵，高宗才重归帝位。

不久，金兵的铁骑就突破了长江防线，直扑杭州而来。高宗实在无路可退了，只好躲到了海上，在温州沿海窘迫地漂泊。一直到建炎四年（1130）四月，高宗在海上听说金军撤兵了，才回到岸上，从温州来到越州（今浙江绍兴）。

危险暂时解除，高宗又开始考虑迁都的问题。越州位置偏僻，漕运很不方便，相比之下，杭州交通方便，又有许多可以抵挡金军骑兵的江河湖泊，同时又是鱼米之乡，物产丰富，既安全，又富足，高宗很满意。于是，绍兴八年，南宋正式迁都杭州，高宗在这里获得一丝喘息的机会，很快就好了伤疤忘了疼，过起了"直把杭州作汴州"的醉生梦死的生活。

【不辨忠奸】

高宗在政治上不仅窝囊，也很昏聩。当时的宋朝其实是有一大批骁勇善战的将领的，如岳飞、韩世忠等，如果跟金军打起仗来，并不见得会输，但高宗根本不想尝试抵抗，反而一味压制主战派，任用投降派秦桧为宰相，对金国屈膝妥协。

绍兴十年（1140），金军大举入侵，岳飞率领宋军进行反击，打得金军将领无可奈何，已经准备要撤兵了。就在胜利指日可待之时，秦桧却害怕破坏与金议和，怂恿高宗命岳飞撤军。高宗对大好形势视而不见，与秦桧合伙迫令岳飞等撤军。金军大将兀术乘

机率重兵进军淮南，形成大军压境之势。为了彻底求和，高宗召韩世忠、张俊、岳飞三大将入朝，解除他们的兵权。不久，在秦桧的操纵下，高宗首肯了对岳飞的诬陷和杀害，造成举国震惊的冤案。

一个莫大的讽刺是，秦桧去世后，谥号为"忠献"，高宗赐给他的碑文是"决策元功，精忠全德"。这个误国的奸臣，却被高宗视为精忠之人，高宗的昏聩可见一斑。

论赞

论曰：徽宗、钦宗被金人掳走，高宗在南京继承帝业，号称"中兴"时期。他性格软弱，如果让他做守城之君也许还可以，但由他来重振江山、拨乱反正则不行。在他刚刚即位时，依靠四方勤王之兵，在内以李纲为宰相，在外任用宗泽，如果能这样坚持下去，应该还可以成就一番事业。然而，他逐渐被汪伯彦、黄潜善所误，后来又受到奸臣秦桧的控制，变得懈怠懦弱，坐失抗金的良机。他甚至将赵鼎、张浚相继流放、贬斥，将岳飞父子在即将大功告成之时杀害。一时之间，有志之士无不为此扼腕叹息，痛恨得咬牙切齿。高宗只知苟且偷安，忍受耻辱，不讲国仇，忘记亲族，最终免不了被后世所讥笑，真是可悲啊！

章献明肃刘皇后列传

章 献明肃刘皇后出生于穷苦人家，经过一番努力，终于在宫中获得了一席之地。后来，虽然刘皇后获得了越来越大的政治权力，但她一心辅佐仁宗。不过，这位皇后去世后还是留下了很多争议。

刘皇后的名字叫刘娥，是宋真宗赵恒的皇后，也是宋朝第一位摄政的太后。她在宋朝的政治中取得了赫赫功绩，经常被拿来与汉朝的吕后、唐朝的武后并列，并被认为有吕后、武后的才能，而没有她二位的野心。

▶【藏于金屋】

刘皇后生于宋太祖开宝元年(968)，祖籍山西太原。她的祖先刘延庆在五代十国的后晋、后汉任右骁卫大将军，父亲刘通则是太祖时的虎捷都指挥使，并任嘉州（今四川乐山）刺史，因此刘家举家从太原迁至成都华阳。

当初，刘皇后的母亲庞氏曾梦到明月入怀，后来就生下一女，于是便给女儿取名叫刘娥。不幸的是，刘娥出生不久，父亲刘通便奉命出征，跟随太祖赵匡胤去征讨太原，谁料却在途中去世。因为刘通没有儿子，从此家道中落，庞氏只好独自带着襁褓中的女儿回到娘家，所以刘娥一直由外祖父家抚养长大。

刘娥是个多才多艺的女子，尤其善于击打拨浪鼓。当时四川有个银匠叫龚美，他收留了刘娥，后来又将她带到京城。龚美凭借着一身好手艺，在京城里结交很广，他的朋友圈里正好有一位在襄王府里当差的张耆。当时的襄王就是后来的宋真宗赵恒，不过这个时候他还叫赵元侃，而且也不是太子。或许是张耆看到了龚美身边的刘娥美貌如花，于是就向襄王推荐，因此，15岁时，刘娥便以花鼓女的身份进入了襄王府。

襄王很喜欢这个既漂亮又多才多艺的女子，但这件事被襄王的乳母秦国夫人听说了，她很生气。秦国夫人很看不起刘娥的出身，觉得她不过是个卖艺女，身份卑微，根本配不上襄王。看到襄王这么喜欢她，她更为气愤。于是，她把这件事告诉了太宗。当时襄王也只有十几岁而已，太宗听说自己的儿子小小年纪便沉溺于女色，勃然大怒，一道圣旨下来，勒令襄王立即将刘娥逐出襄王府。父命难违，襄王赵恒不得不把刘娥送出王府，但他又很舍不得就这样放弃刘娥，于是就偷偷把她藏在张耆家里，一有机会便偷偷溜出来与她相会。就这样，襄王"金屋藏娇"了许多年，一直没有被发现。

【入主中宫】

宋太宗去世后，赵恒即位，即宋真宗。刚登上帝位的真宗立即把刘娥召入宫中，封为美人。由于她没有兄弟姐妹，便提出让龚美改姓刘，做她的兄长。大中祥符年间（1008～1016），刘娥被封为二品修仪，后来又被封为一品德妃。

景德四年（1007）四月，真宗皇帝的皇后郭氏去世，真宗想立刘娥为皇后，但是大臣们都强烈反对，认为这样做有违常规。不过，真宗最后还是坚持自己的意见，将刘娥立为了皇后。真宗的妃子中有一位李宸妃生了一个儿子，登上皇后位的刘娥便将这个儿子说成是自己生的。由于当时的刘皇后年纪已长，没有足够的精力来照顾这个儿子，她便将他交给杨淑妃代自己照顾。刘皇后非常疼爱这个孩子，与杨淑妃一起将这个孩子照顾得非常周到，这个孩子就是后来的宋仁宗。

刘皇后像

刘皇后博览群书，才华出众，深受真宗皇帝的喜爱，而她也在大宋王朝的历史上留下了深深的一笔。

【权倾一时】

刘皇后生性聪颖，通晓经书和历史，听到朝廷的事，都能记住事情的本末。真宗每日退朝，批阅天下密奏，多批到深夜，刘皇后都参与。在后宫真宗如有事相问，刘皇后就征引典故来回答。

天禧四年（1020），真宗久病住在宫中，事务多由刘皇后决断。宰相寇准秘密商议上奏真宗请太子代理国事，因事情泄露而被罢相，丁谓取代了他。周怀政谋划废皇后杀丁谓，并重新启用寇准辅佐太子。客省使杨崇勋、内殿承制杨怀吉就到丁谓处报信，丁谓夜乘牛车，挟崇勋、怀吉到枢密使曹利用那里密谋。第二天，诛杀周怀政，贬寇准为衡州（今湖南衡阳）司马。经过此事，真宗决定诏令太子开设资善堂，让大臣们处理天下事，刘皇后在宫内裁断。

真宗去世，下遗诏尊刘皇后为皇太后，军国大事暂由刘皇后处理。丁谓等请刘皇后御驾别殿，刘皇后派张景宗、雷允恭传旨说："皇帝处理事情，太后应朝夕在他身旁，何须另御一殿？"于是请仁宗与刘皇后五天去一次承明殿，仁宗坐在左侧，刘皇后位于右侧，垂帘处理国事。计划已定，刘皇后忽然出示手书，想在后宫批阅章奏，遇大事就召入辅臣答对。这个计谋出自丁谓，并不是刘皇后的主意。

后来，丁谓被贬职，冯拯等人三次上奏，请求依照起初的意见行事。仁宗也这样认为，于是开始同御承明殿。百官上表庆贺，刘皇后深感悲哀。

有关部门请刘皇后制令称"吾"，以她的生日为长宁节，出入乘大安辇，鸣鞭，侍卫和皇帝一样。同时，命令全国避刘皇后父亲的名讳，群臣上尊号为应元崇德仁寿慈圣太后，刘皇后亲临文德殿受册。

天圣五年（1027）正月初一，刘皇后到会庆殿，文武大臣及契丹使者位列两旁，宋仁宗两次下跪祝贺刘皇后。当天，

纺车图·北宋·王居正
该图形象地表现了北宋农村妇女在大树下纺纱的情景。

刘皇后将自己亲笔书写的书信昭示文武百官，让他们不要请求给她加尊号。天圣七年（1029）冬至，仁宗又率领文武百官像前年那样恭贺刘皇后，虽然范仲淹极力劝阻仁宗，说这样做不符合祖制，但是仁宗不听。后来，仁宗又下令在长宁节那天赏赐百官衣物，并大宴天下。

【争议晚年】

当初仁宗登基时年纪尚幼，刘皇后便代他行使皇帝的权力，虽然政事决于自己，但是刘皇后号令严明，恩威遍于天下。身边的近臣很少假权借威的，宫廷的人也没有敢胡作非为的。

刘皇后对内对外赏赐有度。她给自己的族人赐食时，会更换容器，她说："不能让尚方之器进入我家。"刘皇后的衣着很朴素，她的侍者见仁宗身边的人都穿戴华贵，也想效仿。刘皇后立刻训斥她们："那是皇帝身边的嫔妃才穿的，你们怎么可以去学。"

一天，小臣方仲弓向刘皇后上书，请求依唐朝武后的做法，立刘氏庙，而大臣程琳这时也顺势供献上《武后临朝图》。刘皇后却把方仲弓的上书扔到地上，怒道："我不做这种有辱祖先的事。"还有一个叫刘绰的漕臣，从京西回来，声称仓库里囤积了千余斛粮食，请求交给有关部门，话语间多有邀功请赏之意。刘皇后反问道："你知道王曾、张知白他们吗？他们难道因为向朝廷进贡余粮就得到升迁了吗？"

仁宗初即位，刘皇后便对辅臣说：

"皇帝处理政务的空余时间，应该多聆听儒家学者讲习经史，这样，才能更好地立其功德。"于是，在崇政殿的西庑设立帷帐，每天有大臣为仁宗讲读经书。

刘皇后晚年渐渐也任用起外戚，任命内宫罗崇勋、江德明等暗访朝廷政事，罗崇勋等人因此势力大增。刘皇后的侄子从德死后，他的亲戚、门人、厮役中有数十人都做了官。御史曹修古、杨偕、郭劝、段少连上奏告状，刘皇后把他们全部逐出朝廷。

不过，刘皇后扶持皇帝还是尽心尽力的，仁宗侍奉刘皇后也非常周到。仁宗成年后，并不知自己是宸妃所生，刘皇后在世期间母子俩没有丝毫隔阂。刘皇后生病时，仁宗还为此大赦，召天下医生，并用车快速送到京城。

明道元年（1032），刘皇后去世，终年65岁，谥号"章献明肃"，葬在永定陵西北。原来的制度是皇后只有两个字的谥号，从刘皇后开始，行使皇帝权力的，加为四个字的谥号。

陆陆续续，曾经被刘皇后贬谪的人全都内迁，死者也都追复官职。后来有人追究刘皇后晚年的事情，甚至名臣范仲淹也为此进言，仁宗却说："这是朕所不愿意听到的啊！"下诏告诫宫内外不要再言。

卷二百四十二

慈圣光献曹皇后列传

慈圣光献曹皇后可以说是大宋王朝的一位传奇女性，她先后为仁宗、英宗、神宗三位皇帝贡献了自己的智慧，却从不贪功，赢得了世人的尊重。虽然这位皇后看上去清心寡欲，但却有着巨大的幕后影响力。

慈圣光献曹皇后，真定人（今河北正定以南），是枢密使周武惠王曹彬的孙女。明道二年（1033），郭皇后被废，仁宗皇帝下诏将曹氏聘入宫内。景祐元年（1034）九月，册立为皇后。曹皇后慈善节俭，重视耕作，常在禁苑中种谷、养蚕，她还擅长一种特殊的书法——飞白书。

【分忧仁宗】

庆历八年（1048）闰正月，仁宗皇帝本打算在十五的晚上再次张灯结彩以示庆祝，但是曹皇后担心接连不断地举行宫宴，会让整个宫廷放松警备，给心怀鬼胎的人留出空隙。因此，曹皇后力劝仁宗取消这个计划。三天后，曹皇后的担心变成了现实，有一群宫内的士兵在宫廷内作乱，夜里越过屋顶进入仁宗的寝殿。曹皇后当时正好陪在仁宗身边，觉察到宫里有情况后，迅速起床查看周围的情况。这时候，仁宗有些担心，想出去到别的地方去。曹皇后紧关房门不让他贸然出去，并急忙传唤都知王守忠领兵进

来。作乱的士兵在寝殿外面打伤了闻讯赶来的宫女们，宫女们厉声尖叫的声音一直传到仁宗所在的寝殿里，一时间宫里人心惶惶，人人自危。曹皇后把太监叫来询问，太监很害怕，不敢说有人作乱，就撒谎说尖叫的声音是宫里的奶妈在殴打小宫女。曹皇后听了大怒，呵斥太监说："现在有人在外面作乱，你们怎么敢乱报呢？"曹皇后料想作乱的士兵肯定会放火，于是暗中派人提着水跟在后面，果然看见有人正举着火把烧宫殿的帘子，派去的人赶紧用水浇灭了火。

曹皇后把许多侍卫和宦官集中起来，让他们分别把守宫门，捉拿乱贼，并亲手为每人剪下一绺头发，告诉他们说："明天论功行赏，就以这个为凭证。"于是，众人都争相效力，乱贼很快就被捉拿住了。曹皇后临危不惧、指挥若定，不愧为将门之后。经历了这件事后，仁宗对曹皇后大为佩服。

当时，皇宫里有一个法令，如果宫女与宫里的侍卫通奸，要被处死。

有一次，有个宫女触犯了这个法令。被发现后，这个宫女很害怕受到惩罚，就向仁宗宠爱的一位妃子求情，请这位妃子帮自己向仁宗说情，赦免自己。这个妃子心也软了，就向仁宗求情。

仁宗被说动了，就赦免了这位宫女的死罪。这件事情似乎可以了结了，可是没过多久，曹皇后却穿戴得整整齐齐地来见仁宗，请求依法处置这位宫女。本来这件事跟曹皇后并没有什么关系，但她身为后宫之主，坚持认为如果不恪守后宫法令，就不能在宫廷中营造一种庄严的气氛，最后会搞得后宫混乱不堪，影响朝廷的形象和稳定。仁宗看到曹皇后火气这么大，就让她先坐下慢慢说。可曹皇后就是不听，坚持要站着说。仁宗也觉得很尴尬，认为这只是一件小事，何必这么较真呢？可是曹皇后坚持她的观点，不依不饶。这样僵持了许久，仁宗终于被说服，批准将这个宫女处死。

张妃仗着仁宗宠爱她，平日里骄横跋扈。一天，她想借曹皇后的车马出行。仁宗没有表态，而是让她自己去向曹皇后借。曹皇后听说后，马上答应将车马给她用，看起来没有任何不悦。张妃很高兴，回来得意地告诉了仁宗。仁宗这时反而正色说："国家的礼仪规章，上下都是有序的，你坐皇后的车出游，朝廷是不会为你安排的。"张妃听后非常失望，最终只好作罢。

【辅佐英宗】

仁宗生有三个儿子，都在很年轻的时候就死了。于是，曹皇后就将濮安懿王赵允让的第13个儿子赵宗实接进宫中抚养。嘉祐七年（1062）八月，31岁的赵宗实被立为皇太子，赐名赵曙。次年三月，仁宗在夜里突然暴病，并且很快去世，经此巨变，曹皇后并没有张皇失措，她迅速将各宫门的钥匙收集起来放在面前，又召皇太子赵曙进宫。等到天亮，宰相韩琦等人到了，赵曙即帝位，是为宋英宗，尊曹皇后为皇太后。

英宗即位不久就生病了，无法料理朝政，曹皇后于内东门小殿垂帘听政。虽然如此，曹皇后从来没有想过

☯ 曹皇后像

曹皇后（1016～1080）出身将门，为人慈善、勤俭，她辅佐仁宗、英宗、神宗三朝皇帝，为大宋江山做出了自己的贡献。

自己操纵朝政大权，如果大臣们白天上奏的事情有所疑问，曹皇后就会说："你们重新再商议吧。"从不说出自己的想法。曹皇后对经史涉猎颇多，多援引经史处理政事。内外奏章每天有数十封，曹皇后都能一一记住纲要。曹皇后限制曹氏及左右臣仆，丝毫不让他们假借威势，后宫、朝廷都秩序井然。

第二年夏天，英宗的病渐渐好起来，曹太后就命令撤帘还政。英宗很敬重曹皇后的辅佐之功，就下令有关部门举行隆重典礼，任命曹皇后之弟曹佾为同中书门下平章事。

▶【护爱神宗】

治平四年（1067），英宗病逝，其长子赵顼即位，是为宋神宗。神宗即位后，尊曹皇后为太皇太后，将其寝宫命名为庆寿。神宗对曹皇后极为孝顺，照顾她无微不至，还经常跟随曹皇后外出登高游玩，遇到坎坷难行的路，就一定要搀扶着曹皇后。而曹皇后对神宗也是护爱有加，如果神宗退朝稍晚，曹皇后一定要亲自来看望他，嘘寒问暖。有时候，曹皇后担心

神宗专注于政事忘记吃饭，就亲自端着膳饮来喂神宗吃。

曹皇后对自己的家人很严格，从来不让他们进宫谒见。后来，曹皇后年岁大了，她的弟弟曹佾也老了，神宗多次劝说应当让他入宫谒见，曹皇后仍然不许。有一天，曹佾侍奉神宗，神宗再次请求，曹皇后才勉强同意，于是神宗就带着曹佾到了曹皇后宫中。过了一会儿，神宗起身出去，想让曹佾跟姐姐叙叙亲情。曹皇后马上对曹佾说："这里不是你应当停留的地方。"急忙催促着曹佾出去。后来，曹皇后得了重病，宫里的医生无人能治。元丰二年（1079）冬，曹皇后病重，神宗到寝殿探视，衣不解带地照顾她。

▶【幕后影响】

虽然曹皇后不直接干预朝政，但并不意味她在幕后就没有自己的影响力。

起初，王安石主持变革旧法，曹皇后乘机告诉神宗，说祖宗的法度不宜轻易更改。熙宁宗祀前几天，神宗到曹皇后住所请安，曹皇后说："我以前听到了民间疾苦，一定要告诉仁

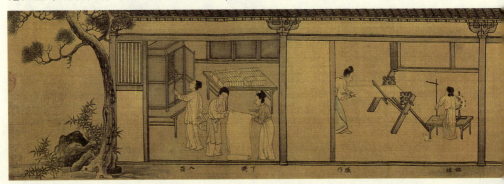

宗，仁宗也会用赦免来解决，现在也应该如此。"神宗说："现在没有什么事。"曹皇后说："我怎么听说民间对青苗法、助役法叫苦连天呢？这二法应该取消。王安石确实有才学，但是怨恨他的人也很多，皇帝如果真正爱护他的话，不如暂时把他调出京城会更好。"神宗听了，不久就想要停止二法。不过最终神宗还是被王安石说服了，没有完全采纳曹皇后的建议。

神宗曾想夺回燕蓟，与大臣议定下来后，就到庆寿宫禀告曹皇后。曹皇后却反问："朝廷的储蓄赏赐准备好了吗？兵器士卒都精锐吗？"神宗连忙回答："早已经准备好了。"曹皇后说："事关重大，吉凶难料，夺回土地也就是扩大领土而已。而一旦不成功，那么就会造成生灵涂炭，不是说句话就能改变的。如果失地可以轻易收回，太祖、太宗早就收复了，哪用等到今天呢？"片刻后，神宗说："接受太后的教诲。"

元丰二年（1079），苏轼因为在自己的诗歌中对朝政有所讽刺，被抓了起来关进监狱，史称"乌台诗案"。当时，满朝文武都认为苏轼必死无疑。

曹皇后听说了这件事后，对神宗说："我忽然想起一件事，当年仁宗皇帝因为在科举考试中得到苏轼、苏辙两兄弟，曾经高兴地说：'我为子孙找到了两个宰相！'可是现在我听说苏轼因为作诗被抓进监狱，这恐怕是仇人故意中伤他吧？他只不过写了几首诗而已，即使有错误，也是很小的。我现在病得很重，不想看到朝廷中有人再制造冤案，伤了你们君臣之间的和气。你应该派人调查实际情况，好好解决这件事。"望着重病中的曹皇后，神宗流下了眼泪。正是由于曹皇后的这番话，苏轼最终被释放了。

就在这一年的冬天，曹皇后病逝，终年64岁，谥号为"慈圣光献皇后"，安葬在永昭陵。

🔴 **蚕织图（局部）·宋**

此图描绘了江浙一带的蚕织户自"腊月浴蚕"到"下机入箱"为止的养蚕、织帛的整个生产过程。画中翁媪长幼，皆穿宋装，神态举止，惟妙惟肖，桑树、户牖、几席、蚕具、织具等，颇有写真写实之风。

列传

宋史

范质列传

范质在后晋官居翰林学士，在后汉做过中书舍人，在后周担任宰相。陈桥驿兵变时，范质在赵匡胤的软硬兼施中委曲求全，率领后周大臣拜伏于这位新皇帝的脚下。而范质本人也成为赵匡胤登基后任命的开国宰相，北宋初年制定的礼仪典制，多是由他主持。范质不仅智慧过人、清正廉洁，而且善荐贤能、办事公道，然而，在风云变幻的政局动荡中，范质没有成为似乎也无意成为为主舍命的绝对"忠臣"。或许，范质的"勿请谥，勿刻墓碑"的遗嘱，透露出的正是他内心的尴尬、无奈和愧疚。

范质，字文素，大名府宗城县（今河北清河西南）人。范质出生的那天晚上，他的母亲梦见神仙交给她一管五色笔。可能是受到了这位仙人的启示，范质文采出众，九岁就能写文章，十三岁开始研究《尚书》，教授学生。

【文采出众】

或许是因为文采卓越的关系，范质在五代后期历经几个王朝，都得到肯定和重视。后唐长兴四年（933），范质考中进士，被任命为忠武军节度使推官，由此出仕。后晋天福年间（936～942），范质携带自己写好的文章去见当时的宰相桑维翰，桑维翰看到这些文章，十分欣赏，因此范质深得器重，历任监察御史、翰林学士等职。

契丹侵犯边境，后晋少帝下令15位将领出征抗敌，出征前，他想把朝中负责起草诏令的诸位学士召进宫来，好好写一篇气势宏大、慷慨激昂的诏令，以此来鼓舞士气、凝聚人心。那天晚上，范质正好在朝中值班，陪在皇帝身边。当时已经是深夜，范质听到皇帝这样的想法，连忙劝阻说："现在夜已深，宫门已经关闭，如果大肆召人进来，恐怕会泄露机密，万一被敌人的奸细知道了，对我军就极其不利了"。少帝听了，觉得有道理。但诏令也不能不写啊，这时，范质毛遂自荐，愿意撰写诏令。少帝没有其他办法，就将信将疑地把这个任务交给了范质。只见范质铺开纸张，下笔如有神，没过一会儿就把诏令写好了。少帝看后，不禁拍案叫绝，这篇文章写得实在是太精彩了。

后汉初年，范质被加封为中书舍人、户部侍郎。当时，周太祖作为后汉的大将，经常去征伐叛乱，因而也经常要接受朝廷下发的诏令。周太祖对这些诏令印象深刻，因为它们总是写得恰到好处又文采飞扬。于是，周太祖在接受诏令时，就顺便问使者是谁起草的诏令，使者说是范质，周太祖不由得感叹："范质真是有宰相之才啊。"

后来，周太祖从邺地起兵，反攻后汉的皇宫，想要建立自己的王朝。当时，京城一片纷乱，范质为了躲避战乱，隐姓埋名地躲在民间。周太祖为了增加自己的威信，也要搜罗各类人才。他想起了那个文采出众、被自己认为有宰相之才的范质，于是命人四处寻找他。经过千辛万苦，周太祖终于找到了范质，欣喜不已。当时正是寒冬，天上还下着鹅毛大雪，周太祖看到范质瑟缩的样子，就毫不犹豫地解下自己的袍子披在范质的身上。这个小小的细节，让范质感动不已。

从此，范质就成为后周的重臣，对周太祖和周世宗忠心耿耿，尽心辅

🦋 **蝉形青花端砚·北宋**
此砚首部为葵花形水池，内刻波浪纹，其中凸雕一条鱼。颈部有一孔和墨池相通。槽上有石色青中泛紫，花纹隐现，制作精美。

佐。显德四年（957）夏天，范质跟随周世宗征讨寿州（今安徽寿县）回来，马上就加官晋爵。国家暂时稳定下来后，范质进言应该重新制定系统有效的法律条文，因为此前的条例都极为繁冗，轻重也没有依据，因此出现了很多作奸犯科之徒。于是，周世宗命令范质制定新的法律，《刑统》就这样诞生了。

范质与周世宗之间的关系非常好。显德六年（959）夏天，周世宗北征，范质因病留在京城。出征前，周世宗还惦记范质身体不好，赏赐给他一大笔钱，让他安心养病。周世宗平定南关后，班师到达瀛州（今属河北），范质前去迎驾。周世宗去世前，还让范质入宫接受临终遗诏，可见对他的重视程度。

【开国宰相】

宋太祖赵匡胤原本是后周的一员大将，在一次北征途中，行进到陈桥驿这个地方时，被军队拥戴为皇帝。赵匡胤从陈桥驿返回官署，当时范质正在吃饭，已经听说了赵匡胤即位的消息。他知道赵匡胤回来了，就带着土溥、魏仁浦前往官署拜见。赵匡胤看到这些昔日的同僚，不禁呜咽流泪，说自己是被部下逼迫为帝的，并详细描述了当时的情形。范质等人还没来得及回答，赵匡胤手下的将领罗彦环以为范质等人对赵匡胤不服气，就举起刀对范质说："我

们这些人没有君主，今天必须有一个天子。"言下之意就是说，现在大势已定，你们最好识相地承认新君，否则就别怪我不客气。赵匡胤呵斥罗彦环退下，但罗彦环不肯走。范质感到很尴尬，只好和王溥等人走下台阶，表示愿意听从赵匡胤的指挥，承认新成立的宋朝。

赵匡胤刚即位时，为了收拢人心，诸事都谦逊隐忍，连自己的亲戚都没有分封，一些拥立有功的幕僚、宾客也没有得到晋封。这时，已是开国宰相的范质适时上奏："自古帝王开创基业，都分封子弟保证稳定。只有宗族亲戚繁盛，国家才会得到巩固。臣知道做宰相的，应当推举贤能之人，来共同辅佐天子，这是我们的职责。"范质还说赵匡胤的弟弟赵光义具有突出的将帅才能，如果能够让他统领藩镇一定是众望所归，还有嘉州防御使

🔊 **宋太祖巡幸图**

宋开宝九年（976），宋太祖赵匡胤到洛阳巡幸，想把都城迁到洛阳，但是他的弟弟赵匡义和诸位大臣都表示反对。

赵光美英俊老成，乐于行善，美名到处传扬。因此，范质请求赵匡胤对他们发布任命诏书进行册封。至于赵匡胤的儿子、女儿，哪怕是还在襁褓中的婴儿，也都应该享受到一定的优待。此外，范质还推荐吕余庆、赵普等人，认为他们精通治国之道，可以授予相应的职位，以使他们发挥自己的聪明才干，为国为民做出贡献。赵匡胤十分高兴，当即采纳了范质的这些建议。

之前，宰相与皇帝商议朝廷政事时，都是可以坐下来面议的。议事完毕后，宰相还可以获得皇帝的赐茶，然后从容告退。这个制度直到唐朝、五代都还遵守。到了范质这里，由于对太祖的畏忌，他们每次议事都详细地写公文进呈。范质还向赵匡胤陈述说："这才是臣子们秉承圣意之方，这样一来可以免除很多过失。"借着这个说法，赵匡胤从仪式上建立了自己的威信。从此，奏御越来越多，开始废除坐论的古制。

乾德元年（963），赵匡胤想要在圜丘祭天，于是任命范质做大礼使。

范质等人讨论旧时的典章制度，制定出了《南郊行礼图》呈给赵匡胤。赵匡胤对范质给予特别的嘉奖。从此礼仪制度也开始完备起来。

【名相品质】

正如周祖当年所判断的那样，范质的确具有一名优秀的宰相所应该具备的品质。从"专业素质"上来说，范质绝对是出众的。他博闻强记、聪明颖悟。当初范质刚刚进入朝廷做官，每天坚持看书，手不释卷。有人劝他说，既然已经踏上仕途了，就不要这样辛苦了。范质回答道："曾经有个善于看相的人，说我将来会做宰相。如果真是那样，我如果不坚持学习，怎么有本事担当这一职务呢？"看来，范质一直是以宰相的标准来要求自己的。当年范质跟随周世宗征讨淮南，朝中主要的诏令基本上都是由他起草的，吴中文士看到这些文字，莫不敬佩。

从德行上来说，范质也无愧为一名杰出的宰相。朝廷每次派遣使者到各地视察民情，范质都会在他们出发前见见他们，向他们交代皇帝爱民勤政的思想，希望他们能将地方上真实的情况汇报上来。范质还以清廉的标准严格要求自己，从来没有接受过别人的馈赠。自己前后所得的俸禄和赏赐，他也常常送给孤寡之人。

范质一生节俭，家中从来没做过什么山珍海味吃。去世之后，也几乎没有留下多余的钱财，这对于身居要职的一品大臣来说，实在是很不容易。

赵匡胤就将范质作为榜样，对大臣们进行思想教育，说："我听说范质名下只有一套自己住的房子，他从来不经营其他的产业去捞钱，这才是真正的宰相。"

乾德二年（964）九月，范质去世，享年54岁。临终时，范质告诫他的儿子范旻不要向朝廷请求谥号，不要刻立墓碑。赵匡胤听到他的死讯，深为痛惜，罢朝以示哀悼。

纵观范质这一生，宋太宗赵光义对他的评价颇有意味。一方面，太宗认为范质是个好大臣，而且在所有有才又有德的宰相里，范质也是数一数二的；但另一方面，对于范质身事二朝这件事，太宗又感叹道："范质没有替周世宗一死，实在是可惜。"

论赞

论 曰：从五代初年到周世宗时，一直是天下大乱。范质是周世宗提拔的，具有宰相的才能。宋太祖登基后，范质成为辅佐的重臣。他身为儒者而通晓军事，担任宰相后，廉洁谨慎，遵守法度。太宗评价范质说他欠世宗一死，这是隐晦地责备范质身事二主，但这难道是范质可以选择的吗？

赵普列传

赵普是宋初政坛上的一位重量级人物。他在宋太祖赵匡胤登基之前便追随其麾下，陈桥驿兵变中更是积极响应，成为宋朝的开国元勋之一。他曾与赵匡胤、赵光义把酒言欢、畅论天下，虽有君臣之名，实堪兄弟之谊；他曾因位高权重招惹是非，惹怒了赵匡胤，君臣义绝，被迫迁出京城。他刚直、倔强，宁愿得罪皇帝，也要坚持己见。赵光义当政后，他渐渐挽回了失落已久的君臣感情，但可惜已垂垂老矣，只能掬一把辛酸、忆旧的浊泪。

赵普，字则平，幽州蓟县（今北京西南）人。后唐时幽州主将赵德钧连年发动战争，赵普的父亲赵迥就率领全族人迁居常州（今河北正定），后又迁居洛阳。赵普为人寡言、忠厚，看起来颇值得信赖，因此，当地的豪门大族魏氏把女儿嫁给他为妻。

【开国重臣】

周显德初年（954），赵普开始踏上仕途，发现他的伯乐是永兴军节度使刘词。最初，刘词将赵普召为从事。等到自己临终之时，刘词还不忘向朝廷上奏推荐赵普。后来，周世宗用兵淮上，赵匡胤带兵攻下滁州（今属安徽），宰相范质又奏请将赵普任命为军事判官。

当时，赵匡胤的父亲赵弘殷身体不好，在滁州养病。赵普陪伴在他身边，朝夕不离地侍奉他，赵弘殷十分感动，便把赵普看作自己宗族的一员。

赵匡胤听说后，也曾与赵普交谈，言语之间隐隐觉出这个人与众不同。一次，官府抓获了一百多名盗贼，按律当斩。但赵普认为这其中有被冤枉的人，于是坚持请赵匡胤重新审讯他们，结果证实赵普所言果然不差。从此，赵匡胤便相信此人不可小觑，连连提升他的官职。

在北征行至陈桥驿时，赵匡胤喝醉了酒，在帐中睡着了。他的属下官兵却导演了一出改变中国历史的大事，就是陈桥驿兵变。众军拥戴赵匡胤做皇帝，赵普与赵光义作为代表来到赵匡胤的帐中告诉他军队的这一决定。听到这一消息，赵匡胤打着呵欠，懒懒地伸展四肢，慢慢起床，半推半就地走出帐外。只见全体官兵披甲带刃，整齐列队，簇拥在"赵"字旗下，对赵匡胤山呼"万岁"。赵匡胤便做了宋朝的第一位皇帝，是为宋太祖。在其后的论功行赏中，赵普因辅佐有

功，被封为右谏议大夫，充任枢密直学士。

从此，赵普在仕途上平步青云、春风得意。太祖要亲自带兵征伐李筠，命赵普留守京城，但赵普坚持跟太祖一起出征，平定了上党（今属山西），升为兵部侍郎、枢密副使，还得到一套御赐的住宅。建隆三年（962），赵普又升为枢密使、检校太保。

乾德二年（964），范质等三位宰相同时被罢免，赵普被任命为门下侍郎、集贤殿大学士。当时，没有了宰相，许多工作无法进行，例如签署敕令之类。赵普将这件事禀告太祖，太祖不以为然地说："你们只管把敕令呈上来，我来签不行吗？"赵普正色答道："这是相关部门的官吏应尽的职责，不是帝王做的事。"于是，太祖便将赵普升为宰相，视其为左右手，无论遇到什么事情，都要向他咨询。

太祖喜欢穿着便装出其不意地到一些大臣家里去。赵普为了方便接驾，每次退朝之后，也不敢穿得太随便。一天傍晚，下起了大雪，赵普以为天气这么恶劣，太祖不会出来微服私访了。没想到，过了一会儿，突然听到

🔸 雪夜访普图·明·刘俊

此图是描写宋太祖赵匡胤退朝之后，于风雪之夜造访重臣赵普，并和他策划如何结束十国割据局面的故事。

敲门声。赵普赶紧去开门，发现竟然是太祖冒着风雪来自己家了，于是诚惶诚恐地拜见。太祖的兴致却很高，说自己还约了赵光义一起来。果然，赵光义不久也到了，赵普在地上铺上厚厚的垫子，请他们坐在堂中，在炽热的炉火上烤肉吃。赵普的妻子来给太祖敬酒，太祖以"嫂子"相称，可见对赵普的器重。觥筹交错间，三人谈起攻伐太原的事宜。赵普谏言说："太原正当西、北二面，如果攻下，那我们就必须单独抵挡这两面，恐怕会耗费过多。不如等到削平其他诸国之后，再来攻伐太原。到时候，攻下这一弹丸之地，一定不在话下。"太祖听了这番话，频频点头，笑着说道："其实我也是这个意思，特意来试探一下你罢了。"

【宠疏两重天】

最初，太祖对赵普一直器重有加、关怀备至。赵普病了，太祖会亲自到他家里去看望他，并加倍给他赏赐。可是渐渐地，这种宠爱有了变化。有一次，钱王派人给赵普送来了一封书信和十瓶海产品。赵普把这些瓶子暂时放在了廊房下。这时，太祖突然来了，赵普匆忙之间没来得及把瓶子收起来，被太祖看到了。太祖好奇地询问这是些什么，赵普只得如实相告。太祖兴致勃勃地说："这些海产品一定很不错，不如打开看看。"谁知道，打开瓶子一看，

🔴 **赵普塑像**
赵普（922～992），北宋政治家，其所参与制定的一系列政策、方针影响了大宋三百年的统治状况。

哪有什么海产品，里面装满了金子。赵普慌忙下跪叩头，连声谢罪，说："臣还没看那封信，实在不知道是这样啊！"太祖叹了一口气说："算了，你就收下吧，这不是你的错，是他们那些人还以为国家大事全是由你一个书生来裁决的。"

虽然太祖看起来原谅了赵普，但这件事无疑使太祖不再像以前那样信任赵普了。再加上赵普性格倔强，得罪了朝中许多大臣，也有不少人借机离间太祖与赵普的关系。当时，官府明令禁止私人贩卖秦、陇二地的大木材。赵普曾经派手下的小吏到市场上购买木材，运到京城盖房子。这个小吏偷了一些大木材，散布消息说是赵普要在京城附近卖这些木材。有官员听说后，就向太祖禀告。太祖大怒，甚至准备下诏驱逐赵普，幸亏王溥上奏才作罢。

按照当时的制度，宰相、枢密使每次在长春殿等候皇帝召见时，本是可以在一起等候的，但太祖听说赵普的儿子赵承宗娶了枢密使李崇矩的女儿为妻，就命令他们分开等候。

赵普用空闲的土地私自换取皇家的菜地，来扩建自己的住宅，还私下里开起客店做生意。翰林学士卢多逊经常在上朝时攻击赵普。恰逢有人向太祖告发几个官员受贿枉法之事，经过调查，这些人都曾受到赵普的庇护。太祖非常生气，除了处罚这几个人之外，对于赵普的恩宠也渐渐淡了，下诏让参知政事分夺赵普的权力。不久，

又把赵普调离了京城，到外地为官。

宋太宗赵光义当政后，赵普重新回到朝廷，担任太子太保，但仍经常被卢多逊诋毁，郁郁不得志。之后，赵普又要被调离京城。太宗写了一首诗，与他饯别。赵普捧着诗，痛哭流涕地说："陛下赐给臣诗，臣应该把它刻在石头上，跟臣的这把老骨头一起埋在地下。"太宗被这番话感动了，次日与宰相宋琪谈话时感慨地说："赵普对国家有功，以前我总是跟他在一起，现在他老了，牙齿头发都掉了，我不能再用政事来烦扰他，应该找个好地方让他安享晚年，所以才送给他一首诗。没想到他感激地哭了，我也忍不住流泪啊。"宋琪回答说："昨天赵普正好来中书省，手里拿着御诗，还在哭泣，对我说：'此生余年无法报答皇上，只希望来世再为皇上效犬马之劳。'今天又听到皇上您的这番话，感到您君臣二人之间的情分，可以说是善始善终啊。"

从此，在许多不同的场合，太宗都公开表示，赵普是开国元勋，是自己所尊重、倚靠的人。赵普对于太宗也常感激得潸然泪下。端拱元年(988)，赵普年事已高，太宗特意免除了赵普朝见的礼节，遇到重要的事情才找他询问。冬天，赵普病倒了，

太宗多次到他家看望他。赵普觉得自己身体不行了，于是三次上表请求辞官，太宗勉强答应了，但还是任命他为西京留守、河南尹。赵普再次上表推辞，太宗赐给他亲手写的诏书，上面说："开国元勋现在只有你一个人了，你跟别人不一样，不要再推让了，等你出发那天，我亲自去你家跟你道别。"赵普捧着诏书哭泣，请求带病与皇上面谈。两个人聊了很久，谈论的大多是国家大事。等到赵普即将出发赴任时，太宗果然来家里送他。

淳化三年（992）春，赵普的身体状况恶化，再次向朝廷上书请求辞官。太宗任命他为太师，封他为魏国公，赐给他宰相的俸禄，让他安心养病，并在给他的诏书中写道："我把你当做老师看待，等你病好了，再来见我。现在赐给你这些酒肉，希望你能保养精神，注意治疗、吃药，加强饮食，不要辜负我对你的挂念。"但这年七月，赵普还是去世了，终年 71 岁。

听到赵普的死讯，太宗非常悲痛。他对亲近的大臣说："赵普跟我是故交，是一个能决断大事的人。我以前跟他有过不愉快，但我自登基以来，一直都用优厚的待遇对待他，他也倾尽所能为我效力，为国家尽忠，真称得上是国家重臣啊！我对他的死真是痛惜。"说着说着，太宗泪流满面。左右大臣无不为之感动。

【刚正直言】

当初，太祖身份尚卑贱之时，赵普就与他交好。等到太祖打下了江山，赵普还经常把太祖卑贱时的种种不足之处当做话柄来谈论。太祖知道后，并没有生气，而是对赵普说："如果在茫茫人海中那么轻易就能认出谁将是天子、谁能当宰相，那么每个人都会孜孜不倦地去寻找了。"听了这话，赵普从此闭口不谈往事。

赵普从小就学习过如何处理官府的事务，但对于学术却知之不多。他当了宰相之后，太祖经常劝他多读书。因此，他晚年手不释卷，每天下朝回家后，就关起门来读书，经常读到很晚。他死后，家人打开他的书柜一看，发现他生前反复研读的是《论语》二十篇。

赵普性格深沉，胸有城府，虽然有时会对别人忌恨刻薄，但能以天下政事为己任。宋朝初年，官居宰相的人大多都拘于小节，循规蹈矩，但赵普却常常坚持己见，甚至不惜得罪皇上。有一次，他上奏举荐某人为官，太祖不同意。第二天，他再次举荐这个人，太祖还是不同意。第三天，赵普依然举荐此人，太祖大怒，把奏折撕碎了扔在地上，但赵普面不改色，跪在地上把这些碎片捡起来，第二天把碎片粘起来再次呈交给太祖。最终，太祖同意任用此人。

还有一次，有一个大臣应当升官，但太祖不喜欢这个人，不想给他升官。赵普坚持请太祖三思，太祖生气地说："我意已决，就是不给他升官，你能拿我怎么样？"赵普正义凛然地说："刑罚是用来惩处恶人的，赏赐是用来酬谢功臣的，这个道理古今相通。况且刑罚赏赐是由国家决定的，而不是由陛下一个人决定的，您怎么能因为自己的好恶而独断专行呢？"太祖更生气了，起身就走，赵普紧紧跟随其后。太祖进入内宫，赵普就站在宫门口，久久不离开。太祖见赵普这么倔强，最终只得给那位大臣升官。

宋太宗赵光义当政时，曾经听信弭德超的谗言，怀疑曹彬有不轨行为。当时赵普正好又当了宰相，便坚持替曹彬辩白，最终使事情的真相得以澄清。事后，太宗感叹道："都怪我听信谗言，险些误了国家大事啊。"于是，当天就驱逐了弭德超，依然像往日那样对待曹彬。

祖吉当郡守的时候干了坏事，败露后被关进监狱。当时，国家的郊祀即将举办，按照法令要进行大赦，但太宗痛恨祖吉贪暴，派人下命令说："大赦可以把祖吉排除在外。"赵普听说这件事后，马上上奏说："做坏事的官吏应该按照法律受到惩罚，这没有错，但是国家即将举行郊祀，要向天地神明祷告祈福，为什么要因为祖吉这一个人而破坏了陛下的赦令呢？"太宗认为赵普言之有理，于是收回成命，依然赦免了祖吉。

宋真宗咸平元年（998），赵普被追封为韩王。

论赞

论曰：自古以来，在帝王登基前就尽心辅佐的旧臣，一代又一代可以说从来没有缺乏过。然而，要想做到君王与大臣始终一心、休戚与共，像一家人一样，就像宋太祖对于赵普那样，可以说太难了。陈桥兵变，人们说赵普与太祖是早有预谋，从当时的情况看也许是这样。事情成功之后，赵普作为重臣在朝多年，但很久之后才当了宰相，太祖并不急于酬谢他的功劳，赵普也并不急于执政。等到他任宰相时，除旧布新、施展政策，从未以有功老臣而自居。在他的辅佐下，三百多年的宋朝，就像早已定好一样，很快就踏上正轨。

吕蒙正列传

宋史 ○列传○

吕蒙正是北宋宰相，也是任何朝代都需要的那种极具勇气和正义感的直臣。他心胸宽广，不记恨抛弃自己的父亲，也不计较别人对自己的嘲讽不逊。他虽位高权重，但能洁身自好，不为自家谋私利。尤为可贵的是，他对皇上决不阿谀奉承，而是敢于直谏，坚持自己的意见。他善识人才，广荐贤人，对自己的儿子却要求严格，决不让他们不劳而获。

吕蒙正，字圣功，河南（今河南洛阳）人。他出身于官宦世家，祖父吕梦奇是户部侍郎，父亲吕龟图是起居郎。吕蒙正在太平兴国二年（977）的科举中考中状元，被任命为将作监丞、升州通判。他赴任之前去向皇上辞行，皇上很器重他，对他说，如果遇到棘手的政事，允许他骑驿马回京城来向皇上报告，另外还赐给他钱二十万。后来，吕蒙正调回京城任职，并不断得到升迁。

【大度宰相】

吕龟图的妻妾很多，他与蒙正的母亲刘氏不合，于是便把刘氏及蒙正一起赶出了家门。吕蒙正母子俩生活得非常窘迫，刘氏无数次流泪发誓再也不嫁人。等到吕蒙正做了官，他并没有怨恨父亲，而是把父母都接过来跟自己同住，父母亲住在一个屋子不同的房间里，自己亲自侍奉他们，非常周到。

不久，吕龟图去世了，朝廷诏令启用吕蒙正，将他升为左谏议大夫、参知政事，并赐给他一套繁华地段的住宅。皇上对吕蒙正期望很高，对他说："凡是读书人，当他未被任用时，见到政事有不合理的地方，都会心生不满；等到被任用之后，就应该尽其所能提出可行的建议来弥补不当的政事，即使建议不一定每次都合理，但也应该凡事都有所言。我这个人一向是喜欢听人提意见的。"吕蒙正牢牢记住了皇上的这番话，并在为官过程中身体力行。

吕蒙正刚进入朝廷时，有许多人对他不满。有一次，有位朝臣直接指着他嘲讽说："这个人也是参政？"吕蒙正装作没听见，平静地走过去。有些同僚愤愤不平，要去打听那个人是谁，吕蒙正赶紧制止说："如果知道了他的姓名，恐怕一辈子都忘不了了，还是不知道为好。"听了这番话，大家都很佩服他的度量。

吕蒙正为人宽容厚道，守正自律。他遇事敢出来说话，每次讨论时政，看到有不公允的现象，一定坚持反对意见，这一点让皇上很赞赏。赵普是开国元老，吕蒙正是后来提升的官员，后来两个人同任宰相，赵普也很赞许他。

当时，宋朝有一个惯例，宰相的儿子刚出仕就能做水部员外郎，这是从卢多逊任宰相时开始的。吕蒙正当了宰相后，朝廷本来也要赐给他的儿子这个官，但吕蒙正坚决拒绝，他上奏说："臣出身状元，刚出仕时也不过是九品京官。况且天下有才能的人终身隐居山林、不食朝廷俸禄的也有很多。现在臣的儿子刚成年，如果获此宠任，恐怕会遭到上天的谴责。如果一定要给他封官，就封个我刚出仕时担任的那个官。"从此以后，宰相之子一步登天的惯例就被打破了，只能得到九品京官，并逐渐成为法定的制度。

吕蒙正位高权重，想要巴结他的人也多了起来。朝臣中有个喜欢收藏古镜的人，想要献给吕蒙正一面镜子，说此镜是个宝贝，能照出二百里范围内的景色。吕蒙正微微一笑，说道："我的脸只有碟子那么大，哪儿用得上照二百里的镜子呢？"婉言拒绝了那个人。听说这件事的人都很感慨。

【刚直谏言】

吕蒙正不负皇上的嘱托，遇事直言不讳，甚至敢于顶撞皇上。有一年元宵佳节，皇上在宫里举办宴会，吕蒙正在一旁侍奉。皇上看着一派喜气洋洋的场面，不禁得意地对吕蒙正说：

◉ 吕蒙正接彩球

清末年画，描绘北宋时刘相国的千金刘翠屏抛绣球选婿，选中寒酸书生吕蒙正的故事。刘翠屏因选婿之事，触怒父亲老相国，被逐出家门，而后与吕蒙正相濡以沫。吕蒙正励志苦读，最终金榜题名。

吕蒙正接彩球

吕蒙正像

吕蒙正（944～1011）是宋太宗太平兴国二年进士，宋太宗、宋真宗时期曾三居相位，封许国公，死后谥"文穆"。

"五代的时候，生灵涂炭，不管是官吏还是老百姓，谁都过不上好日子。地上火灾连绵，天上又出现不祥的彗星，人们都惊慌害怕，认为天下再也没有太平的日子了。自我总揽政事，国家才大致安宁下来，出现了现在这样繁荣昌盛的局面，可见治理国家还是事在人为啊。"吕蒙正看到皇上这么志得意满，不但没有随声附和，反而起身向皇上进言道："皇帝您所在的地方虽然很繁华，但城外不出数里之地，饿死冻死的百姓却不计其数，不是个个都像城里这个样子。臣希望陛下不仅可以看到眼前的繁华，也可以看到远处的凄凉，这才是百姓之福啊！"皇上正高兴，没想到听到这样一番扫兴的话，顿时脸色都变了，阴沉着脸不说话。吕蒙正却不慌不忙地重新回到座位上，同僚们都称赞他的勇气。

皇上想派人出使朔方，命令中书省选拔一名有才能而且可以担负重任的人。吕蒙正推荐了一个人，但皇上不批准。后来，皇上三次询问人选的事，吕蒙正就接连三次推荐那个人。皇上不高兴地说："你怎么这么固执？"吕蒙正说："臣不是固执，而是陛下你不能慧眼识珠。这个人绝对可以担此重任，其他人都远远赶不上他。臣不愿用阿谀奉承的话来讨陛下的欢心，以免耽误国事。"吕蒙正说得这么直接，朝廷上的其他大臣都吓得气都不敢出。皇上退朝后对身边的人感叹说："吕蒙正的气量连我也赶不上啊。"后来，皇上还是听从了吕蒙正的话，任用了他推荐的那个人。事实证明，那个人果然十分称职。

【善识人才】

至道元年（995），吕蒙正以右仆射的身份出任河南府通判兼西京留守。他到洛阳赴任后，常常和亲朋好友在一起聚会言欢，在处理政事方面主张宽厚，把具体的事都交给属下去处理，自己负责总体的把关。

真宗即位，将吕蒙正升为左仆射。当时，朝廷正在营建奉熙陵，吕蒙正感戴先朝给予自己的优厚恩遇，捐出三百多万家财作为营建的经费。太宗下葬那天，吕蒙正伏地痛哭，极尽悲哀，旁人为之感动。他又重新回到朝廷为官。

景德二年（1005），吕蒙正请求辞官回洛阳。到朝廷告辞那天，他坐着轿子来到东园门，让他的儿子搀扶着他颤颤巍巍地来到宫殿，仍不忘对宋真宗进忠言说："对远方的人要和平共处，不要轻易打仗，节省开支，这是古往今来的治国上策。希望陛下多为百姓着想。"宋真宗看他这么大年纪还在为国事操心，十分赞许，并答应采纳他的意见。

吕蒙正在洛阳安享晚年，子孙绕膝，怡然自得。宋真宗封禅，特意两次到他家来看望他，问他："你的儿子里有谁可以重用吗？"吕蒙正没有趁机帮儿子们走后门，而是说："臣的几个儿子都没什么本事，不过我倒是有个侄儿叫吕夷简，现任颍州推官，这个人具有宰相的才能。"从此，宋真宗便记住了吕夷简的名字，并重用他。吕夷简后来成为宋代名相之一。

在吕蒙正的宾客中，有个叫富言的人。一天，这个人向吕蒙正提到自己十几岁的儿子，希望吕蒙正帮忙向朝廷推荐一下。吕蒙正答应见见他，见面交谈后，不禁惊叹道："你这个儿子将来肯定能获得跟我相似的名位，并且他的功勋事业将远远超过我。"于是，他积极资助这个孩子读书，并提供给他优厚的生活待遇。富言的

这个儿子就是后来宋代的著名宰相富弼。吕蒙正就是这样善于发现人才。

吕蒙正一生都保持着一种不卑不亢的品质。他当年刚刚担任宰相时，张绅在蔡州（今河南汝南）做官，因为贪赃被罢免。有人对皇上说："张绅家里很富，不会贪污的。当初吕蒙正贫贱时，曾请求张绅的救济，但被拒绝了，因此，肯定是吕蒙正伺机报复他，所以给他栽赃。"皇上听了这话，信以为真，马上恢复了张绅的官职。吕蒙正听说后，并不为自己辩解。后来，张绅贪赃的事情被查清楚了，又被贬职。皇上对吕蒙正说："张绅果然有贪污的行径。"言下之意是之前错怪了他。吕蒙正听出了皇上的意思，但他依然既不分辩，也不对皇上表示感谢。在洛阳时，皇上多次派人给他下达诏令，他对待使者仍然像在京城时一样，不骄傲，也不自我贬低，当时的人都很敬重他。

论赞

论曰：《诗经》说："允也天子，降予卿士，实维阿衡，实左右商王。"说的是有明君就会有明臣，有明臣就足以辅佐明君。太宗勤于政务，重视辅相的作用，提拔吕蒙正居于相位，使他参与国家大政。而他也尽心尽力，使得国家升平，可谓君臣各尽其道。

杨业列传

杨业是宋太宗时守卫边疆的一员猛将。他骁勇善战，令敌军闻风丧胆，却也因此受到其他将领的妒忌。他有勇有谋，与士卒同甘共苦，深受爱戴。在与契丹人的战争中，他对形势作出了正确的判断，提出合理的建议，却被过分轻敌的同僚嘲讽，被逼上战场，在极其不利的形势下拼死战斗，上演了一幕幕感人至深的忠义场景。最终，失去援助的他战死沙场，用死捍卫了自己对宋廷的一片忠心。

杨业本名重贵，又名继业，并州太原（今山西太原）人。杨业的父亲杨信是后汉麟州（今陕西神木北）刺史，有一身好武艺。杨信有两个儿子，杨业是长子。杨业从小就洒脱不羁、行侠仗义、擅长骑马射箭，喜欢打猎，每次跟别人一起狩猎，得到的猎物都比别人多一倍。他曾对伙伴们说："我将来要当将军，指挥打仗，就像今天用鹰犬追逐野鸡、山兔一样。"

【守边猛将】

杨业20岁左右参军，追随北汉世祖刘崇，任保卫指挥使，以勇猛善战闻名，颇受北汉皇帝的信任和重用。在数次战斗中，他屡立战功，所向披靡，敌人闻风丧胆，国人则称他"无敌"。

当时，宋太祖已经建立大宋王朝，全国统一大局已定。杨业曾经向北汉皇帝刘继元提出"奉国归宋"的建议，但遭到反对。不过，他并没有变心投宋，而是依然舍命保卫北汉政权。太宗征讨太原时，听说了杨业的威名，很想把他招至麾下。不久，太原在太宗的围攻下岌岌可危，成为一座孤城，杨业仍在城南与宋军苦战。刘继元投降后，太宗派刘继元的亲信前去劝降杨业。见到劝降使者，杨业悲愤地大哭了一场，投降了宋朝。太宗看到这员虎将威武的模样，不禁大喜，当即任命他为右领军卫大将军。回到朝廷后，太宗认为杨业对边疆事务很有经验，又升他为代州（今山西代县）兼三交驻泊兵马都部署，赏赐给他丰厚的珠宝玉器，让他负责边境抗敌。

太平兴国五年（980），契丹朝派十万大军攻打雁门关。那时候，杨业手下只有几千人马，兵力相差很大。杨业是个有经验的老将，知道靠硬拼是不行的，于是就把大部分人马留在代州，自己则带领几百名骑兵，悄悄地从小路绕到雁门关北面，来到敌人后方准备偷袭。这之前，契丹军队一路向南进军，基本上没遇到什么抵抗，正在得意，防备也有些松懈。这时，契丹军队后方突然响起一片喊杀声，转回头一看，只见一支骑兵从背后杀来，扬起漫天烟尘，杀气腾腾地朝着契丹的军队冲过来。契丹兵毫无防备，又探不清对方的虚实，一下子乱了阵脚，军队的阵形乱了，士兵们一个个心惊胆战，只顾逃命，谁还敢还手？于是，契丹军队纷纷向北逃窜。杨业带兵追击，消灭了一大批契丹兵，还杀死了一名契丹贵族，活捉了一员契丹大将。

雁门关大捷以后，杨业威名远扬。契丹军队一看到"杨"字旗号，士气就泄了一半。杨业因战功升任云州（今山西大同）观察使。其他镇守边疆的主将很妒忌他，有人暗中给皇上写诬告信，指责杨业的缺点。皇上看到这些一概不相信，而且还把这些信转交给杨业，以表示对杨业的信任。

杨业没读过什么书，但在战场上却有勇有谋。无论是带兵训练，还是正式作战，他都能与士兵们同甘共苦。冬天的时候，代州北部非常寒冷，人们大多习惯用毛毡来御寒，但杨业却仅仅用胳膊夹住棉絮，坐在露天的地方处理军事，身旁也不生火。侍候他的人几乎都冻僵了，而他却依然一副怡然自得的样子，似乎一点也不觉得冷。他处理政事简练、不拖沓，对部下有情有义，因此士兵们都乐于为他效力。

四天王木函彩画（选二）

【战死沙场】

过了几年，契丹国的皇帝耶律贤死去，新即位的耶律隆绪才 12 岁，由他的母亲萧太后执政。这时，有边将向宋太宗上奏章，认为辽朝政局变动，宋朝可以趁这个机会收复燕云十六州。宋太宗接受了这个意见。于是，雍熙三年（986），宋太宗下令北征，以忠武军节度使潘美为主将，以杨业为副将，并派王侁、刘文裕率兵监护这支军队。一开始，宋军打得很顺利，各路军队接连攻下云、应、寰、朔四州，大军进驻桑干河。但这时，曹彬这路军战事遇阻，各路宋军只得撤退，潘美等人退回到代州。

没过多久，朝廷下诏将这四州的百姓迁移到内地，命令潘美等人率领军队护送。这时，契丹国的萧太后与大臣耶律汉宁等人领兵十多万，又攻占了寰州（今属山西）。宋军商量对策，杨业对潘美说："现在契丹兵这么强大，不能与他们开战。朝廷只命令我们转移百姓，我建议先暗中告诉云州、朔州的守将，等大军离开代州的日子，让云州的百姓先离开。我们把大军驻扎在应州（今山西应县），契丹军队必定来挑战，这时立刻命令朔州的百姓出城，直接进入石碣谷。我们派一千名弓箭手守在谷口，用骑兵增援应州，这样，云、朔、应三个州的百姓就可以安全转移了。"王侁反对这个建议，不屑地说："我们有数万精兵，怎么能对辽兵害怕到这种程度。我军只管直奔雁门北川中，击鼓前进，一定能大败契丹。"刘文裕也赞成与契丹开战。杨业苦苦劝阻他们说："不能这样，我军肯定会失败的。"王侁对杨业冷嘲热讽地说："君侯你不是向来号称'无敌'的吗，如今怎么看见敌人就不敢前进了，

🔴 巢车（模型）

宋代战争器械极为发达，被广泛应用于战争中。巢车主要用以观察敌情。

莫非你还有什么别的打算？"杨业愤怒地说："我杨业不是怕死，只是担心在此不利局面下作战，白白损兵折将。现在你用怕死来责备我，那好吧，我就在各位面前领军作战。"

快要出发时，杨业哭着对潘美说："此次行动必定失利。我杨业是太原的降将，死是分内的事。皇上不杀我，反而信任我，授予我兵权。我并非不敢攻打敌人，只是想要等待便于攻敌的更好条件，立尺寸之功以报答国恩。现在各位以懦弱的名义来责备我，我只能战死沙场，以证明自己。"他指着陈家谷的谷口交代说："各位请在那里布下弓箭手，等我转战到此，立刻夹击敌人来支援我，否则就将全军覆没。"

于是，潘美与王侁率兵在谷口布下阵势，从凌晨一直等到上午，王侁见杨业迟迟不来，派人登台眺望又看不到军队迹象，还以为契丹已经逃跑，因此他想攻打契丹的残余部队来争功，就领军离开了谷口。潘美本想制止他，但没有成功，于是自己也领兵离开。不久，有消息传来说杨业战败，潘美立即退兵回朝。杨业拼死与契丹军队战斗，一直打到日落时分才引着敌军到达谷口，谁知连增援部队的影子也没看见。杨业大哭不已，只得率领帐下的将士继续奋战，身上十多处地方都受了伤，而身边的士兵几乎都死光了。这时，他的部下还有一百多人，杨业对他们说："你们这些人都有父母、妻子和儿女，跟我一起战死

不值得，你们逃走吧，回去还可以继续报效天子。"这些将士们流着泪，谁也不肯离去，一个个都战斗到最后。结果，所有的将士全部战死，没有一个活着回来的，其中也包括他的儿子杨延玉。最后，由于马受重伤不能前进，杨业被敌人捉住。他叹息着说："皇上看重我，我本想用讨伐敌寇来报答他，谁知反被奸臣所害，致使战败损兵，我还有什么脸活着呢！"于是绝食三日而死。

太宗听说了这件事的始末，十分痛惜，不久便下诏褒扬杨业的忠义英烈，追授他为太尉、大同军节度使，赏赐他布帛一千匹、粮食一千石。同时，下令将潘美降官三级，王侁解除官职，发配到金州（今陕西安康），刘文裕解除官职，发配到登州（今山东蓬莱）。

论赞

论曰：《春秋》上记载，从前许子在军中死去，给他举行了隆重的葬礼，是为了褒扬臣子的节操而警戒那些身居要职而无所作为者。杨业原本是太原的骁将，感激太宗的宠遇，想有所报答，因此承担了捍卫边城的重托，面对敌人奋力作战，死在战场。他深得人心，在战争的危急时刻，战士们都不忍离去，跟随他直到战死，可见其忠臣义士的风范。

郭进列传

郭进是宋朝的一员大将。他勇武善战，历经后汉、后周、北宋三个朝代，一直受到重用。郭进治军严明、剿贼有方，深受老百姓的爱戴，老百姓多次为他树碑立传。郭进为宋朝镇守北方边境，让契丹军不敢来犯，宋太祖对他视如己出。郭进虽然对属下要求极其严苛，但也能不计个人恩怨，知人善用，显示出杰出的才能。只是他性情刚烈，因得罪同僚被诬陷而愤然自尽，实在是可惜。

郭进是深州博野（今河北博野）人，少时家贫，以给人做活维持生计。他身强力壮，性格豪放不羁，经常结交豪杰侠士，喜欢喝酒、赌博。雇用他的这家的少爷认为他是个祸患，谋划杀掉他。这件事被他的妻子竺氏听说了，她告诉了郭进，于是郭进逃到晋阳（今山西太原），投靠后汉高祖刘知远。刘知远见他身体强壮，就把他留在了身边。从此，他在后汉军中立了不少战功，声名远扬，并渐渐得到升迁。

【深得民心】

后周年间，郭进在许多地方担任过刺史，由于他治军清明严谨，又经常能剿灭强盗，为民除害，所以深得百姓们的爱戴。

宋朝建立后，郭进投奔太祖，镇守西山，并取得多次战斗的胜利，深得太祖赏识。有一次，太祖下令用筒瓦为郭进建一所住宅。有人说只有皇室成员才有资格用这种材料。太祖听了大怒道："郭进镇守西山十几年，让我不必操心北方边境的安危，我对待郭进怎么就不能像对自己的儿女一样呢？你们赶紧去按要求盖房子吧，别再胡说了。"

太平兴国四年（979），太宗亲征太原，命郭进先带兵控制石岭关，以防备契丹。后来，契丹军队果然来侵犯石岭关，郭进大破之，又攻破敌人在西龙门的防线，

🗡 **刀车**（模型）

宋代时，随着设防城堡的不断发展，攻守城器械也相应发展起来，攻和守的器械也有了明确分类。图为宋代用以守城堵塞缺口的塞门刀车（模型）。

把敌军将领的左耳割下来献功。从此，并州一代的契丹军队对宋军心存忌惮，避而远之。

当时，田钦祚是军中的监军，但他肆意地做违法乱纪的事情来谋取私利，郭进没法阻止他，只能在言谈中流露出不满的意思，田钦祚很不高兴，于是找了个机会诬陷郭进。郭进是武将，性情刚烈，他受到田钦祚的排挤，不甘心又无奈，一怒之下自杀身亡，时年58岁。田钦祚为了掩盖郭进真正的死因，就向朝廷报告说郭进是暴病身亡。太宗听说后，悼惜良久，追封郭进为安国军节度使。后来，太宗知道了事情的真相，将田钦祚贬职，为郭进鸣不平。

【驭人有方】

郭进性格豪爽，但有时过于暴烈，喜欢杀人。他的士兵们稍微犯点错误，就可能面临杀身之祸。他在家里管理仆人们也是如此。连皇上也听说了他的这个特点，甚至用他来震慑士兵说："你们一定要遵纪守法，否则就算我能饶了你们，郭进也会杀了你们。"

不过，郭进并非一味的嗜血成性，他也很讲究以权道用人。曾经有个小军官从西山跑到朝廷诬告郭进。宋太祖查明了真相，原来是这个人犯了点过失，害怕受到郭进的严惩，便干脆先下手为强，跑来诬告郭进，好让自己逃过一劫。太祖派人把这个人送到郭进手里，让他杀之正法。这时候，恰逢并州地区有敌军入侵。郭进没有杀这个人，而是对他说："你敢来诬告我，说明你还有点胆量和气魄。我今天先不杀你，如果你能攻破敌军，戴罪立功，我就向朝廷举荐你；如果你战败了，就自寻出路吧。"这个人本以为自己必死无疑，没想到郭进给他指了这么一条生路，忍不住欢呼雀跃，立刻领兵上了前线，最后果然成功退敌。郭进也遵守诺言，向朝廷报告了事情始末，请求给这个人升官。太祖很钦佩郭进的宽宏大量，就答应了这个请求。

论赞

论 曰：宋朝初年，交州、广州、剑南、太原各自称帝立国，荆湖、江表仅仅对宋朝通使进贡，契丹与宋对抗，西夏也没有对宋臣服。太祖很重视寻求军队的帅才，于是任命郭进等大将分守各地，并给予他们大权，凡是军中的事情都允许他们自行处理，他们每次来到朝廷，皇上必定会召他们来询问边境的情况，还赏赐给他们许多钱财。因此守边大臣有财力供养敢死之士，让他们做间谍，从而对敌情了如指掌，敌人入侵时，设下伏兵突然袭击，常常取得胜利，因此，宋朝在20年间都没有西北部的忧患。可以说，宋朝的军队实力在这个时候是最为强大的。

寇准列传

寇 准是北宋名相，他心直口快，对皇上知无不言，甚至敢于拉住皇上的衣服，非得让他听完自己的话。面对入侵的敌人，他不像其他大臣那样畏战，而是坚决请皇上御驾亲征，并且不愿轻易放弃胜利的果实。然而，他的豪爽中也带有几分居功自傲的心气，最终因为得罪小人而客死异乡。

寇准，字平仲，华州下邽（今陕西渭南）人。他从小才智超群，通晓经典古籍，19岁时考取进士。太宗殿试时，常常把考生叫到面前亲自来考察，一些年纪小的考生往往被淘汰。有人教寇准把年龄报大一点，寇准回答说："我要靠自己的努力来争取，怎么能欺骗君主呢？"后来，寇准果然由于才华出众而被录用。

▶【宋之魏征】

对于政事，寇准总是尽力直言，陈述利弊，因此太宗很器重他。有一次，他在殿中对某件事发表看法，跟太宗的意见不合。太宗很生气，起身准备回宫，寇准拉住太宗的衣服，请他坐下，一直到议完政事再退朝。太宗很欣赏他的勇气，称赞他说："我得到寇准，好像唐太宗得到魏征一样。"

淳化二年（991）春发生大旱，太宗召集大臣们讨论对策，大家都说旱灾是天命，是无法改变的。寇准却有不同的意见，认为发生大旱是暗示

朝廷有刑法不公之处。太宗发怒，当时就起身下朝。

过了一会儿，太宗平静了下来，觉得寇准的话或许有道理，便召见寇准，问他为什么说刑法不公。寇准不愿单独对太宗禀告，就说："希望陛下把中书省和枢密院的大臣都召来，我就说。"太宗同意了。寇准于是在大家面前说："不久前，祖吉、王淮都犯了受贿罪，祖吉贪污不多却被判处死刑，王淮因为是参政王沔的弟弟，偷盗朝廷财物上千万，却只被处以杖刑，并且后来还恢复了官职，这不是不公平又是什么呢？"听了寇准的话，太宗就质问王沔有没有这回事，王沔叩头认罪，太宗严厉斥责了王沔，同时也认识到寇准是可以重用的人。

后来，因为一件小事，寇准被太宗一怒之下贬为青州（今属山东）知州。寇准离开后，太宗又很想念他，经常闷闷不乐，还常常问身边的人："寇准在青州过得好吗？"刚开始的时候，身边的官员都回答说："寇准过得

很好。"过了几天，太宗又问起寇准。身边的人估计太宗是想召回寇准，有些嫉妒，就回答说："陛下思念寇准，一点也没忘记他，可是听说寇准每天纵酒，不知道他是否也想念陛下？"太宗默然无语。

第二年，太宗还是召回寇准，任命他为参知政事。当时太宗已经在位很久，有人上奏请求立太子，太宗很生气，贬斥了上奏的人，于是朝中再也没人敢提这件事。有一次，寇准拜见太宗，当时太宗的脚正好受伤了，见到寇准，太宗撩起衣服给他看自己受伤的脚，显得很亲密。太宗问寇准："我的儿子哪一个可以继承皇位？"寇准知道自己不方便谈论这件事，就说："陛下替国家选择储君，不可以

⊙ 寇准像

寇准（961～1023），字平仲，北宋初名臣，宋真宗时三任宰相，封为莱国公，后被贬为道州司马、雷州司户参军，死于雷州贬所，谥号"忠愍"。

跟妇人、宦官和亲信大臣商量。希望陛下选择能符合天下意愿的人做太子。"太宗低着头思考了很长时间，让身边的人退下，又问寇准："襄王可以吗？"寇准谨慎地说："知子莫若父，陛下考虑后如果认为他可以，希望能马上定下来。"于是，太宗便让襄王任开封尹，改封为寿王，立为皇太子。

【请帝亲征】

真宗即位后，寇准任集贤殿大学士。景德四年（1007），契丹军侵入宋朝境内，但只是放纵一些骑兵随处抢掠，稍遇到抵抗就赶紧逃走，丝毫没有正式打仗的意思。不过，寇准并没有放松警惕，他认为这是敌人让宋朝对此习以为常从而放松戒备，因此请求真宗加强戒备。

这年冬天，契丹军果然大举入侵。从边疆接连传来五封告急文书，但寇准并未采取行动，每天仍然饮酒谈笑。真宗听说后十分吃惊，问寇准有何打算。寇准请真宗亲征澶州（今河南濮阳），以鼓舞士气，抵抗契丹。真宗很害怕，不愿出征。寇准阻拦说："如果陛下入后宫，国家大事就完了。"真宗没办法，只好召集群臣商议亲征的事。

不久，契丹兵就占领了宋朝的许多领土，朝廷内外极度恐惧，有大臣请求真宗躲避到金陵或成都。寇准听说后，对真宗说："谁替陛下出这种主意，应该将他们处死。如果陛下御

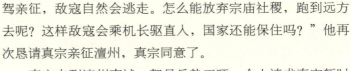

驾亲征，敌寇自然会逃走。怎么能放弃宗庙社稷，跑到远方去呢？这样敌寇会乘机长驱直入，国家还能保住吗？"他再次恳请真宗亲征澶州，真宗同意了。

真宗来到澶州南城，契丹兵势正旺，众人请求真宗暂时停留，以观察军事形势。寇准坚决请求真宗一鼓作气渡过黄河。随行的大臣们因为害怕都不赞成前进，只有寇准力争，真宗犹豫不决。寇准走出殿外，在门前遇见高琼，对他说："太尉你受到国家的恩泽，现在用什么来报答呢？"高琼回答说："我是武人，愿以死效力。"寇准又进来见真宗，高琼跟随站在堂下。寇准严肃地说："陛下要是认为我说得不对，可以再问问高琼等人。"高琼立即上前说："寇准说得对。"寇准又接着说："机不可失，陛下应赶快亲自率兵征讨。"还没等真宗反应过来，高琼马上指挥卫士推来辇车，让真宗坐上去渡过黄河，来到澶州北城门楼。宋军看见真宗的黄罗伞盖，士气一下子振奋起来。契丹兵则面面相觑，心生胆怯，连阵形都乱了。

真宗把军中事务全部委托给寇准，由于治军严谨，宋兵战斗力大增。双方相持十几天，宋军射杀了契丹的将领挞览。挞览死后，契丹秘密派使者来与宋朝议和，寇准不答应，要求契丹自称为臣，献出幽州地区。但真宗一向讨厌打仗，看

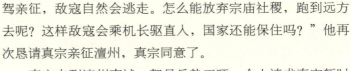

🔴 **湖南永州道县寇公楼**
始为北宋宰相寇准贬道州司马时所建。楼高 9.1 米，共三层。正楼前楣上悬丹漆金字"寇公楼"匾，正中板壁上刻《寇公楼简介》。

到契丹有心停战，就巴不得赶紧了结这件事，因此希望与契丹议和。这时，又有人诬陷寇准主战是为了抬高自己的地位，寇准迫不得已，只好同意议和。真宗派曹利用到契丹军中商议每年给契丹的钱数，并说："百万以下的数目都可答应。"寇准悄悄把曹利用叫到自己的幄帐中，对他说："虽然陛下说百万以下都行，但我命令你不能答应超过三十万，如果超过三十万，我砍你的头。"曹利用到契丹军中谈判，最终达成和约，每年给契丹钱三十万。

【获罪流放】

澶渊之盟后，真宗对寇准更加器重，因此，参知政事王钦若很嫉妒他。有一天上朝，寇准先退，真宗目送他退出，王钦若趁机上奏说："陛下敬重寇准，是因为他对国家有功吗？"真宗说："是。"王钦若说："澶渊之战，陛下不感到耻辱，却说寇准对国家有功，这是为什么呢？"真宗很惊讶，问："你为什么这样说？"王钦若说："在自己城下与敌人结盟，古人都以此为耻。澶渊之举，就是城下之盟。陛下以万乘之尊与敌人结城下之盟，这实在是大的耻辱。"真宗听后脸色一下子就变了，看起来很不高兴。王钦若接着说："陛下听说过赌博吗？赌徒快把钱输光时，就倾尽所有去赌，这叫孤注一掷。陛下就是寇准的一把赌注，实在是太危险了。"听了这番话，真宗并没有反省自己，而是对寇准渐渐疏远。第二年，寇准被降为刑部尚书、陕州（今河南三门峡西）知州。

天禧三年（1019），真宗中风，刘太后干预朝政，寇准秘密地请求真宗传位给太子，并摒除丁谓、钱惟演等奸佞小人。其实，丁谓是出自寇准门下的，并且一路升职到参政。他经常拍寇准的马屁，有一次和寇准一起吃饭，寇准的胡须沾上了菜汤，丁谓就起身为寇准慢慢擦拭胡须。寇准笑着说："你是国家的大臣，怎么能替我擦胡须呢？"丁谓十分尴尬，从此怨恨寇准，并千方百计地排挤陷害他。听说寇准贬斥自己，丁谓便私下里与曹利用等人商议，准备对寇准进行打击，最后在刘太后的支持下将寇准调到外地。

这件事真宗并不知道，有一天还问随从："我怎么这么久都没看见寇准了？"随从没人敢回答。不久，寇准就在外地去世了。

论赞

论曰：寇准在太宗面前谈论立太子之事时，说帝位不可与妇人、宦官、近臣谋议，这几句话，可为万代鉴戒。他尽力阻止众人畏战的言论，请真宗来到澶渊督战，建立了突出的功勋。然而，他也有些居功自傲，最终获罪被放逐。功业如此，而不能善终，这就是所谓的"臣不密则失身"吧。

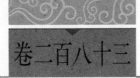

王钦若 丁谓列传

北宋有一批非常出色的宰相，他们不仅有卓越的执政才能，更有先天下之忧而忧的高尚品德。然而，也有一些人倾心于以权谋私，最终沦为贪婪奸邪之徒，王钦若和丁谓就是这样的两个人。他们与其他三人被当时人称为"五鬼"。从这种称呼中，也能窥见他们丑陋的一面。

王钦若，字定国，他们全家曾经住在鄂州（今湖北武昌），有一年长江发洪水，于是全家迁到了黄鹤楼上。在他们搬家的那天晚上，当地人看到黄鹤楼上放射出彩色的光，也就在这天晚上，王钦若出生了。

【祖父的预言】

王钦若很早就失去了父亲，祖父王郁非常疼爱他。王钦若也很有出息，早早就显示出过人的才华。王钦若18岁那年，太宗征伐太原，于是他就趁机写了一篇洋洋洒洒的颂扬文章《平晋赋论》，送进太宗的行营，好让太宗注意到自己。不过，王郁对于自己这个野心勃勃的孙子也很担心。王郁曾任濠州判官，在临死的时候，他对家人说："我当官五十多年，一向对用刑很慎重，尽量不定人死罪。不过，朝廷以后肯定会出现大兴刑狱的人，而这个人恐怕就是我的孙儿啊！"

从政之初，王钦若还是一副仁慈清廉的模样。当时黎民百姓的生活并不富裕，许多人拖欠朝廷的赋税，而朝廷则一天到晚催老百姓交税，百姓们苦不堪言。这时有一些官员请求朝廷减免这些税收，朝廷就把这件事交与王钦若负责。王钦若命令官吏用一晚上的时间计算出百姓们拖欠的赋税的总数目。第二天，王钦若把这个庞大的数字上奏给真宗，真宗大吃一惊，问王钦若："百姓要交这么多税，先帝竟然不知道吗？"王钦若不紧不慢地说："先帝当然知道，不过可能是想把这件事留给皇上处理，以帮助皇上收揽民心吧。"于是，真宗当天就下令减免百姓所欠赋税一千多万，并释放囚徒三千多人。百姓们都感激不尽。从此以后，真宗更加器重王钦若了，把他一直提升为宰相。

【贪婪宰相】

位高权重之后，王钦若逐渐显露出贪婪的一面。咸平年间，王钦若曾经担任一次科举考试的主考官，一个叫任懿的人要参加考试，住在一个叫仁雅的和尚的家里。仁雅认识的另一个和尚叫惠秦，惠秦与王钦若的关系很好，任懿知道了这层关系，就动起了歪脑筋，想通过惠秦来走后门。他跟惠秦约定，用三百五十两银子贿赂王钦若，于是把银子的数量写在纸上，请惠秦送给王钦若。

当时，王钦若到考场去了，惠秦就托王钦若的一个门客把这张字条交给王钦若的妻子李氏。不过，在此之前，惠秦偷偷把银子的数目改成了二百五十两，想私吞一百两银子。

李氏让家里的仆人祁睿将任懿的名字写在手臂上，让他去考场把这件事告诉王钦若。于是，祁睿假装是去给王钦若送茶水，来到考场，把任懿送银子的事情告诉了王钦若。王钦若欣然接受，在批改卷子时给任懿很高的成绩，任懿也因此金榜题名，考中了进士，并被授予官职。

后来，王钦若派人去向任懿讨要贿银，谁知任懿却临时变卦，没有马上拿出银子就连夜赶到自己即将赴任的地方去了。仁雅和尚知道这件事后，送信给任懿，王钦若才拿到这笔银子。不料，这封信被河阴人常德方得到了，于是向朝廷揭发。真宗得知后，立即派人逮捕了祁睿等人，并要对王钦若展开调查。

● 瓷仓·宋

此瓷仓为随葬明器，上部为双层圆塔形，覆两坡顶，下部作罐状，于腹部刻出一对斗拱图，斗拱之间有用数字加以标识的楼层象征图案，由此可见宋朝当时的建筑技术。

祁睿原本是亳州（今属安徽）的一名小吏，虽然跟随王钦若很久，但其名籍仍然隶属亳州。于是，王钦若想要和他脱离关系，便狡辩说："祁睿过去不是我家里的人，惠秦和尚跟我也没什么关系。"当时，真宗正宠爱王钦若，于是找了两个官员单独审理此案。这时，任懿在被审讯时也改口了，说他妻子的哥哥张驾认识另一名主考官洪湛，曾经造访过洪湛的家。他还说自己当初只把银子托付给二僧，不知道他们所送达的主考官员是谁。审案的官员知道真宗很信任王钦若，便把洪湛当成了替罪羊，诬告洪湛接受任懿的贿银。时值洪湛出使陕西回朝，糊里糊涂地就被定了罪。这时张驾快死了，祁睿又逃走，王钦若便坚持说祁睿是科举考试结束后才来到自己家里，其他奴仆也多是雇用的，都不认识惠秦，所以说自己受贿证据不足。于是，洪湛被判罪削职，流放到儋州（今属海南），而王钦若则得以免罪。后来，官府派人去洪湛家里查抄赃物，翻腾了半夜也没找到，为了交差，就把他家里的银器没收交了上去。洪湛最终死在儋州。人们都知道洪湛是被冤枉的，但由于王钦若当时权势遮天，没有人敢揭发他。

▶【"五鬼"之一】

王钦若不仅贪婪，而且狡诈圆滑。有一次，他奉命修纂一本典籍。在修纂的过程中，如果皇上表扬某一部分写得好，王钦若就把自己的名字写在奏表的首位，向皇帝谢恩，好像受到表扬全是因为他的缘故；如果出现差错，遭到皇上谴责，王钦若就会说这些错误的部分全是别人写的，跟他一点关系都没有。

仁宗时，王钦若也受到重用。有一次，一个叫吴植的官员想要调到外地去，知道王钦若握有大权，就通过别人给王钦若送去一些黄金。吴植是个急性子，黄金还没送到，他就派仆人到王钦若家里询问此事。王钦若讨厌吴植的张扬，怕连累自己，便把这个仆人送到官府，吴植因此被贬官。其实，王钦若曾经举荐过吴植，因此，吴植有罪，按理说王钦若也应当按失察判罪，但仁宗下诏不予追究。

不过后来仁宗还是醒悟了，对大臣王曾说："王钦若长时间担任朝廷重要官员，现在回忆他的所作所为，确实是奸邪啊。"王曾回答说："王钦若、丁谓、林特、陈彭年、刘承珪，这五个人可以被称为'五鬼'，均是奸佞之徒。"

▶【才华出众】

同样身为"五鬼"之一的丁谓是苏州长洲（今属江苏）人，他其

水月观音·宋

实是个非常出色的文人，曾经拿着自己的文章去拜见当时的文学大家王禹偁，王禹偁给了他很高的评价，认为自从唐朝韩愈、柳宗元以后，过了两百年才出现他这样的佳作。丁谓的口才也很好，并且非常风趣，言谈举止又大方得体。除此之外，丁谓还特别喜欢做诗，对于绘画、下棋、音律更是无所不通。

景德四年（1007），契丹入侵河北，丁谓也是军队指挥之一。当时，许多百姓争着奔向杨刘渡，想要渡河南逃。可是在这种危急时候，船主们却利欲熏心，把过船的费用大大提高，否则就不按时开船渡河。丁谓让几名犯了死罪的人假扮成几个船主，以谋私利为罪名，把他们斩杀在黄河岸边示众。其他的船主都很害怕，马上开船搭载百姓渡河。丁谓又安排军队沿着黄河岸树起无数战旗，并发出震天响的呐喊声，百里之外都能听得到。契丹兵听了，觉得宋军似乎拥有千军万马，便马上退兵了。

【排斥异己】

虽然丁谓的才华是值得肯定的，但他的品德却实在让人不敢恭维。遇到和自己意见不一致的人，他总是想方设法加以排斥。

当时的宰相寇准特别厌恶丁谓，于是丁谓就找机会诬陷寇准，最后害寇准被罢免了宰相职务。其他的大臣们大多对此不敢说话，只有王曾站出来质问丁谓，丁谓不但不承认自己的私心，反而拿王曾把房屋借给寇准之事来威胁王曾少管闲事，否则就把他也牵连进去。

后来，丁谓的胆子越来越大，他与宦官雷允恭勾结，每次真宗要颁布诏书，待学士起草完毕后，雷允恭总是先拿给丁谓看，丁谓一边看，一边按照自己的意思修改，然后才送给真宗。丁谓这样做，是想把朝政大权掌握在自己手中。而雷允恭则倚仗丁谓的势力，在宫中横行霸道。

有一个叫刘德妙的女道士，经常以巫师身份出入丁谓家中。她在丁谓家设神像，晚上还在园中设坛祭祀。真宗去世后，丁谓又把她领进宫中，让她传播一些神化丁谓的话，比如说丁谓不是凡人，是太上老君，所以自己要侍奉他等等。后来，冯拯等大臣弹劾丁谓所做的一些违法的事情，同时也指斥丁谓鼓动刘德妙妖言惑众。丁谓被贬为崖州（今属海南）司户参军，他的儿子、弟弟等家人也一并被贬斥。最后，丁谓在光州（今河南潢川）死去。

论赞

论 曰：王钦若和丁谓被世人指责为奸邪之辈。王钦若曾用贿赂的手段干涉官吏们的言论自由，使许多人蒙冤。而丁谓则结党营私，几乎使国家败亡，实在是劣迹斑斑。

郭逵列传

北宋时期著名的将领并不多，有人曾评价两宋的历史为"北宋缺将，南宋缺相"，是很有道理的。不过，郭逵算是北宋很出色的一名将领了。他具有敏锐的军事观察力和杰出的作战谋略，曾不费一兵一卒就平定叛乱，也曾准确地预言了一名被普遍看好的将领的失败。在朝廷面对邻国的无理要求妥协退让时，他敢于力保国土。这份勇气和镇定，为并不出彩的北宋军事史添上了耀眼的一笔。

郭逵，字仲通，祖籍邢州（今河北邢台），后来移居到洛阳。宋仁宗康定年间，郭逵的哥哥郭遵在对敌作战中牺牲。由于这个原因，郭逵也被选拔进军队，编到了范仲淹的军中。

【谋略过人】

虽然郭逵最初是以"烈属"的身份参军的，但他很快就证明了自己并非无能之辈，而是一名具有出色的眼光和谋略的军人。当时，宋朝打算出兵攻取西夏的灵武（今属甘肃），而且朝中许多文臣也都力挺这样做。可是，一向勇武的郭逵却表示反对。他冷静地分析道："如果只是为了逞一时之勇而去攻取灵武，那么我军很可能因为路途太遥远，造成粮草供给跟不上。此外，我朝的领土虽然很大，但可以招募的士兵并不多，这样去打仗根本不会得到什么好处。"但此时朝廷上下都陷入了好战的狂热之中，

最终还是发兵前去征讨。没多久，郭逵所担心的事情果然发生了，宋朝大将任福等人率领的征讨军队全军覆没，惨败而归。人们在总结教训的时候，都很佩服郭逵有先见之明。

保州（今属河北）的士兵叛乱，陕西宣抚副使田况奉召前去平叛。田况想要选拔一名平叛的主将，在脑海里将军队中所有有能力的将领想了一遍，认为只有郭逵最适合去招降叛军。丁谓于是询问郭逵的意见，郭逵一口就答应了，跳上马，旋风般地奔到保州城下。原来，郭逵与叛将侍其臻是旧相识，两个人曾经在范仲淹手下共事过。因此，郭逵决定采取劝降的策略。他派人将自己以前佩带过的紫囊带给侍其臻。接过紫囊，侍其臻激动不已，不禁想起了从前，于是就带着他的部下韦贵、史克顺二人，两次前去拜访郭逵叙旧情，并邀请郭逵登上保州城的城楼。尽管自己的部将担心

有诈，郭逵还是爽快地答应了。登上城楼后，郭逵并没有欣赏风景，而是趁机有条不紊地向叛军分析形势、讲明利害，劝说叛军归顺。不过，有的人显然不能立即打消疑虑，试探性地说："即使我们投降了，恐怕也是不能被免罪的。"周围的人也都有此疑虑，于是都安静下来，气氛立刻变得紧张起来。郭逵打破沉默，哈哈大笑起来，他拍拍胸脯，表示自己愿意留在这里做人质，让大家不用担心。看到郭逵这样保证，叛军也都放心了，

云梯是一种攀登城墙的工具，相传为春秋时鲁班所发明。宋代的云梯较之前代有了很大的改进，主梯分为两段，并采用了折叠式结构，中间以转轴连接。云梯底部为四面有屏蔽的车型，外面用生牛皮加固。

于是开城投降。郭逵不费一兵一卒就平定了叛乱，立下大功，也因此得到升迁。

▶【知人善用】

郭逵在陕西时，延安的一支部队在招募士兵的过程中误杀了一些归附宋朝的羌人，因此其中的13名将士将被定为死罪。郭逵认为他们是慷慨壮勇之士，就这样统统杀掉，未免可惜，于是出面请求赦免他们，让他们在战场上将功赎罪。最终，朝廷听从了郭逵的建议，赦免了这13个人。这些人后来果然如郭逵所说，在行军打仗时奋不顾身，将功补过，为宋朝立下了汗马功劳。

还有一次，一名叫白玉的军官由于吃了败仗，将被处死。白玉找了个机会拜见郭逵，向他托付后事，并哭着说自己不能奉养母亲终老了。郭逵可怜他，并且知道他还是有一定才能的，于是就向朝廷请求赦免白玉，白玉因此得以免死。后来，白玉在一次重要的战役中打了大胜仗，神宗对郭逵说："白玉能以功补过，是你的功劳。"

郭逵还特别善于任用将领，有一套选拔人才的策略。每次有新人来到他的部队，他首先让这些人自己陈述自己的才能，然后再抽空考察他们，最终的目的是掌握每个士兵的特点，让他们在作战时都能最大限度地发挥出自己的才能。

对于朝廷中的将领，郭逵也具有敏锐的判断力。有一次，

宰辅陈执中同宾客、辅将们议论当今的名将，大家都很看好葛怀敏，认为他是一代帅才。郭逵却不以为然，当着许多人的面高声说："葛怀敏其实是很好对付的，你们记住我今天说的话，他日后一定会坏了朝廷的大事的。"看到有人这么放肆，作为主人的陈执中显得很生气，厉声呵斥郭逵，让他不要胡说八道。没想到，过了几天，陈执中又找来郭逵，似乎是不经意地问道："您凭什么说葛怀敏不是名将，还要坏了大事呢？"郭逵没有一丝惧意，朗声说："葛怀敏好大喜功，而且打仗时心存侥幸。最关键的是，他只有勇力而没有谋略，一旦遇到重大战役，是很容易被擒获的。"陈执中沉默许久，叹了口气，说道："看来，你真是懂军事啊。你说得没错，就在这几天，葛怀敏已经全军覆没了。"

✿ 三弓床弩（模型）
宋代攻守常用此器，杀伤力极大，标志着古代冷兵器发展的较高水平。

【力保绥州】

由于谋略出众，郭逵在军队中的名气也越来越大。朝廷经常派他去镇压叛乱，尤其是处理与周边少数民族的关系。庞籍镇守河东时，让郭逵代理忻州（今山西忻县）。当时，契丹派使者来索求天池庙的土地，庞籍不知道该怎么办，就把这件事交给郭逵处理。经过多方查找，郭逵终于得到一些太平兴国年间的旧文书，证明天池庙很早就已经是宋朝的土地。在铁证面前，契丹人无话可说，只得惭愧地屈服，取消了无理的要求。

此外，湖北的蛮族头领彭仕羲叛乱，郭逵奉命前去平乱，得到蛮人的亲信做向导，很顺利地平定了全部险要地区，彭仕羲弃城逃跑，叛乱的人也全部投降。武冈的蛮族谋反，也是郭逵讨伐并取得胜利。

郭逵虽然立下了不少军功，但是他屡屡得到升迁，却使得朝中许多人不服气。直到后来发生的一件事，才使得郭逵得到了更多大臣的认可。

当时，宋朝的边将种谔接受了西夏嵬名山的投降，并攻取了绥州（今属陕西）。但西夏人却杀死了宋朝官员杨定作为报复。消息传来，宋朝的大臣们都觉得边境就要发生战争了，大部分人都主张放弃绥州，认为这样才能确保边境的和平。神宗皇帝甚至下诏，命令将绥州城全部焚毁，然后放弃。但郭逵却坚决反对，他说："胡虏已经杀死了朝廷的官员，如果我们又放弃绥州不守，就显得太过软弱了，而且嵬名山带领全族来归服，应该怎样安排这些人，也是个问题。"因此，郭逵认为绥州不能烧，也不能放弃，而应当坚守，并用它来安置嵬名山举族归降的一万余人。当时，神宗的诏书已经下达到郭逵的手中，但郭逵果断地把诏书藏了起来，没有公之于众。

不久，西夏又提出用塞门寨和安远寨来交换绥州。朝廷答应了，但郭逵认为这很可能是西夏在用计欺骗宋朝，于是他提出一个条件，让西夏必须先交出塞门、安远二寨，然后宋朝才可交移绥州。郭逵又派出他的属下赵离、薛昌朝二人与西夏的使臣谈判。赵离拿出一封西夏西平王在祥符年间写的一封信，证明塞门、安远二寨的界址在长城岭下，西夏使臣无法驳斥，

便收回了换地的要求。此事遂以宋朝保有绥州而告终。之后，西夏又试图要回嵬名山，并欺骗宋朝已经将杀害杨定的人正法。这些诡计都被郭逵一一识破。

后来，神宗皇帝才发现自己当初颁布的焚城令并没有被执行，他一方面感到庆幸，另一方面也感到奇怪，就询问大臣是怎么回事，但大家都不知道。这时，郭逵才说出事情的真相，并自我请罪，绥州城最终得以保存，这是神宗没有料到的结果。因此，神宗不但没有惩罚郭逵，还下诏表彰了他，称赞他深谋远虑、料事如神，还说"有臣如此，朕无西顾之忧矣"。于是又给郭逵加官晋爵。

论赞

论曰：宋朝到仁宗时，已经经历了百年的太平时期，因此著名的武将并不多见，能够成为一时名将的，也只有狄青和郭逵两个人罢了。郭逵目光如炬，能够准确地估计到葛怀敏的失败，可见他对于军事是多么熟悉。

白话精编二十四史

◉ 第八卷 ◉

曹利用列传

曹利用是宋朝与契丹关系史中的一个重要人物。他胆识过人，孤身一人深入契丹大军，代表宋朝与之谈判，并表现得不屈不挠，对于割地求和的要求坚决拒绝，最终圆满完成议和的任务。此后，宋真宗重用曹利用，而曹利用也逐渐居功自傲，得罪了宫廷中不少大臣、外戚和宦官，最终死在小人手里。

曹利用，字用之，赵州宁晋（今河北宁晋）人。他的父亲曹谏也曾通过科举及第，官做到右补阙，后来因为有军事方面的才能而改任崇仪使。曹利用从小便表现出语言方面的天赋，能言善辩，同时也有着宏伟的志向和正直的节操。父亲死后，他也受到朝廷的重用，历任多个官职。

▶【澶渊之盟】

景德元年（1004），契丹军队入侵河北。宋真宗御驾亲征来到澶州（今河南濮阳），射死了契丹大将挞览。契丹见形势不利，便要收兵退去。虽然打了胜仗，但宋真宗还是想奉行妥协路线，便派王继忠主持与契丹议和，挑选一个可以出使契丹的人。曹利用当时正好在朝廷中汇报事情，枢密院便选中他作为出使契丹的使者。由于曹利用从未有过类似的经验，宋真宗对此很慎重，说："此次议和事关重大，不能随便用人。"第二天，枢密

使王继英再次推荐曹利用，宋真宗便同意了，封曹利用为崇义副使，拿着诏书前往契丹军中谈判。临行前，宋真宗对曹利用再三叮嘱说："契丹人南下入侵，不是想夺取土地，就是想掠夺财物。关南地区早已归属中国，不能把它割让给契丹。汉代曾经用玉帛之类的财物与匈奴议和，这可以作为我们的参考。"言下之意就是说，如果契丹要地，决不能给；如果要财物，就满足他们吧。但曹利用对契丹恨之入骨，不愿有丝毫妥协退让，因此愤愤不平地对宋真宗说："要是契丹人妄图从我们这儿拿走什么，不管是土地还是财物，臣绝不活着回来。"宋真宗听到他的这番豪言壮语，十分欣慰。

曹利用骑着马飞驰到契丹军队中，辽圣宗耶律隆绪的母亲萧太后在战车上接见了他。当时正是吃饭时间，只见战车的车辕上放着一块横板，上面摆满了餐具。萧太后邀请曹利用一

同进餐，其他的随从官员则分两排陪坐。吃完饭，谈判正式开始。萧太后果然想让宋朝把关南的土地割让出来，曹利用坚决拒绝了她，于是，第一次谈判失败。

不久，宋真宗再次派曹利用出使契丹，还是萧太后接见了他。她重提了割地的要求，还狡辩说那块地方原本就是契丹国的："当年，后晋为了感谢我，把关南之地送给了我，后来被周世宗夺走了，现在理应还给我。"曹利用不慌不忙地说："后晋人把地送给契丹，后周人又把地夺回来，这些事我们大宋朝都不知道。就算契丹提出每年要一些金银玉帛之类的东西补充军费，我们的皇帝也不一定能答应；至于割地这样的事，我根本就不敢向宋真宗报告。"这时，旁边站着的一个契丹大臣竟然直接冲着曹利用大声嚷道："我们统兵南下，为的就是收复故地。如果只拿一些金银玉帛回去，简直愧对国民。"曹利用仍然不卑不亢地回应道："你怎么不为你的国家仔细想一想，如果契丹按照你说的话去做，恐怕要与我大宋朝结仇打仗，契丹的人民得不到休养生息，对国家也没有好处。"谈判僵持不下，萧太后见曹利用这么强硬，估计也不能使他屈服，便同意与宋朝议和。和约虽然没有将国土割让给契丹，但答应每年给契丹国绢20万匹、白银10万两。曹利用带着和约回国，宋真宗把这看做是一种胜利，非常高兴，将曹利用提拔任用，并赏赐给他一套住宅。从此以后，只要契丹国派使节来宋朝访问，宋真宗都让曹利用来接待。

【恃功傲物】

宜州（今属广西）知府刘永规对待手下人非常残酷，有个小军官利用部众的不满，刺杀刘永规，进而发动叛乱，攻陷了柳城县（今属广西），包围象州城（今属广西），又分兵攻取广州，搅得整个岭南地区骚动不安。宋真宗忧心忡忡地对大臣们说："以前司天监的人曾占卜，说应当用兵打仗，我就担心远方的守将会出问题，引发边远地区的灾祸，现在果然是这样。曹利用这个人精通策略，做事情又尽心尽力，就任命他做广南安抚使，平息叛乱吧。"于是，曹利用领旨前往岭南，在武仙县（今属广西）遇到了许多强盗。强盗们手持锐利的标枪，举着彩色的盾牌，穿着结实的盔甲，箭都射不进去。曹利用想了个办法，他让士兵们不要用弓箭射击，而是手持斧头长刀上前，先将强盗们的盾牌砍破，然后再决斗。这样一来，强盗们都被打退了。曹利用到了岭南，果然平定了叛乱，立下大功，于是步步高升，一直做到枢密使。

曹利用在朝廷的时间长了，逐渐骄傲起来，仗着自己对朝廷有功，有

些无所顾忌。天禧二年(1018)的一天，辅臣丁谓与李迪在宋真宗面前争吵起来，李迪指责丁谓是奸臣，并说曹利用与丁谓是同党。曹利用气愤并带着嘲讽的语气说道："以一纸文章受到君主的赏识，在这一点上我不如李迪。但冒着生命危险深入凶险不测的敌军之中，在这一点上，李迪可比不上我。"李迪因此被罢免，而曹利用则又得到升迁。

按照旧制，枢密使的地位在宰相之下。乾兴年间，王曾的身份是副宰相兼会灵观使，曹利用的身份则是枢密使兼景灵宫使。当时，宫使和观使两个职位的高低差不多，为了区分这两个人的官阶高低，宋真宗下诏规定曹利用的地位在王曾之上。对于这一裁定，舆论多有非议。不久，王曾晋升为昭文馆大学士、玉清昭应宫使，朝臣都来参加谢恩仪典，按照规矩，得按照官阶高低拜见宋真宗。这时候，曹利用还想让自己排在王曾之上，负责排列次序的官员迟迟不敢裁决。宋真宗与太后坐在承明殿里等了半天，也不见大臣们进来，颇有些不耐烦了。排序官不知该怎么向宋真宗禀告进见的顺序，惶恐不知所措。这时，王曾大声吼道："你只需报告说宰相王曾等人前来告谢，就行了。"有人出头，事情就好办了。排序官终于找到了台阶，赶紧就这样向宋真宗禀告，把王曾排在首位。但曹利用不高兴了，表现出一副愤愤不平的样子。宋真宗知道了曹利用的不满，为了宽慰这位功

臣，就命令他跟王曾两个人一起进见，平等对待。

虽然这一次是平等了，但在宋真宗颁布的诏令中，曹利用的枢密使一职还是低于宰相。然而曹利用却更加骄傲自大、目中无人，凡事总仗着自己对辽谈判有功，睥睨一切。不久，宋真宗从河阳（今属河南）召张旻来做枢密使，曹利用发热的头脑开始冷静下来，怀疑朝廷是派他来取代自己，渐渐开始后悔和害怕起来。

不过，虽然曹利用恃功傲物，但他对付契丹人还真有一套。乾兴年间，契丹使者萧从顺总是借口身体不适，赖在驻宋国的使馆里不肯走。朝廷对契丹一向怀柔，听说使者病了，赶紧派人去慰问，一天派去好几个，站在大街上放眼望去，来来往往的全是慰问团。但越是这样，萧从顺越是骄纵，"病"似乎永远也好不了。曹利用看不过去，就向宋真宗建议说，不能对契丹使者太过顺从，否则将助长其嚣张气焰，不如把慰问团都撤回来，萧从顺肯定乖乖回国。宋真宗听从了曹利用的话，再也不派人去慰问萧从顺。过了不久，萧从顺果然撤退回国去了。

【死小人手】

当初，章献皇太后控制朝政，宦官和外戚觉得有了靠山，便在朝廷中飞扬跋扈、胡作非为。曹利用以功勋旧臣自居，很看不惯这些依靠裙带关系的人，对他们毫不留情。每次太后想要给自己的族人降恩，曹利用总是

坚决反对。许多人因此而怨恨他，太后知道他是功臣，无可奈何，但心里也十分气恼，便称曹利用为"侍中"，不叫他的名字，以此表示自己的不满。

太后垂帘听政，曹利用在帘前奏报事情时，有时候会用手弹击垂帘的带子。左右的人将这件事悄悄告诉太后，并愤然说道："先帝在的时候，曹利用哪敢这样做？"意思是说曹利用不把太后放在眼里。太后点点头表示知道了，心里对曹利用又多了几分不满。

宦官罗崇勋犯了罪，太后让曹利用来处理。曹利用摘掉罗崇勋的帽子，斥骂了很久，罗崇勋觉得受到了极大的侮辱，因此对曹利用怀恨在心。恰巧这时候曹利用的侄子曹汭被指犯罪，罗崇勋主动要求去审理这个案子，了解到曹汭的罪行是喝醉酒后穿黄色的衣服，叫别人喊他万岁。罗崇勋判曹汭杖打而死，曹利用也受到牵连被连连降职。

⚑ 宋辽签订"澶渊之盟"的情景（模拟）
北宋停止北伐后，辽统治者不断发兵南下，威胁宋的安全。1004年，辽军大举南征，逼近东京，北宋宰相寇准坚决主张抵抗，并力劝宋真宗亲征。其时宋军于澶州射死阵前视察的辽军统帅，迫使辽军与宋议和。1005年初，宋辽订立和议：宋每年送给辽"岁币"，辽撤兵；双方约为兄弟之国，各守边界，史称澶渊之盟。澶渊之盟后，宋辽开始了和平相处的局面。

后来，曹利用又因私自借贷景灵宫的钱，被贬黜到房州（今属湖北），由宦官杨怀敏护送出京。曹利用也得罪过杨怀敏，因此，当他们来到襄阳驿站时，杨怀敏突然不肯再走，并用刻薄的话逼迫曹利用。曹利用一时气不过，便上吊自杀。杨怀敏向朝廷禀告时，说曹利用是暴病身亡的。不过宋朝皇帝始终没有忘记曹利用的功劳，后来还曾亲自为他的碑题字"旌功之碑"。

狄青列传

青的名将之路似乎顺风顺水，不仅有众多伯乐的赏识，打起仗来也智勇过人，赢得了多个关键性战役的胜利。然而，"功高震主"的威胁恰似一个幽灵困扰着狄青的后半生，曾经的伯乐在瞬间变成政敌。是历史开的玩笑，还是悲情英雄的宿命？

狄青，字汉臣，汾州西河（今山西汾阳）人。他精通骑马射箭，早年是隶属于御马直的一名骑兵。

【一路升迁】

尹洙当时是经略判官，也是身为军中指挥使的狄青的上司。一次偶然的机会，狄青前去拜见他，并在他面前纵论军事见解，意气风发之余亦有张狂之态。旁边的同僚都有点嫌恶，但尹洙却不以为然，并不断加入讨论之中。

后来，尹洙将狄青推荐给了时任经略使的韩琦、范仲淹。韩琦、范仲淹也认为狄青是一个不可多得的人才，给予了他很高的评价。一天，范仲淹很庄重地赠送给狄青一本《左氏春秋》，狄青不解，并随口答道："领兵打仗大概用不上这本书吧。"范仲淹正色说："当将军不懂得古代和今天，只是勇猛的匹夫。"狄青听了如同遭受当头一棒，羞愧不已，于是发愤读书，通晓了秦汉以来将帅的战法。

此后，狄青就更加出名了，并因战功一路升迁至经略招讨副使。

由于狄青多次获得战功，宋仁宗也想召见他。一次，西夏军队入侵渭州（今甘肃平凉），宋仁宗带有考验意味地召见狄青，询问退敌之策。狄青侃侃而谈，并画出详细的地理图形呈上。宋仁宗惊叹不已，击败西夏军队之后，便委任狄青为真定路（今河北正定）副都总管，后又迁为马军副都指挥使。

十多年的行伍生涯中，狄青凭着自己的才能和勇气，官职一路升迁，然而却抹不去"底层"的标志——当士兵期间，狄青的脸上曾被刺字。宋仁宗多次让他敷上药剂除掉脸上的字迹，狄青却指着自己的脸说："陛下您依据功绩提拔我，不论门阀地位的高低。我愿意将这些字保留下来，借以规劝军中的士卒，要尊奉皇帝的旨意。"

【平定"侬智高之乱"】

狄青一生战功显赫，但最令其名垂青史的还是平定"侬智高之乱"。

皇祐年间，盘踞于广西一带的壮族首领侬智高造反，攻陷邕州（今属广西），并顺势攻破沿江的九个州，随后围攻了广州，岭外地方为之骚动不安。此前派出的孙沔、余靖等诸将皆讨伐不力，连吃败仗，宋仁宗忧虑万分。

就在朝中文臣、武将都束手无策的时候，狄青站了出来，他慨然请命前往征讨。宋仁宗没有立刻答应，狄青激动地说："我出身行伍，不参加攻战和讨伐就无法报答国家。只要给我数百名骑兵，再加些禁卫军，我就一定将敌军首领绑缚到宫门之下。"一席话让满朝文武大臣震撼不已，也极大地鼓舞了宋仁宗。

不久，宋仁宗就任命狄青为荆湖南北路宣抚使，带兵前去平定"侬智高之乱"，岭南诸军皆受其节制。出征前日，宋仁宗还破例在垂拱殿摆下酒席为狄青饯行。

其时，侬智高已经退了回去，盘踞在邕州（今属广西）。狄青会合孙沔、余靖的军队驻扎在宾州。眼见部队的士气越来越低落，狄青明白不能再败下去，要打一个翻身仗才能走出困境。他以统帅的名义告诫众将官不要轻易与敌军作战，要统一指挥，合力制敌。

然而广西钤辖陈曙好大喜功，乘狄青还没有到的时候，就偕同殿直袁用带领步兵8000人，盲目袭击侬智高。结果军队在昆仑关被打散，袁用等都逃跑了。狄青赶到后，淡然地说了一句："军令不一致，军队自然会打败仗。"早晨在大堂上会见众将，狄青微一拱手让陈曙起立，并把袁用等人找了出来，审查清楚

⟳ 狄青招亲

狄青、刘庆等兵将征西误走单单国，遇单单国国王之女双阳公主。公主爱慕狄青英俊，狄青为征西平乱，不得已与公主成婚，后伺机逃脱。双阳公主气愤不已，领兵进犯延安关。杨宗保率兵抵挡不住，急调狄青至关与双阳公主一战。夫妻二人重逢，双阳公主罢兵，延安之围遂解。

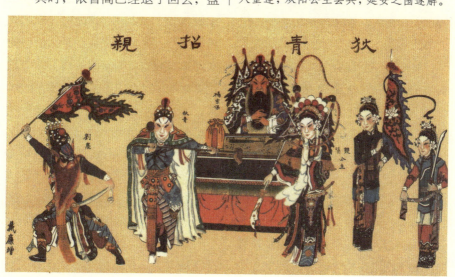

其战败逃跑情况，紧接着将他们拉到军门外斩首。孙沔、余靖相顾大吃一惊，没想到主帅这么严厉，众将官也吓得两腿发抖。

就在汇集起来的军队都准备领命杀敌之时，狄青却下令军队进行休整，而且要休息十天。侬智高的探子立即把消息传了回去，以为狄青大军最近不会有什么行动。第二天，狄青出其不意，迅速整顿骑兵，急行军一昼夜就绕到了昆仑关的背后，在归仁铺（邕州的东北面）摆下军阵。

敌军既失去了昆仑关的屏障，便只能全部出邕州反击。前锋孙节和叛军肉搏死在山下，叛军的气势十分强盛，孙沔等人害怕得脸色都变了。正在这紧要关头，狄青亲自上阵，执白旗催动骑兵，操纵左右两侧军队实施包抄，出敌不意，大败叛军，追袭50里，斩了数千颗人头。经此一役，侬智高的同党黄师宓、侬建中、侬智中等50多名敌军将领被杀死，生擒叛军500余人，侬智高也乘着黑夜纵火烧城逃走。

将近天明，狄青整兵进入叛军老巢邕州，缴获了大量的战利品，招回了7200名曾被叛军俘虏、胁迫而去的人，予以安抚并遣散。同时狄青把黄师宓等人的脑袋砍下悬于邕州城示众，收敛了叛军的尸首并在城北一角修筑了一座大合葬墓。当时在叛军的尸体中有一个穿金龙衣的人，大家都说是侬智高，想以此向皇帝报功。狄青却冷静地说："宁可上报侬智高跑

🔴 狄青像

狄青（1009～1057），字汉臣，汾州西河（今山西汾阳）人，北宋名将。

掉，也不敢向朝廷冒功请赏。"

【谋略报皇恩】

叛乱平定后，狄青还师京城。宋仁宗称赞狄青有功，授任他为枢密使，在敦教坊赠给他一处住宅，优待他的几个儿子，并给他们晋升官爵。

当初，狄青南征出发之际，宋仁宗就经常为他担心："狄青有威名，叛军当然会害怕他。在他身边供他使唤的人，非狄青的亲信不可；即使是饮食起居的小事，都要防止叛军的暗算。"宋仁宗还派使者飞马对狄青予以提醒。等到听说狄青已平定叛乱，宋仁宗立即对宰相说："快快讨论嘉奖的事宜，慢了就没有鼓励的意思了。"

对于皇帝的这种关心和爱护，狄青用自己高深的安邦定国谋略予以了回报。

狄青一生为人缜密寡言，谋事必先仔细考虑，然后再选准制胜的机会

采取行动。侬智高叛乱开始的时候，交阯国（今属越南）表示愿意出兵帮助讨伐侬智高。在当时的情况下，这无疑是一个好消息。安抚使余靖认为交阯可以信任，于是准备了万人的粮草在邕、钦两州等待他们。仁宗也很高兴，准备了三万串钱赏赐给交阯作为军费，并进一步许诺叛军平定以后一定厚赏他们。狄青来了以后，传文命令余靖不得向交阯通使借兵，朝野上下一片非议。狄青却上奏说："交阯的李德政声称率领步兵5万、骑兵1千赶赴战地救援，这绝不是他们内心真实的想法。如果借国外的军队用于平定内乱，对我们是不利的。有一个侬智高横行蹂躏两广地区，我们尚且不能平定叛乱，又向蛮夷借兵，蛮夷之人贪得无厌且忘恩负义，如果将来引发更大的动乱，我们到时候又用什么来抵御他们呢？我请停止向交阯借兵。"最终，仁宗还是听从了他的意见。叛乱平定后，人们都佩服狄青有高远的谋略。

【功高震主】

狄青忠肝义胆、光明磊落，赢得了很多人的尊重。狄青任枢密使四年期间，每当他出现的时候，士兵们总会指着称赞不已。行军打仗，狄青先整顿队伍，明确赏罚，又与士兵共同忍受饥寒之苦，因此一有敌人突然来袭，士兵们没有一个不冲锋向前的，狄青也因此屡建奇功。而打了胜仗，狄青尤其喜欢将战功推给辅佐将领。

当初，狄青与孙沔一起击败叛军，战术谋划都是他制定的，但叛军平定后，处理善后事宜时，狄青就都交给孙沔负责，自己则全身而退。孙沔以前赞叹他的勇猛，这时更钦佩他的为人。后来，尹洙遭贬谪而死，狄青不顾流言，全力周济他的家属。

然而，一心报国的狄青却也因功劳引起了一些人的不安和猜忌。欧阳修、文彦博就先后向皇帝上书请罢狄青。文彦博请罢狄青时，宋仁宗说狄青是忠臣，文彦博立即反驳道："太祖岂非周世宗忠臣？"一句反问，就让仁宗语塞。

种种流言下，狄青最终被贬到陈州（今河南淮阳）做知州。尽管如此，朝廷仍不放心，每半个月就遣使者前去探望，实际为监视。这时的狄青已被谣言中伤搞得惶惶不安，不到半年，他就因嘴上生毒疮病死。

论赞

论 曰：宋朝到仁宗时，已经经历了百年的太平时期，因此著名的武将并不多见，能够成为一时名将的，也只有狄青和郭逵两个人罢了。狄青在边界共经历了25次战争，没有大的胜利，也没有大的失败，最后在平定"侬智高之乱"的战役中，倒是显示出其奇异出众的才智。综观其一生，他的见识和度量确实高于常人。

张咏列传

宋史 列传

作为政治家，张咏的身上表现出一种矛盾。一方面，他像一位天生的政客，在处理大大小小的政事时，表现出极为细密的心思和灵活的手腕；另一方面，他又具有豪放不羁的性情，热血直肠。他决策果敢，恩威并施，总能从大局出发，通盘考虑问题。正是他身上的这种矛盾，使得他成为宋朝政坛上一个独特的角色。

张咏，字复之，濮州鄄城（今山东鄄城）人。少年时，张咏就显示出豪放的性格，不仅不拘小节，而且争强好胜，即使在自己贫贱之时，每与人交际也不肯居人之下。不过，他也十分宽容谦让。太平兴国五年（980），濮州地区推举进士，本来大家一致同意将张咏列为候选人。后来，张咏听说当地有一个名叫张覃的老儒生，一辈子都没考中进士，便写信给负责此事的官员，表示愿意把进士的名额让给张覃。人们听说后，都对张咏赞赏不已。

【天生政客】

张咏后来也考中进士，踏上仕途，又得到李沆、寇准等人的推荐，接连升职。宋太宗听说了他的才干，把他召入京城，越级提拔他为枢密直学士。

当时，大将张永德手下的一个小军官犯了法，被张永德鞭打致死。宋太宗为了严明军纪，下令让张咏治张永德的罪。张咏接到诏书后，没有马上去执行，而是把诏书封好，又退还给皇上，说："陛下刚刚委派张永德镇守边疆的重任，如果因为一个小军官而让主帅受辱，恐怕会使军队里产生下级轻视上级的心理，不利于军队的稳定，进而影响边境的安定。"但宋太宗不听张咏的劝，依然决心审讯张永德。不久，果然发生了士兵联合起来控告军官的事情。张咏再次把张永德的事提出来，宋太宗这才觉得张咏的话有道理，于是改变了态度。

李顺叛乱，宋太宗派王继恩、上官正统兵讨伐，但这两位军官畏惧叛军，不敢前进。张咏看到这种情形，就摆酒设宴，盛情款待军官们。当酒喝到正酣的时候，他突然举杯向大家敬酒，并神情严肃地说："你们蒙受国家的厚恩，除了奋力荡平敌寇，没有什么别的方式可以报答国恩。如果做不到这一点，恐怕这里就是你们的葬身之处了。"张咏如此软硬兼施，军官们不敢不奋进，于是出兵讨贼，终于大获全胜。

在战争过程中，王继恩的部队里有个士兵夜里从城墙上垂下绳索，想要当逃兵，被官吏抓住后报告给张咏。按理说，张咏应该公开将这名士兵审理正法，但他知道这样必定会伤及王继恩的面子，而他并不想与王继恩失和。于是，他私下里派人把这个士兵捆起来扔到一口枯井中，不让消息外传。

当时民间盛传一个白头发老翁，专门在午夜时分吃小孩。谣言传得很逼真，老百姓们惶恐不安，一到夜幕降临，路上一个行人也看不见，大家都不敢出门。张咏严查造谣者，把制造恐慌气氛的人公开处死，人们才渐渐安心。

【恩威并施】

张咏在蜀地当政时，恩威并施，当地百姓对他既敬畏又热爱。最初，蜀地的读书人虽然知道要苦读诗书，但不喜欢求取功名。张咏为了改变这种状况，就挑选了三个学问品行俱佳的读书人，鼓励他们去参加科举考试。结果，这三个人全都考中了进士，封官加爵、衣锦还乡。榜样的力量是无穷的，看到这些活生生的例子，蜀地的士子们从此都有了上进之心。

咸平二年（999），张咏被调任杭州知州。这一年，由于天气原因，庄稼收成不好，老百姓们的日子很难过。许多百姓为了活命，私自卖盐赚取钱财。按照当时的法律规定，私自贩盐是违法的，因此，官府抓捕了几百名这样的小贩。但张咏在审理这些案件时，全都给他们减轻了处罚，然后基本上把他们都放了。有的部下很不理解，就提醒张咏说："如果不用法律严惩这些人，恐怕知法犯法的人会越来越多，贩卖私盐的行为就控制不了

⊙ **越窑青釉薰炉·北宋**

薰炉由半球形子母口盖与腹体扣合而成，下承稍外撇的圈足。炉盖遍饰透雕的三叶花，炉盖下沿划双弦纹两组，双弦纹间以四组仰覆莲花纹。炉体上部划五道弦纹与炉盖弦纹呼应，下接浮雕垂瓣莲花纹。该器通体施莹润的青绿钯釉，釉色青亮，装饰效果十分强烈，是北宋越窑精品。

了。"张咏对部下说："庄稼歉收，钱塘一带的十万民众，遭受饥荒的就有九万之多。如果不允许他们卖点盐来活命，把他们逼急了，蜂拥而起做强盗，到时候就酿成大祸了，局面更不好收拾。等秋天粮食丰收了之后，我自然还会按原来的法律来处理私盐的问题。"部下们听了都很信服。

如果遇到百姓们来告状的事情，张咏总能明辨真假，做出恰当的裁决，人们都很佩服。一次，一户人家的儿子跟自己的姐夫、也就是这户人家的女婿打官司争夺家产。女婿说岳父临终的时候，这个儿子才三岁，所以岳父把管理家产的事情交给了自己。他还拿出一份岳父的遗嘱，上面的确写着把家里十分之三的财产分给儿子，其余的十分之七归女婿所有。张咏看了遗嘱，并没有马上做出裁决，而是拿起一杯酒洒在地上，感慨地说："你岳父真是个聪明人啊，他知道自己的儿子还太小，如果把大部分财产留给儿子，那儿子肯定就会死在你手里了。"说完，张咏马上宣判把十分之七的财产判给这户人家的儿子，把十分之三判给女婿。人们听说了这件事，都纷纷称赞张咏英明。

【幸生治世】

由于张咏的政治才华出众，皇上对他也很欣赏。张咏在蜀地做官时，皇上曾令人转告他说："有卿在蜀地，朕无西顾之忧了。"张咏中年的时候头上生疮，围头巾、梳头发都很不方便，因此请求调出朝廷，担任颍州（今安徽阜阳）知州。皇上却不同意，觉得他政绩突出，到那么一个小地方去是大材小用。后来，张咏到昇州、宣州等地任职，皇上听说他头上的疮很严重，还专门派人把他接回京城看病。

回到京城之后，张咏一边看病，一边不时向皇上进谏。由于他病得重，没法亲自上朝跟皇上面谈，因此连上三道奏

● 月白釉出戟瓷尊·宋

此器为钧窑名品，瓷尊仿商周青铜尊造型，古朴端庄，通体施月白釉，釉层肥厚，匀净莹润，色调淡雅。

折，结合自己在地方上看到的现实，对时政大肆抨击，言辞极为激烈，他说近年来国库空虚，官员们却依然不忘搜刮民脂，用来兴建毫无用处的奢华住宅。这都是奸臣丁谓、王钦若引诱了皇上的奢侈心，才弄成这种民不聊生的局面。不诛杀他们，无以谢天下。没想到，皇上虽然关心张咏，却受不了他这样激烈地批评自己。张咏的奏折呈上去不久，他就又被调出了京城，担任陈州（今河南淮阳）知州。

张咏与青州（今属山东）人傅霖小时候是同学。傅霖是个隐士，不愿做官。张咏曾经多次想请傅霖出山，但一直没有成功。没想到有一天傅霖却主动来找张咏。当门人来报告说有个叫傅霖的人求见时，张咏大骂道："傅先生是天下贤士，我都不敢奢望跟他做朋友，你是什么人，竟敢直呼他的名字！"傅霖听到了，笑着说："跟你分别这么久了，你还是老样子啊。除了你，世上还有谁听说过傅霖这个名字呢？"张咏奇怪地问："昔日您一直隐居，今天为什么又主动出山呢？"傅霖说："你快要死了，我是来告诉你的。"张咏平静地说："我也知道自己快死了。"傅霖说："既然这样，我就不必多说了。"于是，第二天傅霖就告辞了。一个月之后，张咏去世，享年70岁。张咏死后被追封为左仆射，谥号"忠定"。

张咏是个性情暴烈的人，曾经有个小官得罪了他，他用木枷锁住那人的脖子。小官赌气说道："有本事你就杀了我，否则我就不脱掉这枷锁了。"张咏一看这人还跟自己对着干，就二话没说，真的把他杀掉了。还有一次，有位读书人带着仆人在外游玩，没想到被仆人绑架，还逼迫读书人把女儿嫁给自己。读书人没办法，只好答应。张咏恰好在旅店中遇到他们，听说了读书人的遭遇后，决定帮他出气。张咏假装拜托那个仆人帮自己驾一趟车，而他自己则偷偷骑一匹马跟在后面，等到了荒郊野外，就趁机把那仆人杀掉了。

张咏也了解自己的这种脾气，他曾对朋友说："我幸亏是生在了好的时代，还读了一些圣贤书来约束自己。不然的话，我都不知道自己会成为什么样的人。"

宋史

列传

陈希亮列传

陈希亮是一位具有出色执政能力的官员，他曾在许多地方做官，在对付强盗、惩治罪犯、驯服对手方面积累了丰富的经验。更重要的是，他秉公执法、不畏权贵，始终把老百姓的利益放在首位，既敢于直言利弊，也敢于承担责任，这些都是作为一名执法者最可贵的品质。总之，陈希亮用正直和智慧捍卫了法律的尊严，也用严于律己、洁身自好拒绝了权力的诱惑与腐蚀。

陈希亮，字公弼，祖籍京兆（今陕西西安）。陈希亮虽然幼年丧父，但非常好学，16岁时想要拜师求学，但他的哥哥为难他，让他把家里放出去的许多借款收回来，然后才肯资助他。陈希亮干脆把借钱的人都叫来，把他们手中的借据统统烧毁，然后头也不回地离开了家。事业有成后，陈希亮并没有记恨哥哥，反而还资助哥哥的儿子陈庸、陈谕读书。陈希亮和这两个侄子都考中了进士，家乡的人赞许他们，送给他家一块牌匾，上面题着两个大字——"三俊"。

▶【秉公执法】

陈希亮最初担任大理评事、长沙（今湖南长沙）知县。当地有个叫海印国师的和尚，与章献皇后关系很好，也经常与朝中权贵相来往，因此气焰很是嚣张，常常仗势侵占民众土

地，人们都不敢正视他，更不要说反抗了。陈希亮上任之后，坚决地将他逮捕入狱，并依法治罪。百姓们听说后，都非常震惊。还有一次，郴州竹场有人伪造凭证给输粮户送到官府充当税粮。事情败露后，输粮户将被处死。但陈希亮在核查案情时，发现他是无辜的，于是放了他，并最终找到了伪造凭证的人，没有造成冤案。

后来，陈希亮被调任鄠县（今陕西户县）知县。当地有个名叫曹腆的老官吏犯了法，看到陈希亮年纪轻轻，便不把他放在眼中，料想他不敢把自己怎么样。但陈希亮毫不客气地依法判了他的罪。曹腆一看事情不对，慌了神，连忙叩头求饶，叩得头都出了血，拼命表示愿意改过自新。陈希亮警告他后将他放了，曹腆后来果然成了一个好官。另外，当地有许多巫师，每年勒索百姓的财物，说是要祭鬼，叫做春斋，还放出谣言说如果不这样

就会有火灾。民间谣传有三个红衣老人放火。陈希亮上任后，下令禁止巫师的行为，并勒令七十多名巫师回家务农。百姓们刚开始有些担心，但事实上并没有发生火灾。等到陈希亮被免职离开鄠县时，当地的父老乡亲恋恋不舍地来送他，哭着说："您这一离开我们，恐怕红衣老人又会出现了。"

福胜塔被火烧后，官府计划重建，估计的费用达到三万钱。陈希亮上书说陕西用兵打仗，更需要钱，应该把这笔钱拨给军队。朝廷于是下令不再重建这座塔。

青州平民赵禹上书，说西夏的赵元昊一定会谋反。宰相认为赵禹胡说八道，就下令把他流放到建州（今属福建）。后来，赵元昊果然起兵反叛。赵禹向当地官府上诉，但没有被受理，于是私自逃到京城，亲自跑去跟宰相理论。宰相发怒，把赵禹关进了监狱。陈希亮听说后，也去跟宰相辩论，认为赵禹不但不该治罪，反而应该重赏。两个人争论不休，最后还是得由皇上来定夺。皇上放了赵禹，并赏他做徐州（今属江苏）推官，并想把陈希亮升为御史。但恰好这个时候又发生了一件事，外戚沈元吉犯了杀人的重罪，陈希亮查明实情，沈元吉非常害怕，结果一头栽倒在地上死了。沈家上诉控告陈希亮，皇上下令将陈希亮及所有狱吏治

罪。陈希亮不愿连累别人，就说："杀此贼者，只有我一个人而已。"因此，他的官没升成，反而被罢免，贬为平民。

【平息强盗】

陈希亮被罢免一年后，京西兴起盗贼，为害一方，把当地的郡守县令都杀了。富弼向朝廷推荐说陈希亮可用，于是陈希亮复出，做房州知州。由于这个州从来没有士兵守卫，在盗贼的威胁下，百姓们都惊恐万分，只想逃亡。陈希亮调用了守城和牢狱中的士兵，再加上从民间征召的人，组成了一支数百人的防卫队，夜以继日部署守卫，当地百姓倚仗他们才得到安宁。这时候，朝廷也派殿侍雷甲带兵一百多人追击强盗，来到这里。由于对部队约束不足，他们所到之处，士兵对百姓很暴虐，这让人们觉得他们就是强盗，于是报告陈希亮说强盗入境，马上就到了。陈希亮立刻集合士兵来到护城河边，下令士兵手拉满弓，但不发射。士兵们严守纪律，直直地站立着一动不动，就像木偶人一样。雷甲用箭射他们，他们也不动。雷甲看出他

🔴 **银壶·宋**

此壶为长直颈、广肩、直腹，至底部内收，平底。长流安于肩外侧，并有一横梁与壶径相连。壶柄两端分别安于腹、径之上，外面刻"西宅"两字。

们是官军，赶紧下马叩首请罪。将士们都要求将雷甲斩首示众，但陈希亮只惩罚了雷甲的部队中欺负百姓的十几个人，并且让雷甲带人跟自己一起搜捕强盗，以功赎罪。

当时有一个强盗头子，叫党军子，气焰很嚣张，朝廷派崔德赟去捕杀他。崔德赟没抓住党军子，为了交差，便将盗贼曾经落脚过的平民向氏的家包围，杀了向家父子三人，将头砍下挂在城门上示众，谎称这其中一个就是党军子。陈希亮查出向氏是冤枉的，便将崔德赟抓起来关进了监狱。崔德赟开始时很不服气，但后来党军子在商州（今陕西商洛）被抓获，真相大白。皇上下诏赐给向家绢帛、免除徭役作为补偿，又将崔德赟流放到通州（今四川达州）。

有人告发说华阴人张元逃到夏州（今陕西靖边），做了反贼赵元昊的谋臣。皇上很生气，便下诏将张元全族一百多人迁到房州，严加监管。张家人饥寒交迫，眼看就活不下去了。陈希亮悄悄向皇上禀告说："张元的事真相未明，即使真有此事，我们这样虐待他的家人，只会坚定他为敌人卖力的决心。况且这些人都是张元的远亲，他们是无罪的。"皇上听从了陈希亮的话，把张家人都释放了。张家老少对陈希亮感激不已，来到他的家里，哭着对他说："我们终于可以回故乡了，可又要离开您这位再生父母了啊！"为了纪念陈希亮的恩德，张家人还特意制作了他的肖像，带回家去立祠祭祀。

陈希亮在平息盗贼方面功绩卓著，也因此而闻名。宋仁宗皇祐年间，曹州（今山东荷泽）地区又兴起盗贼，当地官员都没有办法。仁宗很忧虑，上朝的时候便向大臣们询问谁可以来平贼。还没等有人回答，仁宗突然想

❀ **陕西凤翔东湖一景**
陕西凤翔东湖是一座典型的北方历史性园林，其中的凌虚台为北宋凤翔太守陈希亮所修。

起了一个人的名字，接着说道："我已经有人选了。"仁宗想起的就是陈希亮，于是任命他为曹州知州。不出一个月，陈希亮就将当地的盗贼全部擒拿归案。

【自我弹劾】

陈希亮晚年多次上书请求退休，但朝廷知道他是一名得力的官员，不希望他引退，便迟迟不同意，调他去做凤翔（今属陕西）知府。凤翔的粮仓储备可以支撑12年，主管粮仓的人向陈希亮禀告，担心里面的粮食放时间久了会腐败变质。为了更好地利用这些粮食，不让它们白白浪费掉，陈希亮下令在闹饥荒的年份将这些粮食借贷给百姓。其他的官员害怕这种擅自放粮的行为会惹麻烦，陈希亮便独自一人承担责任。这年秋天，庄稼大丰收，老百姓用新收获的粮食还了借官府的旧粮，这样一来，百姓也渡过了难关，粮仓里的粮食也更新了，可谓一举两得。

于阗的使者来访问，经过秦州（今甘肃天水），当地官员用很周到的礼节来款待他。这名使者骄纵傲慢，在驿站里住了一个多月也不肯回去，还随便破坏里面的家什器物，甚至放纵他的随从到街市上去抢劫。老百姓们怨声载道，白天都关起门来不敢出去，害怕被抢。陈希亮听说这件事后，气愤地说："我曾经接待过契丹的使者，了解这样的事情。那个契丹使者最初也不敢横行霸道，都是负责翻译的人教坏他的。所以我先狠狠地惩罚了翻译，这样，使者也会觉得害怕，不敢肆意妄为了。契丹尚且如此，何况是于阗这样的小国家的使者呢？"于是，陈希亮先派人拿着令符去找于阗使者的翻译，义正词严地对他说："进入我们的国家，如果你们敢做出任何违法的事情，我就先斩了你。"然后命令翻译写下军令状带回来。这一招果然管用。当陈希亮接见这位于阗使者时，从谈话、宴饮到护送他出境，这位使者都老老实实的，不敢再做出什么嚣张的事情来。

宋英宗即位，陈希亮升任太常少卿。当时监狱中有个强盗，陈希亮认为依法当处死刑，但朝中有些官员认为不应判死刑。后来，这个强盗杀死看守逃跑了。陈希亮将当时关于是否应判死刑的争论送交给朝廷，朝廷认为陈希亮的意见是正确的。其他的官员害怕朝廷处罚自己，便想找把柄中伤陈希亮。当时，官员之间有一种不成文的风气，就是互相赠送美酒，因为这些酒大多是公家所有，所以按照法律，是不允许私自使用或接受这些酒的。陈希亮曾经将酒赠送给贫寒的游士，后来觉得这也是挪用公物，便自己又赔偿了酒钱。当与其他官员产生矛盾后，他知道这些人想弹劾自己，而他自己又早有引退之心，于是他便借着酒的事情上书弹劾自己，坚持请求辞职。这次，朝廷终于答应了他的请求。辞职后不久，陈希亮就去世了，终年64岁。

韩琦列传

韩琦是北宋的名臣，与范仲淹、富弼齐名，是以天下为己任、深谋远虑的典型人物。他在任何岗位上都兢兢业业、恪尽职守，无论是做看守仓库的小官，还是做君王的首辅大臣。他性情耿直，敢于直谏，带兵有谋略，也勇于承担责任。当储君未立、人心不稳之时，他勇敢地建议仁宗从长远考虑，从宗族中择优立储。英宗即位，他成为首功大臣，却并不居功自傲。王安石推行变法，韩琦看到新政可能给百姓带来危害，便坚持上疏反对，即使自己身不在朝中，也始终不忘肩上的责任。

韩琦，字稚圭，相州安阳（今河南安阳）人。他才华出众，刚成年就考中进士，排名第二。相传正在公布排名时，太史上奏说天边有五色云彩的奇异景象出现，说明有重要的人物出现了。左右大臣们都相互庆贺。不过，虽然大多数人考中进士之后都直接担任显要之职，但韩琦最初却被安排管理朝中的仓库。很多人为他抱不平，他却显得无所谓，而且干一行爱一行，在这个岗位上也兢兢业业，丝毫不含糊。比如，以往宫中需要金银布帛，都是内臣直接批准进入仓库自取，没有印章可检验。韩琦觉得这样不妥，就请求设置专门人员来监督这样的事情。再有，以往每次有新东西运过来，一定要等内臣来清点检查过，才能入库。如果内臣没时间过来，东西就被露天放在外面没人管。韩琦注意到这个细节，也上奏请求废除这一制度。

【耿直谏臣】

进入政坛后，韩琦最初担任过开封府推官、三司度支判官，还担任过右司谏。而他也一如既往地敬业，既然身为谏官，就知无不言，对政事敢于表达自己的意见。当时的宰相王随、陈尧佐，参知政事韩亿、石中立四个人，在职位上毫无建树，韩琦就不断上疏指出他们的过失，结果这四人在同一天被免职。只要看到事情有不好的地方，韩琦没有不上奏的，而且每次都将察明得失、端正纲纪、亲近忠臣、疏远奸佞作为主要内容。他的这种性情也受到一些重臣的赏识。王曾担任宰相时，曾经对韩琦说："如今许多大臣在上奏时，言语温和，顾虑重重，说不到要害之处，这对国家能有什么好处？像你这样上奏，才是既切中时弊又不迁腐啊！"王曾当时声望很高，又很少表扬别人，所以韩琦听了他的话备受鼓舞，更加坚定了直言不讳、为朝廷尽忠的决心。

赵元昊谋反，韩琦因为刚好从蜀地回来，对西边前线的情况比较熟悉，当即被任命为陕西安抚使。韩琦筹划了进攻和防守两套方案，派人骑快马上奏朝廷。宋仁宗想要采用进攻的方案，但受到一些保守大臣的反对。韩琦听说后，就亲自上奏说："赵元昊虽然动用全部兵力进犯我们，但总共也不过四五万人。如果我们分路派兵把守的话，恐怕会分散兵力削弱力量。如果把所有兵力合并起来，形成一股，击鼓奋进，趁敌人骄纵松懈之际，一定能打败对手。"朝廷采用了这个策略。回到军营后，赵元昊请求议和。韩琦很谨慎，认为对方没有事先约定就请求议和，一定有诈，于是

韩琦像

韩琦（1008～1075），出身于官宦之家，三岁时父母双亡，主要由哥哥们抚养成人。韩琦一生勤政爱民，所任职之处均受到百姓们的爱戴。

依然命令军队严阵以待。后来，敌军果然发起了进攻。韩琦将部队全部交付给大将任福，命令他绕到敌人背后，如果不能与敌人交战，就抢占险要位置设下埋伏，拦截敌人的退路。任福出发前，韩琦还再三告诫他按此行事。军队出发后，韩琦不放心，又传递檄文，说如果违反军令，即使有功也要被斩首。可是，担心的事情还是发生了。任福在半路上遇到敌军，没有按照原来的计划行事，而是与敌人正面交战，结果全军覆没。后来，其他的将领在任福的衣带间发现了韩琦签署的檄文，就向朝廷禀告说过错不在韩琦，但韩琦还是上疏自行检讨，被贬为秦州知州，不过不久又官复原职。

由于韩琦敢于直谏，宋仁宗很欣赏他。有时候，一些本不属于韩琦管辖范围的事，如果有所不妥，韩琦也会发表意见。这让有的大臣很不高兴，但仁宗却很赏识这一点，说："韩琦性情率直。"韩琦与范仲淹、富弼都名声显赫，同时被朝廷重用。范仲淹等人以天下为己任，得罪了一些小人，遭到许多诋毁。后来，范仲淹、富弼相继被罢免，韩琦坚持为他们辩解，但没有得到答复。

【辅立英宗】

至和年间，宋仁宗得了重病，不能亲自上殿理政，而当时还没有皇太子。朝廷内外都十分担忧，大臣们争先上奏，希望仁宗早日选定继承人，以稳固朝廷。包拯、范镇的言论尤其

激烈。但过了五六年，仁宗还是犹豫不决，没有选定继承人，因此，上书言说此事的人也渐渐少了。这时候，韩琦还没有忘记这件事，就向仁宗进言说："皇位的继承人，是天下安危之所在。以前出现的许多祸乱，都是由于没有早点决定继承人而发生的。陛下年岁已高，还没有皇太子，为什么不从大局出发，从宗族中选拔一名有才能的人呢？"但仁宗还是想立自己的亲生子，就说："最近后宫又有人要分娩了，暂且等等看。"结果，生下来的还是一个女孩。

一天，韩琦带着《汉书·孔光传》来到朝中，请仁宗来读，并再次进言说："汉成帝没有后代，就立了他弟弟的儿子为继承人。汉成帝并不是一个贤明的君主，尚且能这样做，何况陛下呢？希望陛下以太祖之心为心，为国家的前途命运考虑，就没什么不可以的了。"这时，正好曾公亮、欧阳修、司马光等大臣也都想就此事向仁宗进谏，仁宗也没有更好的办法，就回答说："其实我早就有这个意向，但你们说谁能作为继承人呢？"韩琦害怕仁宗以为自己有私心，就赶紧回答说："这不是做臣下的所能议论的，应当由陛下自己选择决定。"仁宗说："宫中曾收养过两个男孩，小的很单纯，但不太聪明。大的那个还可以。"韩琦询问男孩的名字，仁宗说叫"宗实"，这就是后来的宋英宗的旧名。韩琦等人见仁宗终于下了决心，都极力称赞此事，于是策立继承人的事情就这样决定了。

当时，英宗正在为濮王守丧，仁宗想先封他做知宗正。韩琦鼓励仁宗说："陛下不应该再犹疑不断，希望直接从宫中下发圣旨。"但仁宗还是不太想让宫中太多人知道，就说："不用圣旨，只要中书省的诏令就行了。"诏令下达后，英宗坚决辞谢。仁宗问韩琦该怎么办，韩琦说："陛下既然知道英宗贤能而选为继承人，眼光是不会错的。如今英宗不敢马上担当，也正是他见识远大的缘故。陛下应该坚决起用他。"英宗服完丧后，还是不愿接受任用，称病卧床不起。韩琦对仁宗说："知宗正的任命一旦发出，朝廷内外肯定就都知道英宗一定会成为皇太子，还不

🔴青白釉人形瓷注子·宋

此器造型奇特，将注子塑成立姿的矮胖男子像，头顶为注口，面部五官刻画细致，双手前拱捧笏状注流，矮胖的身躯外穿宽肥袍服，形成圆柱体注身，容积大而且形体稳重，确属别具匠心。

如直接就为他正名。"于是，仁宗终于下定决心，下诏立英宗为皇太子。第二年，英宗即位，以韩琦为仁宗山陵使，兼门下侍郎，晋封卫国公。

英宗突然得病，太后垂帘听政。英宗病重，性子变得比较乖僻，尤其对身边的宦官十分厌烦。宦官们很不高兴，就想办法散布谣言，离间英宗与太后的关系。韩琦与欧阳修去向太后上奏事情时，太后痛哭流涕，向他们倾诉说英宗对自己不好。韩琦劝她说："儿子得了病，做母亲的应该宽容啊。"欧阳修也劝她，太后的情绪才逐渐稳定，过了一段时间，就不再说与英宗的关系之类的事情了。过了几天，韩琦单独去见英宗。英宗也抱怨说："太后对我没有恩德。"韩琦也劝他说："自古以来有不少贤明的君主，但人们唯独说舜是大孝子，难道其他的人全都不孝顺吗？不是这样的。父母慈爱，儿子孝顺，这是正常的事，不足称道；但只有当父母不慈爱，儿子依然孝顺，这才值得称道。"英宗听了，大受感动。

【韩王之争】

宋神宗即位后，韩琦成为三朝元老。有人担心他专权，弹劾他。韩琦便主动请求辞职，离开京城到外地为官。他虽然不在朝中，但依然关心着朝中大事。当时，王安石任宰相，推行以青苗法为主的改革，韩琦对此持反对意见。他频频给神宗上书谈论新政，痛斥青苗法等新政会危害百姓的

利益，造成人心离散，动摇国家稳定的根基。神宗上朝时，拿出韩琦的奏折给大臣们看，赞赏说："韩琦是真正的忠臣，虽然人在朝外，仍不忘朝廷之事。我原先以为青苗法会对百姓有利，没想到竟会这样祸害老百姓。"王安石气愤不已，第二天便声称有病不去上朝。

王安石与韩琦等人关于青苗法争论不休。王安石固执地坚持己见，韩琦则一次又一次上疏反对。王安石组织朝中支持自己的官员一起上疏，驳斥韩琦，并把这些批判文章向天下百姓发布。但韩琦仍不依不饶地反对。

熙宁八年（1075），韩琦去世，终年68岁。韩琦死前的一天傍晚，在他的官署附近坠落了一颗流星，马槽里的马匹都被惊了。宋神宗听说韩琦去世的消息，痛哭流涕，下令停止上朝三天，以表悼念。

论赞

论曰：韩琦历任三朝宰相，拥立二帝，他的功劳可以说是大了。当治平危机之时，两宫互相猜忌，产生嫌隙，韩琦却能够镇定地处理其中的关系，终于使国家转危为安，大家都非常佩服他的见识和气度。欧阳修称赞他处理大事能够临危不乱，将天下治理得安定祥和，实在是社稷之臣。难道不是这样吗？

富弼列传

富弼是北宋名臣，从小就显示出过人的才华，被范仲淹赞为帝辅之才。在与契丹国的外交谈判中，他不卑不亢，坚持原则，用出色的口才和不凡的气度打消了契丹向宋朝索要土地的企图，并始终在这个强大的敌人面前维护自己国家的尊严和地位。但可惜的是，软弱的宋廷没有珍惜富弼的劳动成果，依然对契丹表现出怯懦求全的一面。

富弼，字彦国，河南人。他的母亲韩氏在怀他的时候，有一天梦见大雁降落在庭院中，说是上天赦免。不久，她就生下富弼。富弼年轻时学习勤奋，为人大度，范仲淹见到他后十分惊奇，断言说："这是帝王的辅佐之才。"于是范仲淹将富弼写的文章拿给王曾、晏殊看，晏殊也很欣赏他，还把女儿嫁给了他。

【力保国土】

富弼踏上仕途后，果然没有辜负范仲淹的期望，表现出杰出的辅政才能。这突出体现在他对于契丹国的外交才能中。当时，契丹在边境驻扎部队，派大臣萧英、刘六符来索要关南的土地。朝廷要选拔使者去与契丹谈判，但许多大臣都觉得契丹很难对付，不敢前去。这时，吕夷简推荐了富弼。富弼来到朝中接受任命，对宋仁宗叩头说道："陛下担心臣下受辱，臣下一定尽职尽责，不敢贪生怕死、有辱

使命。"仁宗听了很感动，就让富弼先去接见契丹来的使者。

萧英等人进入宋朝境内，富弼带人去迎接慰劳他们，但萧英态度傲慢，声称身体不舒服，躺在床上不起来答谢。富弼严肃地说："以前我国的使者到贵国去，即使病卧在车中，听到命令，也起来了。如今我们来迎接你，你却不起来答礼，这是什么道理？"萧英一看这个宋臣不简单，赶紧起来，按照正常的礼节拜见富弼。两个人便开始敞开胸怀谈论政事，谈得十分投机。萧英觉得富弼是个值得信任的人，就把此次出使契丹国主所要求的一切都暗中告诉了富弼，还说："如果你们能答应这些条件就答应，如果不能答应，就随便答应其中的一条，也能应付得过去。"富弼回朝后，把这些情况都汇报给仁宗。仁宗只答应增加给契丹的岁币，并挑选宗室女子嫁给契丹王子。

为了表彰富弼的这次功劳，朝廷

要升他为枢密直学士。富弼辞谢说："国家有难，作为臣子的理应尽力，实在不必用升官作为奖赏。"于是，仁宗正式任命富弼为宋朝使者，前往契丹谈判。富弼见到契丹国主后，对方先质问道："南朝违背盟约，堵塞雁门，增加塘水，修治城隍，向老百姓征兵，这是想要干什么？我的大臣们都请求兴兵南下，我对他们说，不如先派使者去索要土地，如果要不来，再兴兵不迟。"富弼见契丹主想先给自己一个下马威，一点也没被吓倒，而是不卑不亢地说："您难道忘了我朝章圣皇帝的大恩大德了吗？当年澶渊大战，如果他听从各位将领的建议，那么契丹的军队早就被全部歼灭了。话说回来，契丹与中原都愿意互通友好，如果发动战争，恐怕得到好处的是大臣，而要遭殃的则是君主了。因此，鼓吹要发动战争的人都是自私地为自己考虑罢了。"契丹主听了这话，十分不解，连忙问道："这是什么意思？"富弼见自己的话起了作用，便继续不慌不忙地说："如今中国疆土万里，精兵百万，法令严明，上下一心，如果您发动战争，能保证一定会获胜吗？即使获胜了，损失的军队马匹，是大臣们负责，还是您负责？反过来，如果两国互通友好，我们送来的岁币肯定全部由您来享用，大臣们就得不到什么好处了。这样一来，您说他们是不是要鼓动战争呢？"契丹主恍然大悟，不停地点头。不过，他还是嘴硬，说："我现在想要收回的土地，原本

就是属于我们祖宗的。"富弼回答说："要说这块地的归属，历史就长了。它最初是晋送给契丹的，后来被周世宗攻取，现在又属于宋朝，这都是不同时代的事情。如果说它曾经属于谁就永远属于谁，那大家都要来争抢了。"

富弼的伶牙俐齿让契丹主原本坚定的主意动摇了起来。不过，他也不想轻易放弃。于是，第二天，他召富弼一起打猎，期间再次提到索要土地的事情，还说这样能保证两国世代友好。富弼仍然坚定地拒绝，并说："你们觉得获得土地是荣耀，而我们觉得失去土地是耻辱。如果咱们是兄弟之国，怎么能一个荣耀一个耻辱呢？"

富弼像

富弼不仅学识渊博，而且为官清廉，疾恶如仇，仕历真宗、仁宗、英宗、神宗四朝，并且一度官至宰相，可谓地位显赫。

像国彦富

打完猎后，刘六符对富弼说："我们国君听了你的话，很受启发。如果不谈论土地的问题，我们希望两国能缔结婚姻。"富弼看到契丹还是这样贪婪，就说："婚姻容易产生埋怨隔阂。本朝长公主出嫁，所送的聘礼也不超过十万缗，哪像岁币这样能给你们带来无穷的利益呢？"契丹主听了富弼的话，也觉得有道理，就让他带着自己开出的条件先回国，到时候选择一项能接受的，再来签盟誓书。

富弼行楷书《儿子帖》

富弼回朝传达了此次出使的情况，不久又带着朝廷的盟约书来到契丹。这时候，契丹也不再说通婚的事，一心只想让宋朝增加岁币，而且还得寸进尺，要求宋朝给契丹东西时要用"献"或者"纳"这个字。富弼明白这样的措辞是把宋朝置于契丹之下，于是坚决不同意。契丹主看到说服不了富弼，也不再跟他争执，只说："我自会派人再跟你们商议此事。"富弼回到朝廷后，上奏说："臣已经以死拒绝他们的过分要求，陛下千万不要答应他们。"可是，软弱的朝廷最终还是同意对契丹用"纳"这个字。

【帝辅之才】

富弼在青州当官时，河朔发了大水，老百姓到处流浪乞讨。富弼规劝他所管辖地区的老百姓捐献粮食，加上官方储备的粮食，又安排了十余万栋住所，安置流民。对于积极救济灾民的官吏，他会向朝廷上奏为他们请功。他还规定，辖区内所有山泽、森林、池塘所出产的东西，只要有利于百姓的生存，都允许流民自行获取。如果有死的人，就用大坑合葬，称为"丛冢"。第二年，麦子成熟，富弼给这些灾民分发了粮食，让他们陆续回家。算下来，一共救活了五十多万人，同时从这些流民中招募了一万多名士兵。宋仁宗听说后，很赞赏富弼的赈灾功劳，升他做礼部侍郎。富弼说："这是守臣的职责。"不予接受。富弼的这次救灾也给各地树立了一个好的榜样。在此之前，地方上救灾往往都是把灾民聚集在城里，给他们煮粥吃，结果很容易导致群体性疾病，有时还会发生相互践踏、群死群伤的事件，还有许多灾民抢不到大锅饭里的粥，结果饿死了。这样，名义上是救济灾民，实际上却是在杀死灾民。而富弼在救灾时方法简便，又周到详尽，他的经验流传开来，各地争相学习，成为样板。

宋仁宗时，富弼一直做到宰相，后来由于母亲的丧事而离职。宋神宗时，富弼任汝州（今河南临汝）判官。他的脚有些毛病，入朝觐见时，神宗特别允许他坐轿子一直坐到殿门口，而且特许他不用跪拜，坐着谈话。神宗经常向富弼询问治国之道，而富弼知道神宗是一位果敢有作为的皇帝，也经常推心置腹地向他表达对于政事的看法。有一次，有人对神宗说，灾异都是天数，不是人事得失所导致的。富弼听说后叹息道："君王害怕的只有天，这一定是奸人想进邪说，动摇皇上的意志，让敢于直谏的大臣没有

用武之地。"于是马上向神宗进言，极力陈说此事。

王安石的青苗法颁布后，富弼认为这会造成朝廷敛财、百姓离心，因此坚持不在自己管理的地方执行。有人因此弹劾他，王安石也要求重罚他，但神宗不答应。富弼不愿与王安石正面对抗，就对神宗说："对于新法，我了解得不多，所以不能用来在我管理的郡县实行。我希望辞官，回洛阳养病。"神宗同意了，于是富弼告老还乡。不过，虽然他身在洛阳，但始终关心着朝中大事，也经常给神宗上书，表达对政事的看法。神宗虽然没有全部采纳他的意见，但也往往会作为重要参考。有一次，王安石想要推行某种新政策，但神宗推辞说："富弼曾经在奏折里说，如果要这样做，他只能望着屋顶私下叹息了。"可见神宗对富弼的敬重。

元丰六年（1083），富弼去世，终年80岁。神宗悲痛万分，下令停止上朝三天，以表悼念。

论赞

论曰：国家正当兴盛之时，它的大臣也一定能有长寿的福泽，足以造福当世。富弼两次与契丹订立盟约，使南北方的百姓几十年不用经历战事，真是一件大好事呀！

文彦博列传

北 宋前期，名相辈出，文彦博就是其中颇具代表性的一位。他个性强硬，在处理政事时，遇到自己觉得正确的事情，便勇往直前、坚持己见，这份勇气，前无古人，后无来者。他虽位高权重，但始终保持一颗谦逊的心，身为四朝元老，仍能礼贤下士，晚年诗酒唱和，怡然自得。怪不得连邻邦使者都惊羡于他的风度，赞其为"异人"。

文彦博，字宽夫，汾州介休（今山西介休）人。他的祖先原本姓敬，后因避晋高祖石敬瑭的名讳而改姓文。少年时，文彦博与张昇、高若讷一起拜在颍昌大儒史炤门下学习。史炤的母亲懂得相面之术，她一看见文彦博就觉得不同寻常，经常跟别人说："这是贵人啊！"因此对他非常好。后来，文彦博考中进士，担任翼城县（今属山西）知县，后被任命为监察御史，并升为殿中侍御史。

【个性强硬】

当时，西部边疆连年交战。按照常规，军队中若有副将临阵脱逃、畏敌不前的，大将应向朝廷请示后再做处理。文彦博对此颇有意见，向宋仁宗上疏说："这种方法在平常还可行，但现在是非常时期，连年作战，一个将领要带兵数十万，如果连自主处理这些事情的权力都没有，将权不集中，军法不严峻，怎么能打胜仗呢？"宋仁宗觉得他说得很有道理，就采纳了他的意见。

内侍黄德和与将领刘平有矛盾，诬告刘平投降了辽国，并用金条贿赂刘平的奴仆，让他作伪证，说刘平确实投降。因此，刘平一家200多人被抓起来关进监狱。宋仁宗命文彦博到河中设法庭审理此案。通过仔细的调查，文彦博了解到刘平是被冤枉的，但黄德和在朝廷中的势力很大，图谋推翻文彦博的结论，以至于让朝廷又派了一名御史来审理此案。当这名御史到达河中时，文彦博拒绝把案件移交给他，对他说："朝廷是怕审理不好这个案子，所以才派你来。但现在案情已经有结果了，你应该马上回朝廷。如果这件事有什么问题，我宁愿承担全部责任。"最后，黄德和以及刘平的奴仆还是被正法了。

文彦博与枢密使庞籍主张裁减军队，按照计划，裁撤为平民的，以及减薪一半的士兵和将领一共有八万人。对于这件事，朝廷内外都议论纷纷，最大的担忧在于这些被裁掉的士兵会不会聚集起来，变成强盗。仁宗对此也很忧虑，但文彦博态度很坚决，并对仁宗说："现在军队开支巨大，就是因为兵员太多。如果这些裁撤的士兵要作乱，我拼死也会平定他们。"于是，裁军的计划还是执行了，而被裁掉的士兵最终没有闹事。不久，文彦博被升为宰相。

文彦博在处理政事方面显示出强硬的个性，在日常生活中也时有表露。有一次，他在官舍踢球，突然听到门外传来一阵喧嚣声，一打听，原来是卒长在鞭打一个兵士，而兵士死活不肯认罪。文彦博让他们进来，询问了事情的原委，认定兵士有罪，便命人把兵士拉出去鞭打。但兵士还是不肯认罪，文彦博就叫人把他斩了，而自己依旧若无其事地踢完球才回家。

文彦博像

文彦博（1006～1097），仁宋天圣五年（1027）进士及第。北宋大臣，政治家，历事仁、英、神、哲四朝，累官至平章军国事，拜太师，封潞国公，著有《潞公集》。

【住进皇宫】

至和三年（1056）正月，仁宗在上朝时突然病倒，被扶进宫廷。文彦博叫来内侍史志聪询问情况，史志聪说："宫廷里的事，我不能向外透露。"文彦博大怒，呵斥他说："你们在宫廷里来来往往，却不让宰相知道天子的身体状况，目的何在？从今天开始，如果皇上病情加剧，你必须告诉我，否则，军法处置！"文彦博还是不放心，就跟刘沆、富弼商量，住在宫里大庆殿外的小屋里，以便随时应对突发情况。史志聪听说后，为难地说："从来没有这样的先例啊。"文彦博怒道："到这个时候了，还要考虑有没有先例吗？"于是就真的住进了皇宫。

一天夜里，开封府知府王素半夜叩击宫门，说是要报告有人谋反。文彦博没让他进来。第二天早上，王素报告说有一名京城禁卫告诉他都虞候要造反。刘沆主张逮捕都虞候，加以审理。文彦博没有轻举妄动，而是先把都指挥使许怀德找来，问他都虞候到底是什么样的人。许怀德说自己可以担保都虞候不会造反。于是，文彦博判断说："那么一定是那名禁卫跟都虞候有私怨，所以诬告他，应该立即把那禁卫杀了，以安定众心。"于是，他请刘沆按这个意思将案件了结，并将那名禁卫在军门前斩了。

在此之前，富弼采纳李仲昌的计策，在北方开凿了六漯渠。当时北京（今河北大名）的官员贾昌朝一向

讨厌富弼，就暗中勾结内侍武继隆，指使两名负责观测天象的司天官在朝廷上宣称国家不应该在北方开河渠，因为这会损害地脉，所以才导致仁宗身体欠安。文彦博心里很清楚这些人的动机，但他并没有立即揭穿他们。过了几天，这两个司天官再次上书，请求仁宗、皇后一同处理政事，这也是武继隆指使的。史志聪把这封上书拿给执政大臣看，先送到了文彦博手里，文彦博看完之后，把它藏了起来，先不给其他人看，而是表现出一副很高兴的样子，把这两个司天官叫过来，问道："你们今天有事情禀告，是吧？"这两个人回答的是的。文彦博突然严肃地说："你们的职责是如实观测天象，怎么能随便干涉国家大事呢？你们现在的罪行足以株连全族。"两个人吓得瑟瑟发抖，脸色都变了。文彦博话锋一转，又接着说："不过，我看你们不过是愚蠢罢了，不忍心治你们的罪。记住以后不要再做这样的蠢事了。"两个人这才松了一口气，赶紧退出去。这时，文彦博才把这封上书拿给其他同僚看。大臣们都很气

愤，对文彦博说："这些家伙也太大胆了，竟敢如此僭越上书，你怎么不把他们斩了？"文彦博说："把他们斩了，事情就闹大了，恐怕会让皇后不安。"众人都点头信服，称文彦博想得周到。

仁宗病愈后，文彦博等人才从皇宫中搬出来。在仁宗生病的这段时间里，朝廷内外都很担心害怕，全靠文彦博、富弼等重臣安抚，大家的心情才得以平静。

由于在处理都虞候"谋反"案时，文彦博与刘沆的意见不一致，刘沆很不服气，于是在仁宗病愈后，偷偷对仁宗说："陛下身体不好时，文彦博曾擅自斩杀报告谋反的人。"文彦博听说后，就把当时让刘沆做的结案报告拿给仁宗看，这才打消了仁宗的疑虑。

【洛阳耆英】

宋神宗时，庆州（今甘肃庆阳）兵乱，文彦博对神宗说："朝廷施政，务必符合民心，稳定是最重要的。陛下励精图治，而人心不稳，恐怕是法令改变太大的缘故。祖宗之法未必都是不好的，不过有一些偏而不全罢了。"王安石知道这些话是针对自己变法的，

就出来反驳道："变法是为了给百姓除害。如果万事都拖拖沓沓，那是西晋亡国之风，对治理国家有什么好处？"文彦博反对变法，经常与王安石激烈地争论。

当初，有个叫李公义的人，发明了一种铁龙爪，说是能疏通治理黄河。宋神宗时，宦官黄怀信沿袭铁龙爪的做法，又发明了一种浚川耙，也用来疏通河道，治理黄河。民间把这个玩意儿传为笑谈，认为用它来治河简直是儿戏。但王安石却相信它，派范子渊实行此法。范子渊为讨好王安石，就宣传浚川耙确实有效，能让河水都回归原道，退出被淹没的农田有数万顷。神宗命大名府核实这件事。文彦博上奏说："黄河绝不是浚川耙能够疏通的，即使是愚蠢至极的人，也都知道它不可能有效果。我不敢跟着别人胡说，欺骗皇上。"神宗看了文彦博的奏折，很不高兴，因为他原本以为找到了治理黄河的好办法，于是又派知制诰熊本等人去考察，考察的结果正如文彦博所说。这时，范子渊又请求拜见皇上，说熊本等人是看到王安石被罢相，臆测文彦博将成为宰相，所以故意附会文彦博的说法。御史蔡确也弹劾熊本等人在考察时不守法纪。最后，神宗还是没有相信文彦博的说法，但由于他是老臣，所以没有处罚他，只处罚了熊本等人。

文彦博历事仁宗、英宗、神宗、哲宗四朝，担任高官50年，就连宋朝的邻国之人对他的大名都非常熟悉。宋哲宗元祐年间，契丹使者耶律永昌、刘霄出使宋朝。当时苏轼负责接待他们，并带着他们去见皇帝。两个契丹使者远远看见文彦博站在大殿门口，马上原地站立，恭恭敬敬地问苏轼："这位就是潞国公文彦博吗？"接着又询问文彦博的年纪。苏轼回答之后，使者感叹说："想不到潞国公年寿如此高，身体还是这样健壮啊！"苏轼对使者说："你们还只是看到了他的容貌，没有听到他的言谈。潞国公这个人，处理政务的时候，即使是精壮少年也比不上他。而且他学贯古今，即使是潜心钻研学问的名家也有所不及。"使者极其崇敬地说："真是天下异人啊。"

文彦博虽然官职很高，但他待人接物十分谦和，一向礼贤下士，生怕自己做得不好。他晚年定居洛阳，与道学大家邵雍、程颢兄弟来往，如布衣之交。他与富弼、司马光等13人组成"洛阳耆英会"，平时诗词唱和，互相酬答，按年龄而不是按官职高低来排定座次，造了一个大堂，在其中绘有13人的画像。旁人见了，都心生羡慕。

论赞

论 曰：文彦博在朝中端庄持重，一举一动自有威严，远国之人来朝见，都仰望他的风采，可见他凭借自己的威望就足以在千里之外抗击敌人了。

范仲淹列传

范仲淹学问渊博，文章气势浑厚，一句"先天下之忧而忧，后天下之乐而乐"名垂文史。然而，他并不是一个纯粹的文人，他更乐意在塞外边陲、铁马金戈的战场中挥洒自己的豪情。说他是书生意气，但他少一分浮躁，多一份沉静；说他执拗倔强，他只是不屈不挠，快意人生。

范仲淹，字希文，是唐朝宰相范履冰的后代。他两岁时就失去了父亲，母亲改嫁到长山县一个朱姓人家，所以他也改姓朱，名说。他从小就有崇高的志向，长大后，知道了自己的家世，感到很伤感，就哭着辞别母亲，前往应天府（今河南商丘），跟着戚同文学习。他昼夜不停地刻苦学习，冬天很疲惫的时候，就用冷水洗脸；没有吃的，就不停地喝稀粥。这么艰难的处境，别人不能忍受，他却并不觉得苦。他考中进士后，任广德军司理参军，于是把母亲接回来奉养。后来，他改回了原来的范姓，并把名改为仲淹。

【书生意气】

范仲淹踏上仕途后，凭借着书生意气，指点江山，经常向朝廷提出一些尖锐而重要的意见。比如，他曾写过一封一万多字的奏折，请求斥退游荡懒惰之人，去除多余而不称职的官吏，慎重选举官员，安抚将领等。范

仲淹博通《六经》，精于《易经》，学者经常向他提问、请教，范仲淹每次都拿着经书为他们讲解，不知疲倦。他曾经把他的俸禄分给四方云游之士，以至于自己的儿子们要换穿衣服才能出去，他却并不觉得这样有什么不妥。范仲淹经常慷慨激昂地谈论天下大事，有一种先天下之忧而忧的气魄。在他的影响下，当时的许多士大夫都立志严于律己，矫正世风。

天圣七年（1029），章献太后将在冬至日接受朝拜，宋仁宗准备率领百官祝寿。范仲淹尽力陈言这样是不合适的，而且说得很直接："陛下在内宫中侍奉母亲，自有家人之礼；但是和百官站在一起，向着南面朝拜，这是不可取的。"范仲淹还上疏请求太后将执政大权还给皇上，这样大胆的言论自然得不到答复，此后不久，他就被贬出京城，调到陈州任职。

太后去世后，范仲淹又被召回京城，担任右司谏。当时，许多大臣见风使舵，又开始议论太后执政时一些

不好的事情，败坏太后的名声。范仲淹虽然曾因太后被贬，但他并没有因此加入诽谤太后的阵营，而是就事论事地对皇上说："太后接受先帝的遗命，教育保护陛下十多年，应当掩饰她小的过失，以保全太后之德。"于是，仁宗就诏命朝廷内外，不得擅自议论太后时候的事。

有一年，发生了严重的蝗灾和旱灾，江、淮、京东这些地方受灾尤其严重。范仲淹请求派官员前往灾区查看灾情，却没有得到答复。于是，他就找了个机会问皇上："如果皇宫里有半天吃不上饭，会怎么样呢？"皇上明白了范仲淹的意思，感到很惭愧，就命范仲淹去安抚江、淮地区的灾民。范仲淹所到之处，打开粮仓赈济百姓，而且上奏免除庐州、舒州上供的茶和江东按人口征收的盐钱。

这时候，正值郭皇后被废，范仲淹带领谏官、御史跪在宫门前争谏此事，但没有成功。第二天，他又准备联合百官在朝廷上论争，但刚刚走到待漏院，就接到调令，叫他到睦州（今属广西）担任知州。过了一年多，又调任苏州知州。苏州发大水，民田不能耕种，范仲淹命人疏通五条河流，引导太湖水注入大海。这项工程还没完成，就又要调职到明州。转运使知道兴修水利的重要性，就上奏让范仲淹留下完成这项工程才离开。

🌑 **范仲淹塑像**
范仲淹（989～1052），北宋政治家、文学家。

【朋党之争】

当时吕夷简担任宰相，被任用和得到提拔的人大多出于他的门下。范仲淹看不过去，就向仁宗献上一幅《百官图》，指着图上百官升迁的次序说："像这样的是正常的升迁，而像这样的是不正常的，是出于一些人的私心的。况且提拔近臣的事情，不应该都交给宰相。"吕夷简对此很不满。

后来，大臣们在一起议论建都之事，范仲淹说："洛阳地形险固，而东京是兵家必争之地，因此国家太平时应当在东京，但如果有战事一定要在洛阳。因此应当逐步增加洛阳的物资储备，修缮那儿的宫室。"仁宗询问吕夷简的意见，吕夷简不屑地说："这是范仲淹不合实际的妄言。"范仲淹不服气，就写了奏折呈给皇上，其中说道："汉成帝相信张禹，不怀疑外戚之家，

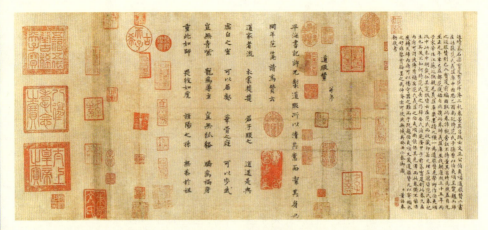

所以有王莽之祸。臣担心现在本朝也有张禹，败坏陛下的家法。"这明显是针对吕夷简的，于是吕夷简愤怒上书说："仲淹挑拨离间陛下与大臣的关系，他所推荐引用的，都是他的朋党。"范仲淹又上疏反驳，但还是被贬为饶州（今江西景德镇）知州。

殿中侍御史韩渎想讨好吕夷简，就奏请皇上列出范仲淹的朋党名单，公布在朝廷大堂上。秘书丞余靖上书反对，太子中允尹洙说自己与范仲淹是师友，希望跟着他一起降职贬退，馆阁校勘欧阳修则写信骂了谏官高若讷一番，说他坐视不管。结果，这三个人也都因此获罪被贬。

第二年，吕夷简也被罢免了宰相之职。从此，关于朋党的争论就开始了。范仲淹离朝后，不断地有士大夫上奏为他辩解。仁宗对此很警惕，觉得这些人都是范仲淹的朋党，于是频频下诏告诫大臣们不准结交朋党。

范仲淹在饶州一年多，后来又分别到润州（今江苏镇江）和越州任职。赵元昊反叛，范仲淹又被朝廷召回。

● 《楷书道服赞》·范仲淹

《楷书道服赞》为纸本，是范仲淹唯一传世的楷书作品。宋代大书法家黄庭坚评价其书为"落笔痛快沉着，似近晋、宋人书"。此卷结字端谨，笔墨清健，有晋人书风。

这时，吕夷简也恢复了宰相的职位。皇上专门找范仲淹谈话，让他消除对吕夷简的怨恨，同心护卫朝廷。范仲淹叩首道谢说："我以前议论的都是国家大事，对夷简并无私人怨恨。"

【镇守边塞】

延州（今属陕西）周围的许多军事要塞大多失守，范仲淹主动请求前去镇守。在此之前，朝廷对边境军队有严格的规定：总管率领一万人，钤辖率领五千人，都监率领三千人。如果有敌人来犯，官位低的将领必须先出兵。范仲淹对此有不同的看法，他说："对于将领不加选择，而只按官位分先后，这不是取胜的方法。"于是他普遍检阅当地的军队，得到一万八千人，分为六部，各带领三千人，分别训练他们，遇到敌情，就按照敌人的多少，让他们轮流出兵抵御。

第二年正月，仁宗皇帝诏命陕西诸路军队讨伐西夏，范仲淹认为天气寒冷，对士兵作战不利，建议等到春天，敌军马瘦人饥，必定容易制服。仁宗同意了他的建议。范仲淹又请求修建承平、永平等要塞，渐渐召回流亡百姓，稳定城堡城障，还改建了十二座城池，于是当地的羌汉百姓相继返回，重操旧业。

过了很久，赵元昊归还被俘的宋将高延德，想跟范仲淹约定讲和，范仲淹写信告诫他退兵。当时，正好另一名宋将任福打了败仗，元昊回信的语气很不敬，范仲淹当着来使把信烧了。朝中有的大臣认为范仲淹不应当擅自通信，更不应当擅自烧信，于是请求斩范仲淹，皇帝没有听从，只是将他降了官。

当初，赵元昊反叛时，暗中诱使许多已经归附宋朝的羌人做内应，给自己引路，这件事不久被范仲淹知道了。范仲淹认为羌人反复无常，就以皇帝诏书的名义犒赏羌族各部落，并与他们订立条约，制定了严格的赏罚措施。从此以后，羌族人就彻底依附于宋朝了。

庆州西北的马铺寨位于西夏腹地，范仲淹想在那儿筑城，心想敌人一定会来争夺，于是秘密派遣儿子范纯祐与蕃将赵明先占据那里，自己领兵紧跟着他们。众将只是听命令前进，但不知道是要到什么地方。走到柔远，范仲淹才向他们发出筑城的号令，而且各种工具都已准备好，结果十天就筑成了一座城，这就是大顺城。西夏发觉后，派了骑兵三万来攻打，并假装战败逃走。范仲淹告诫士兵不要追赶，后来发现敌人果然有埋伏。大顺城筑好后，白豹、金汤一带的敌人都不敢再来侵犯。

范仲淹守卫边境，打了不少胜仗，以至于边境有难时，皇上曾指着地图对左右大臣说："如果仲淹出兵救援，我不用担心了。"

范仲淹领兵，号令严明，关爱士卒，对边境地区的少数民族坦诚友好，所以贼寇不敢轻易侵犯边境。欧阳修等人曾向皇上进言，说范仲淹有宰相之才，希望召回予以重用。但范仲淹坚决推辞，宁愿继续在边疆镇守，过戎马生活。他去世的那天，四海之内的有识之士都为之叹息，甚至有几百名羌族的首领也来哀悼他，恸哭如同失去父亲，斋戒了三天才离去。可见范仲淹深得人心。

论赞

论曰：自古以来，只要有功勋卓著的帝王，就一定有闻名于世的大臣。宋朝有范仲淹这样的贤臣，无愧于这句话。范仲淹在朝当政的时间虽然不长，但他有先天下之忧而忧、后天下之乐而乐的志向，人们都相信他足以担当重任。

范纯仁列传

宋史 列传

> **俗** 话说："将门出虎子。"一家世代忠良的情况在古代是很常见的，范纯仁正是出生在这样一个家庭。他的父亲范仲淹是"先天下之忧而忧，后天下之乐而乐"的北宋名臣，而他则继承了父亲的忠诚和勇气，处处为国家长远考虑，不顾一己之私，不惧当朝权臣，向国君进逆耳之忠言。更可贵的是，即使在身处逆境之时，他也不怨天尤人，时刻保持平静和宽容的心态。这份气量，实在值得钦佩。

范纯仁，字尧夫，是范仲淹的儿子。他诞生的那天夜里，他的母亲李氏梦见一个小孩从月亮中掉下来，于是她赶紧用衣裾接着他。梦刚做完，李氏就生了纯仁。

【孝悌之义】

范纯仁天资聪颖，八岁时就能把自己读到的书讲解得头头是道。皇祐元年（1049），他考中进士，被封为武进县（今属江苏）知县。但他不愿远离年迈的父母，希望在父母身边尽孝，所以放弃赴任。后来，他又被改任长葛（今属河南）知县，但他还是以相同的原因不去。范仲淹不希望儿子因此耽误前程，便批评他说："你以前拿路远作为借口，现在长葛离得挺近的，你又有什么托辞？"范纯仁说："做人怎么可以看重俸禄，而轻易离开父母呢？即

使路近，也不能像在身边一样奉养父母了。"虽然依然呆在家里，但范纯仁并没有放弃学习，他日夜不停地读书，晚上也不睡觉，把灯放在帐中继续读，结果帐顶都被油灯熏黑了。

一直到范仲淹去世后，范纯仁才出来做官，任襄城县（今属河南）知县。他的哥哥范纯祐心脏有病，范纯仁就把他接到自己家中，像侍奉父亲一样侍奉他，给他喂药、喂饭、穿衣，照顾得无微不至。当时，名臣贾昌朝镇守北都，想请范纯仁加入自己幕府，但范纯仁以兄长有病为由推辞了。宋庠又推荐他担任史馆之职，他又辞谢说："京师在天子车辇之下，不是

竹管笔

此笔为竹制笔管，光素。笔毫为披柱法，纳毫以丝绸为柱。为软毫笔形式，具有宋代制笔的特点。

兄长养病的地方。"富弼指责他说："这样的高职难道能轻易得到吗？你何必这样。"但范纯仁最终还是没有去就任。范纯祐去世，葬在洛阳。韩琦、富弼写信给洛阳府尹，让他帮着安葬。但府尹收到信再去打听时，发现范纯祐早已安葬完毕。范纯仁说："这件事我们自己家的财力就能够办到，怎么能打扰公家呢？"

▶【不惮重臣】

范纯仁在朝廷为官时，总是就事论事地直陈自己的看法，不惜得罪当朝重臣，甚至得罪自己家的故交。当时，富弼担任宰相，但却称病住在家里，经常不来上朝。范纯仁上言："富弼受到三朝的眷顾信赖，应当积极担当起天下的重任，但他却考虑自己多于考虑国家，担心疾病过于担心国家，这样的行为于国于己都不妥。"其实，富弼与范家的交情是很深的，与范仲淹更是多年的好友，但范纯仁依然敢这样说，可见他的一言一行都是从大局出发的。

当时，王安石积极推行变法，遭到很多人的反对。范纯仁经常用言辞激烈的奏折批评王安石。神宗看到后，并不认同，但为了保全范纯仁的面子，没有把这些奏折让别的大臣看。范纯仁却不依不饶，他又把这些奏折的内容全部抄写一遍，交给中书省，让许多大臣传阅。王安石看到后大怒，请求神宗将范纯仁加以重贬。神宗无奈地说："他并没有什么大罪，就姑且

给他一个好去处吧。"于是任命范纯仁知河中府（今山西永济）。但王安石觉得这样还不解气，就派使者去调查范纯仁，想抓住他的私事弹劾他。但使者并没有抓到范纯仁有什么小辫子，又因别的事情用鞭子打伤了范纯仁手下的一个人。范纯仁的属下官员觉得可以拿这件事反击王安石，就高兴地对纯仁说："这一件事就足以堵塞他对您的诽谤，咱们就把这件事上报朝廷。"但范纯仁并没有这样做，因为他对王安石的批评是仅就政事而言的，他不愿把私人恩怨牵扯进来。

▶【仁爱至上】

范纯仁的父亲范仲淹虽然也是文人，但有征战沙场的雄心。范纯仁却认为不应轻易发动战争，因此对军事方面的事情不愿插手，只希望用仁爱的政策来安抚百姓。有一次他来到朝廷，宋神宗满怀期待地对他说："你的父亲在庆州很有威名，你跟随父亲这么久，兵法一定很精通，对边境的事务也一定很熟悉吧。"范纯仁估计神宗想让他也到边疆督促战事，就回答说："臣是儒家，不曾学习兵事，先父守卫边境时，臣还年幼，什么都不记得。如果陛下派臣去修治城墙堡垒，爱护百姓，我不敢推辞；如果要开拓边境进行战争，希望陛下还是考虑别人吧。"神宗不高兴地说："以你的才干，有什么不能做的？你只是不肯替朕尽心罢了。"

在处理政事时，范纯仁也的确处

列传 宋史

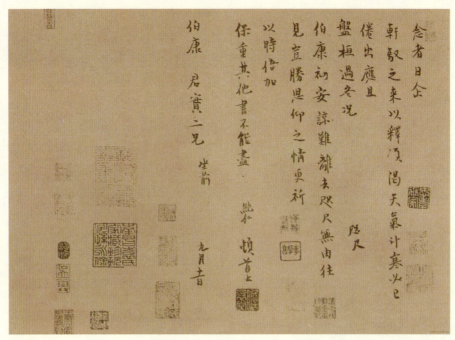

范纯仁致伯康君实尺牍

处从仁爱的角度出发。有一次，他所治理的地区发生饥荒，他就想散发常平仓的粮食来赈灾。下属请求得到上面的允许再这样做，范纯仁说："答复到了就来不及了，出了事我会单独承担责任。"到了秋天，粮食大丰收，百姓知道范纯仁在赈灾时承担着风险，就纷纷说道："范公救活了我们，我们怎么能让他受牵连呢？"于是大家日夜不停地争着给常平仓送粮。等到朝廷调查此事的使者来到时，常平仓的粮食已经全部补齐了。

范纯仁任齐州（今山东济南）知州时，齐州的风俗原本很凶悍，经常有人盗窃或抢劫。有人知道范纯仁施政一向很仁慈，就劝他说："当地的这种风气就算严加管制也没什么效果，您一概施以宽政，恐怕无法治理。"范纯仁却不以为然，认为就应该以柔克刚。当时，当地的监狱里装满了犯人，都是些屠夫、商贩或盗窃之徒，官府则天天催他们交纳钱财偿罪。范纯仁建议把这些人放了，让他们到了外面再交纳赎金。其他的官员不同意，说如果把他们放了，就会重新扰乱百姓，按照以往的惯例，就把他们一直关着，直到他们因疾病死在狱中，这是为民除害。范纯仁怒道："按照法律，他们也罪不至死，现在却要以'为民除害'这样的人为情感而杀了他们，难道合理吗？"于是，他把所有的犯人叫到庭下，对他们进行了一番谆谆教导，然后就释放了他们。犯人们原以为自己出狱无望、必死无疑，没想到这个新来的长官如此信任自己，于是都幡然悔悟。一年之后，当地盗窃的人比往年减少了一大半。

【不忘国忧】

由于父亲范仲淹曾被指责结交朋党，所以范纯仁对于朋党的问题也很敏感。神宗时，苏轼曾因批评时事而被攻击，韩维也因为相似的理由被贬职，另外还有不少大臣因为所说的话不符合皇上的心思，就被别有用心的人说成是"朋党"。这与范仲淹当年的经历很类似。范纯仁向神宗上奏，说："朝廷大臣本无朋党，只是善恶邪正，各按类分。"他尽力陈述前代朋党之祸，希望皇上能明辨忠奸，不要被奸人迷惑。

有一次，吕大防上奏指责蔡确结党营私，范纯仁便又极力论证，指出所谓"朋党"的说法，只不过是有人借以打击不同意见的工具而已。范纯仁的这种态度被一些人攻击，认为他是在偏袒蔡确。范纯仁为了表明自己的清白，只好请求辞职。

后来，吕大防等人也因事被贬，当时的宰相章惇劝皇上永远不要把他们调回来。范纯仁听到后，并没有因为之前与吕大防有不同意见便幸灾乐祸，而是忧闷气愤，想要给皇帝上疏，为吕大防申辩。当时他年纪已经很大了，自己也处于被贬的状态，远离京城，身边的人劝他不要这样做，以免触怒皇上，被贬到更边远的地区，对自己的身体不好。但范纯仁坚持要上疏。奏折递进皇宫，果然惹恼了章惇，于是章惇便诽谤范纯仁与吕大防共谋，再次贬职。

当时，范纯仁已经失明了，听到贬职的消息，没有流露出任何怨恨，而是欣然上路。他身边的人气愤不已，对章惇恨之入骨，他却常常告诫他们不要有怨恨的情绪。在路上，他们乘坐的船遇到事故翻了，儿子们扶范纯仁从江水中走出来，范纯仁的衣服都湿透了。他回头对儿子们说："你们总是觉得我们受的苦都是章惇造成的，那么这次船翻了难道也是章惇干的吗？所以你们不要再抱怨了。"

论赞

论 曰：范纯仁的官位高过他的父亲，他也有他父亲的风范，他的所作所为都是替国家做长远考虑。当世之人如果听从他的意见，元祐年间的党锢之祸就不至于如此惨烈。范仲淹认为他的几个儿子中，纯仁得到他的忠诚，纯礼得到他的沉静，纯粹得到他的谋略。看来，最了解自己儿子的还是父亲啊！

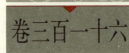

包拯列传

关 于包拯的民间传说很多，这位被称为"青天"的父母官被视为正义、公平的象征。正史中的包拯虽没有太多传说中的浪漫色彩，但同样是一位充满智慧、勇气和正义感的清官。他能用巧妙的方法为老百姓主持公道；用义正词严的态度与外敌周旋；对君主积极进谏，对百姓慈爱体恤。他把清廉当做自己的家训，不仅严格要求自己，也严格要求家人。在包拯身上，体现着一种积极进取、正直无畏的精神。也许正是这种精神，使得他成为一个不朽的传奇。

包拯，字希仁，庐州合肥（今安徽合肥）人，是北宋时期的一位重臣，以断狱英明、为人刚直著称于世。

▶【巧断疑案】

包拯出生于一个普通的农家，很小就刻苦研读经典，有治世的理想，并在 28 岁那年考中进士。按照宋朝的制度，考中进士就可以当官，包拯被封为大理评事，出任建昌（今江西永修）知县。包拯是个孝子，当时他的父母年事已高，他信守圣人"父母在，不远游"的教诲，推辞不去就职，坚持在家照顾父母。后来，他又调任和州（今安徽合县）监税，离家乡更远，父母更不愿随行，于是包拯干脆彻底辞官回家，一心奉养父母。过了几年，双亲相继去世，包拯就在父母的坟墓旁盖了一间房子，住在里面守孝。一直到守丧期满，他仍然徘徊不忍离去，

因为他知道自己一旦去远方做官，就很难再回到这里祭奠父母了。邻里乡亲看到包拯这样孝顺，非常感动，但也不忍心看着这个好孩子因此耽误了前程，就多次劝他：去外地做官并不代表不孝，还可以经常回来看看，将来光宗耀祖才是对父母最好的报答等等。就这样劝了他许多次，过了很久，包拯才去吏部接受调任，做了天长（今属安徽）知县。

作为一方父母官，最基本的工作便是断案。在知县任上，包拯断了一个奇案，从此声名远播。有一次，有个人偷偷割掉了别人家的牛舌，牛的主人前来投诉，包拯没有直接受理这个案子，而是对牛的主人说："你只管回去，把牛杀了卖掉。"不久，又有一个人来县衙报告，说有人私自杀牛，请予处理。包拯不慌不忙地对这个人说："你为什么割了人家的牛舌，

又反过来告他的状？"这个人一听，十分惊恐，立刻就服罪了。

包拯调任端州（今广东肇庆）知州，升迁为殿中丞。端州这个地方出产上好的砚台，以前的州官往往借进贡的名义，从这里索取几十倍的进贡量去赠送权贵。包拯为了杜绝这种不正之风，就规定当地做砚台的人只做出足够进贡的数量，从而让那些有私心的人无法得逞。包拯在端州当了一年的官，离开的时候没有带回来一方端砚。

在外交上，包拯反对一味求和。他曾向皇上进言说："国家每年给契丹大量财物来求和，这不是抵挡敌人的办法。我们应当训练一支强大的军队，选任有谋略的将领，致力于加强边境防务。"有一次，包拯出使契丹，契丹主授意接待的官员刁难他，问道："你们最近在雄州（今属河北）城开辟了便门，是不是打算引诱我们的叛徒，刺探我们的边防情报？"包拯正色反问道："你们不是也在涿州（今属河北）开辟了便门吗？难道刺探情报一定要用开便门的方法吗？"这位官员无言以对。

【黑脸包公】

包拯性格耿直，敢直言。他决心向唐代著名谏官魏征学习，因此精心挑选了魏征的三篇奏议，认真抄写了一遍，呈奏给宋仁宗，希望皇帝能够从中吸取经验教训。他经常向仁宗提各种各样的建议，例如应当明智地听取和接受合理的意见、明辨朋党问题、爱惜人才、免去冷酷寡恩的人、抑制投机取巧的行为、端正刑法、彰明禁令等等。对于他的这些建议，仁宗皇帝大多数都接受了。

皇祐二年（1050）九月，在持续多天的暴雨之后，天气终于放晴。仁宗皇帝觉得这是个吉兆，就在京城举行了祭祀天地的盛大庆典，此外还下诏大赦天下，并给所有的文武百官每人晋升一级。诏令一出，人人欢喜。没想到这时包拯却对此提出异议。他对仁宗说，罪犯服刑，是对他们犯下的罪行所给予的惩罚，怎么可以因为洪水退去就减轻对他们的惩

◐ 京剧里的包公形象

包拯是中国古代的"清官"典型，"包青天"的故事曾以小说、戏剧、曲艺等形式在民间广泛流传，图为京剧中的包公形象。黑色的脸表明他是一位铁面无私、执法如山的清官。

91

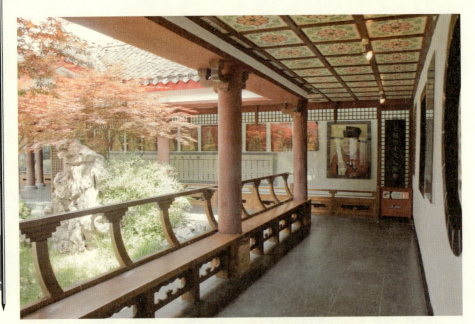

包拯历史文化长廊

现位于安徽合肥包公文化园内。包拯历史文化长廊集碑刻、书画、刺绣、木雕等多种工艺于一体，真实再现了包拯忠、孝、刚、廉的一生。

罚呢？至于官员的晋升，是要通过考核他们的政绩来决定的，如果每次遇到吉兆都随便让官员升迁，对于那些辛勤工作的官员太不公平了，这样一来，以后大家每天都会守株待兔等着天降吉兆了，谁还会勤奋地为朝廷出力呢？

包拯疾恶如仇，看到有行为不端的大臣就会极力弹劾，哪怕是当时的名流也不放过。当时有位著名的诗人叫宋祁，曾经写过"红杏枝头春意闹"这样的名句。但是宋祁的生活十分奢侈。他在四川当官时，每顿饭都要吃不少于 36 种口味的菜，必须有 12 种荤菜、12 种素菜和 12 种半荤半素的菜。他还养了 32 名侍女，每个人都有明确的分工，有的专门为他摇扇，有的负责捶背，还有的负责捏脚，每天晚上还必须要有一名丫鬟守候在床边随时听候他的差遣。宋祁还十分好

色，甚至不惜强抢民女。如果哪家的女孩比较漂亮，被他看上了，他一定千方百计地将她纳为小妾。这样一个无行文人却屡屡受到朝廷的重用。包拯对此非常不满，多次在皇帝面前弹劾宋祁，大力抨击他的丑行，最终说服了皇帝，将宋祁罢官。

另一个被包拯大力弹劾的朝廷命官是三司使张方平。张方平性格豪爽，但常常利用自己手中的权力假公济私。京城里有一个名叫刘保衡的商人，开了一间酒坊，但由于经营不善，欠了官府许多小麦，折合现钱达一百多万贯。他一时拿不出这么多钱，张方平在审理此案时，命令刘保衡变卖

宋史·列传

家产以抵偿欠债。与此同时，张方平又在私下里用极低的价格买下了刘保衡的家产，从中大捞了一笔。包拯听说这件事后，非常愤怒，认为张方平身为朝廷命官，利用职权牟取私利，不仅是渎职，更是知法犯法。于是，包拯在上朝时将此事公开，并极力斥责张方平的行为。最后，张方平因此被罢了官。

后来，包拯被任命为开封府知府。他处理政事刚毅正直，那些贵戚、宦官都很怕他，行为也因而有所收敛。包拯平日里几乎从来不笑，面部表情很严肃，人们把包拯的笑脸比作黄河水变清那样难以见到，称他为"阎王爷老包"。虽然如此，百姓们都十分敬重这位正直严谨、尊重百姓的清官。按照旧有的规定，凡是来告状的人，进门后不得直接走到大堂阶下。包拯则改变了这一陈规，打开官府正门，使告状的老百姓能够直接到他面前陈述是非曲直，这样，衙门里的官吏也不敢欺负他们了。

【廉为家训】

朝中一些宦官和豪门贵族为自己修建园林楼榭，侵占了惠民河畔的土地，使河道堵塞不通。正逢京城发大水，包拯便下令将那些楼台亭阁全部拆掉。有人拿着地契去找包拯，虚报自己的田地数。包拯仔细核查后，发现地契已经被修改，便上奏弹劾弄虚作假的人。

包拯曾向仁宗上奏说："太子的位置空缺已经很久了，天下人都很担忧，陛下长时间不做决定，这是为什么？"仁宗问他："你想让谁立为太子呢？"包拯回答说："微臣无能，之所以请求皇上早立太子，是为国家长远着想。陛下问我想让谁做太子，这是怀疑我啊。我已经是70岁的人了，又没有儿子，并不是为自己和后代谋求好处啊。"仁宗听了很高兴，说："这件事还要慢慢商议。"

张方平任三司使的时候，购买大富豪的财产，包拯上奏弹劾，罢免了张方平的官职。宋祁取代了张方平，包拯又弹劾他。宋祁被罢免后，包拯兼任三司使。欧阳修对此很不屑，说道："包拯给别人的惩罚已经很重了，然而又贪恋三司使的肥缺，不也太过分了吗！"包拯为了澄清自己，就待在家里回避任命，过了很长时间才出来任职。

包拯虽然地位显贵，但对于自己和家人都要求严格，他的衣服、器用、饮食与当平民时没什么区别。他经常嘱咐家人说："我的后代子孙做官，如果有贪污犯罪的，就不得回老家，死了不许葬在祖坟中。"可见，清正廉洁已经成为包拯的家训。

论赞

论曰：包拯在开封府任职时，治理政事非常严明，人们到现在还在称赞他。他虽然严厉，但不苛刻，而是以忠厚为本，这不正是孔子所说的刚者吗？

唐介列传

在政坛上，强硬一次很容易，但要始终保持一种强硬的姿态则是一件很难的事。能屈能伸的人往往长袖善舞、八面玲珑，既能保全自己，又很容易得到升迁或重用。然而，唐介却始终学不会弯一下腰。无论何时何地，唐介都在批判，无论这批判的对象是以权谋私的贪官、嚣张跋扈的外国使者，还是当朝的宰相。如果他能学会适时地"软"一下，或许他的晚年不至于在忧愤中度过。正是因为他没有学会，历史上才留下了他这样一段硬汉的佳话。

唐介，字子方，江陵（今属湖北）人。他父亲在他很小的时候就去世了，当地人知道他家很贫穷，出于同情之心，就凑钱送到唐介家，让他们能够办理丧事。然而唐介却表现得异乎寻常，他毅然推辞，没有接受这些钱，向人们表示他凭借自己的力量也可以把丧事办好。人们看到这个小孩过人的稳重和勇敢，都称赞不已。后来，唐介考中进士，任武陵县尉，后又调任平江县令。

▶【强硬姿态】

当地有一个姓李的财主，家里很有钱，但却很吝啬。有当地的官吏想从这个人身上捞油水，向他索求钱财，却没能得到满足，于是气急败坏，诬陷这个李财主杀人祭鬼。于是官府把李财主全家都拘捕了起来，而且严刑逼供，不论年纪老少，统统进行拷打，但李财主始终不肯承认。唐介来到这里赴任后，当地的官员就把这个案子交给了唐介，让唐介审讯他们。唐介在审理的过程中，没有发现有证据证明李财主杀人，于是得出结论说他无罪。原来的郡守很生气，就向朝廷禀告了这件事。朝廷便又派遣御史方偕来调查这个案件。方偕调查了很久，得到的结果与唐介相同。原来的郡守无话可说，只好承认自己是诬陷。方偕因此而受到朝廷的奖赏，唐介却没有受赏，但他始终也没有为自己邀功。

后来，唐介调到任邱县（今属河南）任职，这里正是辽国使者经常往来的通道。这些辽国使者很狂妄，经常敲诈勒索宋朝的驿站官吏，而且肆无忌惮地破坏驿站的屋舍，驿站里的官员虽然很气愤，但又无计可施。唐介了解到这些情况后，就亲自坐在驿站门口等待辽使的到来，并下令说："如果辽使再来勒索财物，不是法令规定应该供给他们的，一概不准给。

如果他们胆敢稍微毁损我方器物，一定毫不犹豫地拘捕他们。"后来，有辽使来到这里，最初像原来一样很嚣张，要这要那，态度蛮横。可驿站的官吏们在唐介的带领下，严格遵守法令，坚决不顺从他们。辽使看到宋人变得强硬了，心里也害怕起来，便服服帖帖地离开了。

唐介在德州（今属山东）任通判时，转运使崔峰下令将国库里的绢卖给百姓，但提高了绢的价格，想要从中谋利。唐介扣住这份公文没有下达，并且把这件事禀告朝廷，谴责崔峰。崔峰发怒，多次找唐介理论，甚至威胁他，但唐介并没有因此而动摇。最后，这项政策终于没有能够实行。

【忠直御史】

张尧佐受到宋仁宗的喜爱，一下子被授予宣徽、节度、景灵、群牧四项官职，这种提升的速度前所未见，于法于理都不合适，因此遭到许多朝中大臣的反对。其中，唐介、包拯、吴奎等人的反对最为坚决。他们还请求中丞王举正带领百官在朝廷上讨论此事，最后迫使皇帝削去了张尧佐的两个职务。

不过，没过多久，张尧佐又被封为宣徽使，任河阳（今属河南）知县。唐介对其他官员说："皇上主要还是想任命他为宣徽使，只不过把河阳作为名目而已，我们不能就这样算了。"其他官员看到皇上如此喜爱张尧佐，害怕再次反对会对自己不利，因此迟

疑不定。最后，只有唐介直言此事，再次表示反对。仁宗也想为自己辩护，就对他说："这项升迁的命令是中书省提出来的。"于是，唐介就又弹劾宰相文彦博，说他是通过宦官侍从结交后宫，因此而得到执政的职位的，现在重用张尧佐是为了更加稳固自己的地位，请求罢免文彦博，任命富弼为宰相。

皇帝很生气，不愿再听唐介的话，还下了一道诏令要将他贬到边远地区。唐介慢慢读完这道诏令，平静地说："我所说的话都是出于忠诚和激愤，即使是死也不会逃避，贬斥有什么好担忧的呢？"仁宗知道唐介的态度后，也有些后悔，马上召来执政大臣，将此事告诉他们说："唐介议论政事是他的职责，但他说文彦博是通过妃嫔当上宰相的，这是什么话呢？任用宰相这么重要的事，哪里能让后宫干预？"当时文彦博也在场，唐介就当面斥责他说："彦博应该反省自己，如果确有此事，就不要隐瞒。"文彦博没有为自己辩解什么，惹得皇帝更加生气。有大臣看到皇帝脸色不对，就呵斥唐介让他退下殿去，只有蔡襄急忙上前为唐介辩解。

后来，唐介还是遭到贬黜，贬为春州（今属湖南）别驾。王举正上言

斗茶图

宋人作品。宋代的茶不但产量高，而且品种多、工艺精。士大夫中间存在着斗茶的风气，在普通百姓间，茶也成为生活必需品。

认为责罚太重，仁宗也有所醒悟，便又把对唐介的惩处改为安置在英州（今属海南），同时也免去了文彦博的宰相职位。仁宗又担心唐介死于途中，自己恐怕会担上杀害忠直大臣的罪名，就命令宦官护送他。此事之后，梅尧臣、李师中等名人都赋诗赞美唐介，唐介忠直的名声轰动天下，士大夫都称赞他是真正的御史，提到他时都尊敬地叫他"唐子方"，不敢直呼其名。

【受到冷落】

唐介因忠诚直言而名震天下，皇帝对他也不得不敬。有一次，唐介到朝廷述职，皇帝慰劳他说："你自从贬到远地以来，每次写信到京城，谈的都是公事，从来不曾有私人书信，这份操守难能可贵啊。"唐介叩头谢恩，以为得到了皇帝的支持，从此谏议政事就更加直接，更加没有顾虑。不过，皇帝所说的话似乎只是一种安抚或拉拢而已，并没有行动上的支持。比如御史吴中复曾上言说唐介不应该长久在外任职，希望能调他回来。文彦博重新担任宰相后也曾上奏说："唐介以前所说的，确实切中我的弊病，希望能批准吴中复的意见，把唐介调回来。"文彦博都不计前嫌了，但仁宗皇帝却不为所动，依然不肯将唐介调回自己的身边。

英宗即位后，也曾想重用唐介，并对他说："卿在前朝有忠直的声望，所以任用卿，不是因为左右大臣的上言，而是因为卿的品德。"不过，一直到神宗即位后，唐介才被授予三司使的职位，回到京城。

熙宁元年（1068），唐介开始担任参知政事。之前，宰相总是单独审阅大臣们所递交的文书，其他官员都不能获知这些文书的内容。唐介对曾公亮说："人在政事府而不能知道文书的内容，如果皇上问起来，该怎么回答？"于是，他就首先开始与宰相一同审阅文书，而这种行为从此以后就成为常制。

神宗想任用王安石，曾公亮明白神宗的心思，便主动推荐了王安石，而唐介却上言说王安石很难堪大任。神宗问道："是他的文辞还是政事不能胜任呢？或者是他的经术不能胜任呢？"唐介回答说："王安石很好学，但却泥古不化，读书很多但不会灵活使用，所以他的议论大多很迂腐，不合时宜。如果让他当政，一定会极大地改变现有的制度。"退朝后，唐介对曾公亮说："王安石如果得到任用，天下一定会遭受困苦，你们应当明白这个道理啊。"

不过，王安石最后还是得到了重用。唐介从此多次与他就政事进行争论，神宗总是支持王安石。唐介气愤不已，又没有办法，最后背上的毒疮发作死去，终年60岁。

唐介为人清高，因敢于直言而受人敬畏。无论哪里有官职空缺，众人都希望唐介来担任，好一睹他的风采。他病重时，神宗皇帝亲自来看望慰问他，并流下了眼泪。等他去世后，神宗又亲临他的府第吊丧哭灵。在吊丧时，神宗觉得葬礼上唐介的画像不像本人，还命人取出宫中旧时收藏的唐介画像赐给他的家人。

论赞

论 曰：唐介敢于上言，名声震动天下，不愧是有古人遗风的正直之人。同时，听从谏议对于所有的皇帝来说都很难得，即使是开明的君主也很难做到，就像唐太宗那样英明的人，最终还是不能完全听得进魏征的话。而宋仁宗面对几名大臣当面的直言劝谏，即使违背自己的心意，有时甚至难以忍受，但最终却能够容忍，也可以说是一位具有盛德的君主。

白话精编二十四史

● 第八卷 ●

欧阳修列传

欧阳修既是出色的文学家，也是杰出的政治家。对于文学，他厌恶华而不实、肤浅单薄的骈文，追慕和倡导古文，并改变了科考作文的风气。对于政事，他追求宽厚简洁的执政风格，慈悲为怀，与民同乐。虽然他号"醉翁"，但面对现实，他却是最为清醒的人。

欧阳修，字永叔，庐陵（今江西吉安）人。四岁时，他的父亲就去世了，母亲郑氏一直守节未嫁，亲自教欧阳修读书学习。由于家里穷，欧阳修连一支像模像样的笔都没有，只能折一支芦荻当做笔，在地上学习写字。庆幸的是，欧阳修从小就聪敏过人，读书过目不忘。等到成年后，他更是表现得出类拔萃，获得了不小的声誉。

▶【文名扬天下】

在欧阳修的时代，虽然宋朝兴起已有百余年，但文章的体裁仍然承袭五代时期的陈规，措辞刻意雕琢、对偶，十分刻板，结果造成文风污浊不振，士人大多因循守旧，所作文章见识浅薄、格调不高。欧阳修出游随州（今湖北随州）时，在当地一个姓李的大户人家的废书筐中，发现了唐代韩愈的遗稿《昌黎先生文集》，读了之后十分仰慕韩愈的文才，于是用心去探寻其中的精义。韩愈在唐代就是"古文运动"的旗手，欧阳修也因此确立了自己写作的方向。

宋仁宗天圣八年（1030），欧阳修参加了科举考试，取得会试第一名，后又在殿试中被选拔为甲科进士，由此开始了仕途生涯。

欧阳修的文章才华横溢、朴实流畅，不繁冗也不单薄，可以说是恰到好处。当他以文章闻名天下时，许多人都纷纷效仿他。欧阳修也非常乐于提携后进者，得到他赏识、举荐的人，后来大多成为天下名士，如曾巩、王安石、苏洵以及苏洵的儿子苏轼、苏辙，原来都是普通百姓，不为人所知晓，欧阳修欣赏他们的才华，就慷慨地帮忙推荐他们，传播他们的声名，并认为他们将来一定会闻名于世。后来的事实也证明了他的这种判断。

由于整个时代风气的影响，当时的读书人大多都喜欢写一些新奇怪僻的文章，号称"太学体"。欧阳修对此坚决反对，他在主持科举考试时，凡是写这样文章的，都不予录取。等到张榜公布录取名单时，许多人都名落孙山。他们很不服气，于是等欧阳修一出现在大街上，他们就聚在他的马前起哄，连巡街的士兵都制止不了。但起哄归起哄，自此之后，科举考试中的文风却大为改变了，朝着欧阳修所推崇的古文风格迈进。

【君子朋党】

当时，宋仁宗对在朝大臣人事进行改动，希望任用天下名士，增加谏官，欧阳修最先入选。范仲淹因议论政事不慎而被贬谪，在朝官员大多上疏为他辩护，只有谏官高若讷认为范仲淹应当被贬。欧阳修气愤不过，就写了一封信谴责高若讷，说他简直不知人间还有"羞耻"二字，语气很重。高若讷将欧阳修的信交给仁宗皇帝，欧阳修因此获罪，被贬为夷陵（今湖北宜昌）县令，不久又改任乾德（今属新疆）县令、武成节度判官。范仲淹出使陕西，知道他是因为自己才被

贬的，就聘请他为书记官。欧阳修笑而辞谢说："我昔日的举动岂是为了一己之利？我们虽然同时被贬，但也不必同时升迁。"过了很久，欧阳修复任为馆阁校勘，以后又升任集贤校理。

当初，范仲淹被贬去饶州，欧阳修与尹洙、余靖都因范仲淹之事而被斥退，世人视他们为"党人"。从此，关于"朋党"的议论便产生了。欧阳修为了驳斥这种论调，就写了一篇《朋党论》，呈交给仁宗。在文章中，他认为，小人是没有所谓"朋党"的，只有君子才有，因为小人是因为有共同的利益而结为朋党，当他们的利益相同时，就暂时互相勾结；而当利益没有了，哪怕是血肉兄弟、亲朋好友，也会互相残杀，所以，小人之间是"假朋党"。而君子是因为志同道合而结

⊙ 欧阳修像

欧阳修（1007～1073），号醉翁，又号六一居士，北宋著名的文学家和史学家。

为朋党，他们所恪守的是道义，所奉行的是忠信，所爱惜的是名节，因此他们在一起是携手同心，共同效力国家，因此这样的朋党是对国家有益的。欧阳修还举了古代的例子，他说，商纣王统治时，虽然有亿万臣民，却人心离散，可以说绝对没有"朋党"，但商纣王却正因此而灭亡了。相反，周武王只有三千臣民，但这些人是一条心，可以说是一个"大朋党"，周武王正是因此战胜了商纣王。因此，欧阳修建议皇上应当屏退小人的假朋党，而多多提携君子的真朋党，这样天下就可以大治了。

欧阳修谈论政事比较直接，因此得罪了许多人，他们甚至把他看作仇敌。但仁宗却很欣赏他这一点，鼓励他直言不讳，还当面赐给他五品官的官服。仁宗还用赞赏的口气对身边的侍臣说："像欧阳修这样的人，到哪里去找啊？"

【为政宽简】

欧阳修在地方上任职时，有一套自己的独特的执政理念，就是处理政事宽松简洁。凡他任职的几个郡，不显露治理功业，不追求名声荣誉，因此这些地方的百姓都感到很安逸。

欧阳修的这种执政风格与他的家庭教育有很大

的关系。他幼年就失去父亲，母亲曾经对他说："你父亲做官的时候，常常在夜间点着蜡烛处理公文，多次停下来叹息。我问他怎么了，他就说：'这是一个死刑案子，我想寻找办法保全犯人的性命，却找不到啊。'我说：'可以给死刑犯寻找生路吗？'他说：'如果努力找了却找不到，那被判死刑的人和我就都没有遗憾了。我经常为死囚寻求生路，发现仍然有失误而

醉翁亭

醉翁亭建于北宋仁宗庆历六年（1046）。当初，欧阳修被贬到安徽滁州做太守，感于时愤，常与友人来琅琊山游玩，饮酒抒怀。琅琊山的和尚智仙为了让欧阳修有地方歇脚和饮酒，就在半山腰造了这座亭子。欧阳修因自号"醉翁"，便将这亭子题名为"醉翁亭"。

造成不该死的人被处死的，更何况世间的官吏总是为犯人寻找应该处死的理由。'你父亲平常教导别人，经常说这些话，我都听熟了。"欧阳修听了，非常感慨，终生以父亲为榜样。

保州（今河北保定）发生兵变，叛乱被平定后，大将李昭亮和通判冯博文私纳妇女，欧阳修因此将冯博文逮捕下狱，李昭亮也害怕起来，立刻放回所纳妇女。兵变发生之初，朝廷的军队想要招抚乱军，就对他们承诺，只要归顺，就不杀头。但等叛军都归顺后，朝廷却违背诺言，把许多俘虏都杀了。另外还有被迫参加反叛的两千多人，分别交给各郡去管。当时，富弼做宣抚使，他恐怕这些人以后另生变故，准备下令在同一天杀死他们。有一天，他与欧阳修约见，半夜，屏退左右的人，告诉了欧阳修他的这个打算。欧阳修说："祸莫大于杀死已经投降的人，何况他们是胁从者？朝廷并没有下令杀他们，倘若他们不服造成变乱，那就闯下大祸了。"富弼醒悟，立即停止了错误的决定，没有杀这些人。

▶【屡遭贬黜】

欧阳修经常仗义执言，因此遭人嫉恨。正好欧阳修有个外甥女张氏犯罪下狱，一些别有用心的人就借这件事罗织欧阳修的罪状，致使他降职为知制诰、滁州（今安徽滁州）知州。欧阳修在这里给自己起了个别号——"醉翁"。

欧阳修性格坦荡直率，与人谈论事情总是尽其所言，没有什么隐瞒。有人求他办事，他会立即当面说明行还是不行。即使是别的部门的官员职责内的事，他也必定问明是非，由此怨恨、诽谤他的人越来越多。

英宗即位后，想要崇奉生父濮王，于是召集有关官员讨论。大家都说应当称濮王为皇伯，并改封大郡的爵位，欧阳修却有不同意见。这样一来，许多与欧阳修有仇的人就拿这件事诋毁他，只有蒋之奇与欧阳修意见一致，于是，欧阳修举荐他为御史。

蒋之奇是个小人，虽然欧阳修举荐了他，但他看到其他朝臣因此疏远了自己，便十分苦恼，一心想要与欧阳修撇清关系。恰好这时，欧阳修的内弟薛宗孺因事对欧阳修不满，便制造谣言侮辱他。谣言传到了中丞彭思永那里，彭思永告诉了蒋之奇，蒋之奇立即上章弹劾欧阳修。这时，宋神宗刚即位，正想在大臣们面前树立自己的权威，便想治欧阳修以重罪。于是，神宗询问曾任内臣的孙思恭，孙思恭为欧阳修辩解。欧阳修自己则闭门不出，请皇上查究此事。神宗又派人去诘问彭思永、蒋之奇，结果这两个人理屈辞穷，都被贬斥。欧阳修也极力请求引退。

欧阳修以高风亮节保守节操，多次遭到污蔑，但他依然坚持自己的原则。熙宁五年（1072），欧阳修去世，谥号"文忠"。

曾巩列传

曾巩少年聪颖，写得一手好文章，他为政清廉正直，有思想，也有执行力。同时，他又有才子的清高孤傲，不追赶潮流，不结交新秀，我行我素。这或许与他的家庭背景有关，又或许是他个人性情的缘故。无论如何，曾巩是一个具有代表性的宋代才子：理性、内敛、儒雅。

曾巩，字子固，建昌南丰（今属江西）人。他生来就机智敏锐，读几百字的文章，张口就能背诵下来。12岁时，曾巩试着写一篇《六论》，结果提起笔就写出来了，而且文辞十分优美。到20岁时，曾巩已经名闻四方，连大文豪欧阳修看到他的文章都十分惊异。

【与民让利】

嘉祐二年（1057），曾巩考中进士，出任越州（今浙江绍兴）通判。越州原来有一种不好的风气，就是预支酒场的钱招募士兵，如果钱不够，就从乡民中征收，说是以七年为期不再征收，可是期限到了之后，招募的人想要再多捞一笔，仍然照旧征收。曾巩查明情况，立刻禁止了这种做法。

有一年发生了饥荒，曾巩算了算，粮仓里的粮食不够用来供给，而农民又不能全到城里来逃难。于是他张贴告示通知所属各县，劝说富人拿出自己储存的谷物来，共得十五万石，再将这些谷物卖给百姓。这样，百姓不出家乡就能够得到充足的粮食。同时，他还下令贷给农民种子，让他们随秋季缴税时偿还，这样一来，农事就没被灾情耽误。

河北路发派百姓疏通黄河，从其他路也征调民力，各县起初按户籍分派每三个男丁出一个人。曾巩清理了隐瞒和遗漏的户口，从而达到每九个人出一个人，这样一来就节省了好几倍的费用。

曾巩任福州知州时，福州佛寺很多，僧侣贪求富饶，争着想做主守，就行贿请求官府做决定。曾巩为了杜绝身边人收受贿赂，就想了一个好办法，让僧徒们共同推选主守，将推选的人记录在册，按次补缺，然后在府庭授予他们文告。这样就没人敢私下行贿了。

福州当地的官员有个不成文的惯例，就是每年卖园圃蔬菜来增加薪俸，常年收入达三四十万。曾巩看到这种情况，严肃地说："太守怎么能这样与民争利呢？"于是就停止了这种做法。后来的官员也不再用这个办法获取收入了。

【剿贼有方】

曾巩任齐州（今山东济南）知州时，把根治盗贼作为一项重要任务来抓。曲堤有户姓周的人家，拥有大量钱财，称霸乡里，他的儿子周高横行骄纵，杀害良民、污辱妇女，但州县官吏从来不敢去追究。曾巩到任之后，坚决抓捕了他并依法惩处。

章丘人在村里纠众结伙，号称"霸王社"，杀人劫财，无所忌惮。曾巩抓了其中31个人，流放到外地，又令乡民组成护卫队，联合巡查盗贼行踪，有盗贼则击鼓传递消息，相互援助，每次都能将盗贼擒获。有一个叫葛友的人，名字在被追捕者之列。一天，他到官府自首。曾巩用衣裳、饮食款待他，还给他配了随从人员，让他用车载着所得到的金银布帛，四处夸耀。盗贼们听说了这件事，也都纷纷出来自首。渐渐地，这个地方的盗贼几乎消失了，人们外出甚至可以连家门都不关闭。

【孤傲慈孝】

曾巩才华出众，久负盛名，长期各个地方调来调去地做官，世人都认为他性情孤傲，不善于别人相处。这一时期，宋朝涌现出大量优秀的青年，但曾巩从来不跟他们有过多的交往。不过，皇上还是很器重他的。有一次，他到朝廷办事，神宗召见了他，对他慰劳问候，还想把他留在身边。曾巩借机向神宗提出对于国家财政问题的见解，神宗听了很满意，说："曾巩把节约用度作为理财的关键，当代谈论财政问题的人，还没有人有这样好的见解。"

曾巩品性孝顺友爱，父亲去世后，侍奉继母也无微不至。虽然家境贫寒、无依无靠，他还是独自一个人抚育四个弟弟、九个妹妹。他们从读书到出仕、婚嫁，都是曾巩一手拉扯操办的。

曾巩的文章涉猎广泛，文笔愈加成熟精妙，当时擅长文词的人，很少有超过他的。

曾巩年轻时与王安石关系很好，当时王安石的声誉还不大，曾巩就把他引见给欧阳修。等到王安石得志时，曾巩却对他产生了不同的看法。神宗曾经问他，王安石这个人怎么样。曾巩回答说："王安石的文学和行义，不次于扬雄，但因为他很吝啬，所以又比不上扬雄。"神宗说："王安石对富贵看得很轻，怎么说他吝啬呢？"曾巩说："我之所以说他吝啬，指的是他敢作敢为，却不愿改正自己的错误。"神宗觉得这话很有道理。

论赞

论 曰：曾巩写文章的水平在欧阳修与王安石之间，从容而不繁杂，深奥而不晦涩，超然卓越，自成一家，可以说太难得了。

卷三百二十一

郑侠列传

郑侠只是一个卑微的小官，他之所以能名垂青史，纯粹是由于他的勇气和智慧。王安石是他的"伯乐"，然而他宁愿为百姓的利益"背叛"甚至控告恩师。他人微言轻，国家大政原本轮不到他说话，但他依然敢于表达自己耳闻目睹的现实。他知道文字的力量是有限的，便机智地选择图画这种最直观的形式来触动统治者的眼睛与心灵。

郑侠，字介夫，福州福清（今属福建）人。治平年间，他的父亲在江宁（今属江苏）做官，他跟随父亲前往，闭门苦读。王安石听说后，邀他相见，彼此攀谈之后对他甚为欣赏。后来，郑侠考中进士，调任光州（今河南潢川）司法参军。当时，王安石正推行新政，在民间引起很大不满。而王安石对郑侠有赏识之恩，又精通法律，光州有悬而未决的案子，郑侠总是将自己的处理意见告诉王安石，而王安石也总是同意他的意见。因此，郑侠从心里很感激，把王安石当做知己，决心要忠于王安石。

▶【拒绝提携】

郑侠在光州的任期满了之后，王安石想让他到京城来做官，一方面是因为他看到郑侠确实是一个有才华的人；另一方面，王安石知道郑侠对自己很感恩，把他放在自己身边，相当于给自己增加了一个心腹之人。

当时，宋朝正在王安石的主持下大力推行变法，宋神宗也很支持变法，为了选拔出更多熟悉新法的人才，当时的考试制度也进行了改革，把有关新法的内容作为考试的重要一项加了进去，只有通过考试的人才能来京城做官。王安石想要提拔郑侠，就向郑侠委婉地表达了自己的意思。如果是一般的小官，宰相大人主动来提携自己，一定会视为天赐良机，感恩戴德都来不及。王安石一定也做好了被郑侠感激涕零的准备，但令他没想到的是，郑侠拒绝了他的好意，表示并不想到京城做官，理由是自己对新法不了解。

其实，这只是郑侠找的一个借口而已。他之所以拒绝王安石的帮助，是因为他此时对王安石的态度已经有所改变。虽然王安石对他有知遇之恩，可以算是他的"伯乐"，他对王安石也非常尊敬。可是，作为一个身处基层的官员，他看到了新法的实施给百姓带来的苦难。同时，作为一个正直的人，他不能对这些苦难视而不见，更不能亲自参与到苦难制造者的队伍中。因此，他宁可"忍痛割爱"，得罪王安石，也不愿趁机为自己捞得名利。

王安石先后三次来到郑侠家里，想要说服他。王安石以为郑侠不愿意参加考试，是害怕自己对新法不熟悉，就问他对新法到底知道多少。郑侠回答说："我只知道青苗、免役、保甲、市易这几项内容，但在我心里，对它们还是有一些保留意见的。"王安石听后大概明白了郑侠的意思，什么也没说。从此以后，郑侠再也不见王安石了，但却经常给他写信，告诉他新法给百姓带来的害处。王安石虽然很不高兴，但还是舍不得郑侠这个人才，就派自己的儿子去告诉郑侠京试的考题。

当时朝廷刚刚设立了一个修经局，王安石又想提拔郑侠来这里做官，就派幕僚黎东美去向郑侠说明自己的意思。没想到，郑侠又严词拒绝了，并说："我没有读过什么书，不足以担任这样的要职。我只想求

教于王安石的门下，但他却动不动就用官爵来诱惑我，这未免也把我看得太浅薄了。如果他真的诚心想帮我，那就做几件利国利民的事情，让我投靠在他的门下也不会觉得愧疚，这样不是很好吗？"

【绘流民图】

熙宁六年（1073）七月至熙宁七年（1074）三月，一直没有下过雨，大宋王朝遭遇了前所未有的严重旱灾。老百姓几乎没办法生存，东北地区的灾民随处可见，他们面黄肌瘦，柔弱不堪，身上连一件完好的衣服都没有。城里的贫民也一样，只能买到些烂麦粗糠，和米一起煮成稀粥喝，有的人只能吃树根度日，还有的人在这种情况下只能卖房子来偿还官府的债务。诸如此类的事情数不胜数。

郑侠知道造成百姓穷困的不仅是天灾，新法的实施也有一定的影响。但他也知道，王安石是一个非常倔强的人，把这些事说给他听是没有用的。于是，他想绕过王安石，直接把这些情况告诉皇上。为了让自己的奏折更

八卦菱花镜·宋

此镜为菱花形钮座。主题纹饰为八瓣菱花，里边各饰一八卦符号。

有冲击力，他没有选择普通的奏折形式——写一篇文章，而是选择了图画。他把自己所看到的百姓穷困潦倒的情景全都画成图，连带奏折一起，想要送进皇宫。

然而，郑侠只是个外地的小官而已，从

程序上来说，他是不能直接给皇上送奏折的，因此，负责传递文书的官员并不接受他的这份特殊的奏折。于是，郑侠又想了个办法。他谎称自己要送的是机密奏章，通过特殊的传递渠道直接送到了皇上手中。在奏折中，郑侠沉痛地论述了新法给百姓带来的灾难，请求神宗施行仁政，及时赈灾，救黎民百姓于水火之中。他情真意切地说："南征北战的将领们拿给皇上看的，都是山川形势的地图，恐怕还没有人会将天下百姓典妻卖子、流离失所、惶惶不可终日的困苦情状画成图给皇上看。这些情形只要看一眼，就会悲痛不已。难道还有比这些百姓更苦难的吗？"郑侠还发下毒誓，说如果皇上肯听取自己的意见，那么十天之内老天还不降雨的话，自己愿意以死谢罪。

神宗收到这样一份特殊的奏折，最初的反应是很惊讶，因为正如郑侠所说的，从来没有人给他看过这样的东西。当他翻来覆去地仔细看了郑侠的图和奏折后，惊讶变成了痛苦。神宗是个很有政治抱负的皇帝，他之所以要支持王安石实行变法，也是以为这样能给国家和百姓带来好处。然而，

李铁拐木雕像·宋

此雕以"八仙"中的李铁拐为造型题材，雕出光头赤足、破衫半袒的老年乞丐形貌。左手撑铁拐，右侧足蹬于拐上，侧身昂头，右手高举酒壶，将酒注入口中。造型极富动感，人物传神，是宋代木雕佳品。

他身居皇宫之内，很难亲眼看到新法实施的效果究竟如何。而郑侠的图则让他直面现实，神宗长吁短叹，感慨不已。当天晚上，神宗一夜未眠，第二天就命令暂停各项新法，让司农负责开仓放粮，并派人去调查各地百姓流亡的情况。接着，神宗又诏令天下，鼓励大家直言政事之得失。过了三天，下起了大雨，旱情解除了，大臣们纷纷入朝祝贺。这时，神宗拿出了郑侠所画的图，告诉大家这其中的前因后果，并责备了那些知情不报的官员。

【图讽奸臣】

新法几乎被废，王安石深受打击，请求辞职。他的门下吕惠卿等人不甘心被郑侠这样一个名不见经传的小官打败，就使出杀手锏，在皇上面前哭诉说："皇上这么多年来废寝忘食、施行新政，现在被郑侠这个狂夫迷惑，一下子将新法罢免殆尽，岂不是太可惜了吗？"吕惠卿果然厉害，他知道这些话说到了神宗的痛处，因为神宗并不愿意轻易放弃自己的改革理想。于是，在郑侠的流民图的刺激效果过去一段时间之后，神宗又重新恢复了新法。

王安石离职后，吕惠卿担任宰相，郑侠知道他与王安石的政治路数是一样的，就又上疏指责他。这一次，他依然选择了画图的方式。他根据唐代魏征、姚崇、宋璟、李林甫等人的传记，画了两轴画，题名为《正直君子邪曲小人事业图迹》，将在位的朝臣分为两类，分别比附为唐代的忠臣和奸臣。郑侠把图画和奏疏一起呈给皇上，并暗示说朝中有人图谋不轨，想要篡位。吕惠卿知道此事后，咬定郑侠是诽谤，郑侠因此被贬出京城。后来，吕惠卿又想给他安一个结交朋党的罪名，想置他于死地，幸亏皇上没有相信。

哲宗即位后，郑侠才回到京城，苏轼等人都在哲宗面前为他说好话，因此得任泉州教授。后来，郑侠又被放逐到英州。徽宗即位，再次恢复他的官职，但不久他又被蔡京夺官，从此，郑侠再也没有出来做官了。他布衣粗食，闲居田野，但从来没有忘记为国家进忠言。郑侠79岁去世，他所居住地方的百姓把他的房子改建成郑公祠，并常常来祭奠这位为百姓说话的芝麻官。

论赞

论曰：郑侠虽是区区小官，但能够勇敢直谏，以片言只语使皇帝醒悟，几乎将给百姓带来灾难的新法彻底废除。他最后虽然没有彻底成功，但这份勇气和决心足以流传后世。

李允则列传

对付强敌，有时需要强力，有时则需要智慧。李允则就是这样一位有智慧的守边将领。他的智慧体现在两个方面：一是不动声色地加强军备，在表面的无所作为之下，隐藏着精心的战争准备，有备无患；二是善于借力打力，通过一些精心策划的计策，在不知不觉中让敌人陷入圈套。正是由于他的智慧，敌军20年不敢侵犯河北，而他也赢得了敌人的尊敬。

李允则，字垂范，济州团练使李谦溥的儿子。他从小便以才气和谋略而闻名，虽然最初是因为父亲的缘故踏上仕途，但很快就显示出自己的真才实学。

【政绩卓著】

在处理一方政事方面，李允则显示出杰出的才干。他曾经出使河东路（今属山西），专门审理刑狱案件，这些案子都是原先积压下来、很难解决的问题。但在李允则手里，这些案子很快就得到了解决。在奉命疏浚治理京城河道的时候，为了更好地完成任务，李允则创设了水门和郑州水磨，从而大大提高了治河效率。西川贼寇刘盱被平定后，上官正提议在西川修筑城墙，宋真宗考虑到这样做花销很大，因此很犹豫，这件事很长时间都没能定下来。后来，李允则与王承衍、阎承翰一起前往视察。回到京城后，他们向皇上汇报说，如果西川没有城墙的话，确实很难防守，上官正的建

议是有道理的，应该批准。他们还说，兵力分散不容易调度使用，如果集中兵力屯驻要害之地则便于粮食的运输。于是，宋朝就在西川修建了城墙。

由于政绩卓越，李允则被任命为潭州（今湖南长沙）知州。动身之前，他来到朝廷向真宗告别。真宗对他说："我在南京时，毕士安曾经跟我说起过你的家世，觉得你是个有才能的人，所以我才把湖南交给你去管。"

李允则来到湖南后，果然没有辜负真宗的期望。之前治理湖南的官员一直对当地百姓课以重税。比如，潘美治理湖南时，让百姓按房屋纳绢，叫做屋税。养牛的人要交牛钱，一年四斛白米。即使牛死了也要纳税，叫做枯骨税。茶农缴纳茶叶，起初以9斤为一大斤，后来增加到35斤为一大斤。面对这些苛捐杂税，老百姓苦不堪言。李允则到任后，马上奏请免除这些没有道理的税种，受到百姓的热烈欢迎。

李允则对当地的百姓虽然很仁慈，但也并不是一味地放纵。湖湘一带多山田，可以种植粟米，但当地的山民由于懒惰而不愿耕种。李允则下令农户每月要缴纳供给官府马匹的草料，而且只准交真正的草料，不得用其他财物顶替。这些草料是只有种田才能有的，这样一来，那些闲置的山田就全都得到了开垦。此外，李允则还采取了一系列有利于当地发展的措施。宋真宗听说李允则在湖南的政绩后，连连称赞说："毕士安的眼光果然不错。"

【居安思危】

后来，李允则担任沧州（今河北沧县东南）知州。他刚一上任便到处巡视，整治、疏通浮阳湖，修建营垒，开挖水井。没多久，契丹兵前来进攻，百姓们都躲进营垒中，而且不缺乏用水，甚至把冰块砍下来当炮石用来抵抗，契丹兵只好退去。宋真宗高兴地召见李允则，并对他说："不久前，有人说你浚湖、穿井、修房屋都是劳民伤财的事，等到契丹兵来了，才显示出你是做了精心的准备啊。"

李允则调任雄州知州时，宋朝与契丹议和，雄州地区停止用兵，但李允则却依然不停地修建堡垒，从不间断。契丹主怀疑地说："南朝尚在修城备战，他们不会违背誓约吧？"契丹宰相张俭说："雄州守将李允则是个忠厚长者，不必怀疑他。"不久，宋真宗也下诏书来质问李允则为什么这样做，允则上奏说："当初与契丹签订和约时，这些堡垒还只修了一半，我担心如果不修整，他日肯定会被废弃，而边疆的形势变幻莫测，不能不做充分的准备啊。"

❂ **料敌塔**

料敌塔在今河北定州市。宋真宗咸平四年（1001）诏建此塔，于仁宗至和二年（1055）建成。因定州在宋时与辽接邻，为军事要地，所以此塔成为料敌塔，作为瞭望监视敌情之用。

白话精编二十四史

◉ **第八卷** ◉

109

真宗认为他说得很对。

雄州城北有一座原本用来防御敌人的小城，李允则想把它和大城合而为一，从而加强雄州城的力量，但又怕小城中的人不肯过来。于是，他想了个办法，先在小城中建起一座东岳祠，自己拿出一百两黄金做成供奉用的器物，并到处宣扬这件事。于是，当地的居民也争先恐后地献出金银器物。过了一段时间，他又下令悄悄地把所有的器物都撤走，并扬言说有强盗要从北面来，于是下令抓捕强盗，并在小城四周修筑城墙，说是为了保护东岳祠。城墙完工后，李允则又下令关闭城门，开挖壕沟，修建半月形的堤防设施，从此这个小城中的人，就都被纳入了雄州城中。

每年年初，借着举办民俗活动的机会，李允则召集界河中的战船来举行划船比赛，鼓励当地人前来观看。但李允则并不是单纯地要丰富大家的日常生活，而是把许多有关水战的知识在比赛中教给普通的百姓。

雄州北部以前为了御敌，挖了许多陷马坑，并在城墙上修楼，用来观察敌情，可以望见十里以内的情况。

🔴 **耀州窑青釉剔花倒装壶·宋**
这个青釉倒装壶集捏塑、剔刻、模印装饰于一体，是宋代瓷器精品的一个代表作。形态生动，装饰饱满，布局很多。

自从停止对契丹用兵后，没有人再敢登上去。李允则说："南北既然讲和了，要这个有什么用？"于是命人拆去城楼，填平陷马坑，把它们变成军队的菜园，并凿井疏渠，开垦田地，筑起一些短墙穿插其间，又在里面种上荆棘，使这个地方显得更加险阻狭窄。接下来，他又命人整治街道，修建佛塔，让人们可以登高望远，三十里之内的情况一目了然，然后又下令在境内有空隙的地方全都种上榆树。看着自己的劳动成果，李允则意味深长地对同僚们说："现在这里变成了适合步兵作战的地方，不利于骑兵作战。现在大家明白了吧，我种这些树，难道只是为了盖房子吗？"

【老谋深算】

正月十五元宵佳节，雄州这里本来是没有赏灯的习惯的，李允则却下令在山上张灯结彩，又召集了一些戏子和乐工，让当地百姓能够彻夜游玩。第二天，李允则的手下打探到契丹的某个首领也想找机会来赏灯，于是，李允则与一些官吏悄悄躲在郊外的一个地方，静观其变。到了晚上，果然

有一个穿着紫色衣服的人来了，从穿着上看应该是契丹人。于是，李允则他们跟着这个人走进一家客栈，但并没有去找那人交谈，而是派出一名女奴去服侍他，把他灌醉，完全失去防备。李允则他们趁机把这个契丹人所骑乘的骡子牵到外面，让它自行逃走。等那人醒后，发现骡子不见了，只好匆匆逃走。原来，那个人是契丹的一个重要将领，这件事过去没几天，就听说他偷偷溜出来玩这件事泄露了，被判处死刑。

有一次，李允则在军中饮宴，突然有人来报兵械库着火了。大家都有些慌，李允则却继续喝酒，一点儿也没有停下来的意思。他的手下请求去救火，李允则一句话也不说。过了一会儿，火自己熄灭了，李允则命人埋掉所有被烧毁的物资，秘密派遣属下带着他签署的文书去瀛州，用装茶叶的笼子装运军械拉过来，不到十天，就恢复了军械库原有的兵器数量，而且没有惊动任何人，更没有让敌人知道。枢密院向真宗弹劾李允则不救火之罪，真宗说："李允则这样做，肯定有他的道理，先问问他怎么说。"李允则果然不慌不忙地回答说："兵械库是一个戒备森严的地方，不可能轻易着火，当时我们的宴席刚刚开始，火就起了，这肯定是有人故意纵火，想要调虎离山。如果大家全都跑去救火，恐怕事情会有不测。"

还有一次，宋军抓获一名间谍，李允则让人给他松绑，还好吃好喝地招待他。间谍承认自己是契丹派来的，并拿出了所刺探到的宋军边境的军粮、兵马的数目情况。李允则看了之后说："你所得到的这些数目好像是错误的。"于是干脆把主管官吏叫来，把真实的数目写在一张纸上给了他。那个间谍开始不敢相信，又试探性地请求在这张纸上加盖宋军的印章，李允则也同意了，还赐给这个人许多财物，然后就把他放走了。宋军的许多人都很不解，这不是自己出卖自己吗？没多久，那个间谍忽然又回来了，把那张写着情报的纸又还给李允则，而且又告诉了李允则契丹方的兵马部署、财力状况以及地理形势。原来这个间谍被李允则的行为感动了，干脆交换情报作为回报。

天圣六年（1028），李允则去世。李允则做官不讲威仪，偶尔步行外出，碰到可以交谈的人，就请他坐下来与自己交谈，通过这种方式，充分了解到当时的人情世故。在河北做官二十多年，他修建了诸多建筑，后人没有人敢于破坏。虽然晚年他定居京城，但凡有从契丹逃亡过来、愿意归顺大宋的，允则都让他们住在自己的家里，直到他死后，才住进枢密院的官营里。

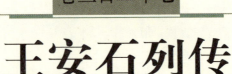

王安石列传

历史很难给王安石盖棺定论，一方面，他锐意改革，希望通过多种新政改善朝廷收支，但却意想不到地给众多百姓带来更大的负担；另一方面，他又一意孤行，排斥异己，遭到朝中诸多大臣的激烈反对。不过，他的出发点却始终是为朝廷着想，这一点是不容置疑的。

王安石，字介甫，抚州临川（今江西抚州）人，父亲官至员外郎。王安石从小就喜欢读书，而且记忆力惊人，过目不忘。他写文章时落笔如飞，看起来好像写得漫不经心，但写完后，读到的人都佩服他的文章精彩绝妙。曾巩曾把王安石的文章带给当时的大文豪欧阳修看，欧阳修很欣赏他，还积极为他传播美名。

▶【性格倔强】

王安石考中了进士，而且名列前茅，但他最初表现得十分淡泊名利，甚至不愿出来做官。朝廷多次下达委任他担任馆阁职务的命令，他都推辞了。当时的士大夫们觉得他颇有风骨，都恨不得马上结识他。朝廷也听说了他的名声，多次打算封他做高官，还怕他不就任。后来，朝廷又任命他为同修起居注，他推辞了好多天。相关的官员拿着委任令到他府上交给他，他说什么也不接受。这个官员要给他下拜祝贺，他却躲进厕所里。官员没

办法，只好把委任令放在桌上走了，结果王安石又追上去，硬要把委任令还给那人。后来，王安石又连着上了八九道奏折要推辞，实在推不掉，才接受了这个任命。

在处理政事上，王安石的性格十分倔强。曾经有位少年得到一只善斗的鹌鹑，朋友向他要，他不给，朋友仗着平时与少年关系不错，就擅自拿走了这只鹌鹑，结果这个少年追上去把朋友给杀了。开封府判决这位少年当处死刑，王安石反驳说："按照法律，公开的夺取、偷窃都是盗窃。少年不肯把鹌鹑送给他，可他私自拿走，这是盗窃的行为。少年追上去把他杀死，是追捕盗贼，虽然杀了人，也不应当加以追究。"于是，王安石弹劾开封府的官员判决有误。开封府的官员不服，皇帝就把这个案子又交给审刑院、大理寺再审，审刑院、大理寺一致认为开封府的判决是正确的。皇帝下诏，不追究王安石这次弹劾错误，但命他谢罪。王安石坚持说："我没罪。"坚

决不肯谢罪。御史把王安石的表现报告给皇帝，皇帝知道他性子倔，也就睁一只眼闭一只眼，没有强求。

【推行变法】

王安石虽然最初表现得不问政事，但实际上他是有远大的政治理想的。在宋仁宗时，他就给仁宗写了一封万言书，认为国家财政的困难局面在于缺乏改革精神，只有推行变法，才能改变这种局面。他还早已做好遭人诟病的准备，说："我所说的这些话，流于世俗的人是不会说的，那些对国家大事侃侃而谈的人也会认为这些是不合时宜的陈词滥调。"后来王安石执掌大权后，他所施行的政策措施，大多就是根据这份万言书而来的。

王安石本是楚人，在朝中并不知名。他知道韩、吕二族是很有权势的世家大族，就想借助他们来提高自己的名气，于是就和韩绛、韩绛的弟弟韩维以及吕公著交往密切，这三人常常对别人称赞王安石，于是王安石的声望渐高。神宗还是皇子时，韩维在他身边任记室（掌管文书的官职），每当他说的话得到神宗称赞时，他就说："这不是我说的，是我的朋友王安石说的。"

因此，神宗很想见见这位王安石，刚即帝位，就委任他为江宁府知府，几个月后，又把他召入朝廷任翰林学士兼侍讲。神宗经常询问王安石应该怎样治理国家，王安石则回答说："首先要选择推行政策的方法。"神宗问："唐太宗怎么样？"谁知王安石对这位唐代名君不屑一顾，答道："陛

王安石塑像

王安石（1021～1086），北宋杰出的思想家、政治家和文学家。王安石长年在外做官，非常思念故乡，而故乡的人民对他也有着深深的景仰和想念，早在北宋崇宁五年（1106），家乡人民就在其旧宅修建了王荆公祠。1986年11月，江西省人民政府在抚州市修建了一尊3米多高的王安石塑像，供人们瞻仰。

下应当向尧、舜学习，何必要学唐太宗呢？尧、舜治理国家的方法，极其简明扼要，只不过后世学者理解不了，才以为他们多么高不可及。"听到王安石口气这么大，神宗倒是有点胆怯，说："你这么说可是难为我了，以我的能力，恐怕达不到你的这番好意啊。"

登州有位妇女嫌弃自己的丈夫相貌丑陋，夜晚拿刀砍杀丈夫，不过没有砍死，砍成了重伤。这件案子上报朝廷后，朝廷官员一致认为应该判处这位妇女死刑，只有王安石引用法律进行了辩解。他说这个案子应该按照从谋杀伤罪来论处，而不是按照死刑来判决。神宗皇帝同意了他的意见，并且将之定为法律。

熙宁二年（1069）二月，王安石被任命为宰相。神宗对王安石说："人们不了解你，以为你只知道书本上的经学，不明白世上的事务。"王安石回答说："经学正可以用来治理世上的事务，但是后世所谓的读书人，大都是些庸人，所以才认为经学没有用。"神宗又问："那你首先要做些什么呢？"王安石说："改变风俗，建立新法，这才是今天的当务之急。"神宗认为很对，于是将变法重任交给王安石，让他极力推行自己的主张。在王安石的主持下，农田水利、青苗、均输、保甲、免役、市易、保马、方田等法相继问世，称为新法，在各地普遍推行。但由于这些新法的核心是增加朝廷的财政收入，相当于从百姓那里进一步盘剥，所以引得天下骚动不安，许多人大力反对王安石的这些新法。

🌀 南京半山园王安石故居

王安石"熙宁新法"失败后，退居在这里，封荆国公，世称荆公。

【新法之争】

　　王安石一心想要推行新法，实现自己的政治抱负，因此，对于那些反对新法的人，他往往采取压制、贬低的态度。神宗最初也大力支持他，御史中丞吕诲说王安石有十大过失，神宗就将吕诲贬为地方官，王安石推荐吕公著代替吕诲任御史中丞。韩琦规劝神宗放弃新法的奏疏送到朝廷，神宗有所醒悟，刚打算同意韩琦的意见，王安石立即要求辞职离去。司马光为神宗起草回复的诏书，其中说到新法使"士大夫沸腾，百姓骚动"，王安石大怒，立刻上奏章为自己辩护，神宗用恭敬的言语表示歉意，并派吕惠卿传达旨意，韩绛又劝神宗留下王安石。王安石入朝谢恩时，对神宗说，现在朝廷内外的大臣勾结起来反对新法，这正是考验神宗勇气的时候，他希望神宗能坚持下去，不要输掉这场较量。神宗被他激励了一番，本来对新法稍有犹豫，现在重新找回了信心和勇气，于是让王安石继续担任原职，把韩琦的反对意见放在了一边。

　　王安石与司马光一直相交甚厚，司马光觉得朋友之间应该直言不讳、相互劝善，于是三次写信给王安石，劝他停止变法。王安石不高兴，当时神宗正想起用司马光任枢密副使，在王安石的干涉下，这项任命就被中止了。欧阳修请求退休，冯京希望朝廷能挽留他，王安石反对说："欧阳修依附于韩琦这样的人，到哪儿都是个

祸害，在朝廷就会败坏朝廷，留下他有什么用？"于是神宗就同意欧阳修退休。富弼因为阻挠施行青苗法被解除了宰相职务，王安石说这还不足以阻止奸邪小人，甚至把富弼比作神话里的叛臣共工。灵台郎尤瑛说天气长时间阴沉，星星也都失去常态，应该罢黜王安石才符合天意，朝廷立即把尤瑛刺面发配到英州。唐垌本是因王安石的推荐而担任了谏官，只因他在面见皇上时极力论说了王安石的罪过，结果被贬谪而死。

　　开封的百姓为逃避保甲制度，有的人甚至宁愿切掉自己的手指、砍断自己的手腕。知府韩维把这些事报告给朝廷，神宗问王安石这是怎么回事，王安石辩解说："这些事我当然不知道，但即使真的有这种情况，也不足为怪。现在士大夫们对于新政还争吵个不休，何况这么多老百姓，其中肯定会有一些由于愚蠢而受到别人蛊惑煽动的人做出傻事，怎能因为这种人而不敢有所作为呢？"神宗不太同意王安石的话，但并没有直接反驳他，而是说："听取百姓的各种意见就能取得成功，有时候，百姓的意见也不能不畏惧啊。"

　　东明县（今属山东）有百姓拦住朝廷官员的马车，控诉助役钱的害处，这事又传到神宗耳朵里，王安石向神宗辩解说："那儿的知县贾蕃是范仲淹的女婿，喜欢附和流俗的意见，才导致百姓做出这样的事。"他还说："治理百姓不能对他们太宽容了，放纵他

们任意越过官府、击鼓拦驾，这不是治理国家的办法。"王安石始终在为自己的新法寻找借口，始终不肯承认新法有任何不好的地方。

【宦海浮沉】

熙宁七年（1074）春天，全国一直干旱，饥民流离失所，神宗皇帝愁容满面，上朝时不停地叹气，开始怀疑大臣们所说的反对新法的话都是对的，于是想要停止变法。王安石当然不答应，他赶紧上书说："水旱灾害是常会发生的事，就算是尧、汤时代也不能避免，这事不值得陛下如此忧虑，我们只要把自己该做的事做好就行了。"神宗生气地说："这怎么会是小事？我之所以感到恐惧，正是因为没能做好自己该做的事。现在对于新法，人们都唉声叹气，甚至有人因此说出对朝廷不恭敬的话。从亲近大臣到皇后家族，没有人不说新法有害。两宫太后声泪俱下，担忧京城里会发生动乱，认为天旱使朝廷更加失去了人心。我能不担忧吗？"

郑侠上奏疏，把所见到的流民扶老携幼的困苦情状，画成图进献给神宗，并说："旱灾是由王安石招致的。罢免王安石，上天一定下雨。"慈圣、宣仁两位太后也痛哭流涕地对神宗说："王安石扰乱了天下。"有这么多反对声，神宗渐渐地也开始怀疑王安石，于是罢免了他的宰相职务。

当时，吕惠卿正在服丧，暂时离开了朝廷。等他服丧期满后，王安石

🔮 **宋神宗轸念流民**

早晚不停地举荐他担任参知政事，又要求韩绛代替自己。这两个人是王安石的坚定支持者，上任之后仍继续施行王安石的新法，没有丝毫改变。为此，他们俩还分别得到一个绰号：韩绛叫"传法沙门"，吕惠卿叫"护法善神"。然而，吕惠卿虽然表面上还是唯王安石马首是瞻，但实际上是想自己掌握大权，害怕王安石重新回来当政。于是，他千方百计地找机会陷害王安石的弟弟王安国，又试图陷害王安石。韩绛觉察到吕惠卿的用意，秘密上奏皇帝请求召回王安石。

熙宁八年（1075）二月，王安石再次担任宰相，接到诏令后，他立即赶到京城。这时，王安石与吕惠卿之

间的互相猜疑更加明显了。吕惠卿被人弹劾，在家等待皇帝的处理。王安石的儿子王雱暗示御史中丞邓绾再次弹劾吕惠卿，说他和华亭县知县张若济共同犯法谋私利之事，要求立案审查他们。

这个案子久久未能成立，王雱就把它交给门客吕嘉问、练亨甫共同商议。这两个人取来邓绾所列举的吕惠卿的事，夹杂在其他的判决书中断案，王安石不知道这件事。有人偷偷把这件事告诉了吕惠卿，吕惠卿又报告给神宗，并控告王安石说："王安石完全抛弃了先儒们的教诲，违背君命，假传号令。一年之间干了许多恶事，纵然是古代丧失志行、倒行逆施的人，恐怕都不会像他这样恶劣。"吕惠卿还揭发王安石在私人书信中写有"不要让皇上知道"的话。神宗把这些材料拿给王安石看，王安石分辩说没有这些事，回家问王雱，王雱只好承认，王安石责备了他一番，王雱愤怒怨恨，背上的疽发作而死。

王安石再次任宰相后，身心俱疲，多次托病请求离职。等到儿子王雱死去后，他更是悲伤得不堪承受，极力请求解除宰相职务。神宗也越来越讨厌他，于是再次罢免了他的宰相职务。元祐元年（1086），王安石去世，终年66岁。

王安石还没有显贵时，就已经名震京城。他天性不喜欢华衣美食，自称最为节俭，有时候衣服脏了也不洗，脸上脏了也不洗，人们都认为他很贤能淡泊，而蜀人苏洵却说："这是不近人情的做法，像这种人很少有不奸诈邪恶的。"

王安石性格倔强，遇事不论对错，都非常自信，他决定了的事就从不改变。关于实行变法，他与朝中大臣争辩得不可开交，而他往往引经据典，大发议论，动辄数百言，大家都驳不倒他。他甚至说："天变不足畏，祖宗不足学，人言不足忧。"他执政期间，几乎把朝廷内外德高望重的大臣都罢免完了，而大多提拔一些浮浅而有点小聪明的年轻人。

论 赞

论曰：朱熹曾评论王安石，说他文章、品行俱高出世人，尤其以品德修养、经世济民著称。神宗皇帝久闻王安石大名，将他升至宰相，希望他能够有所作为，大宋王朝能出现兴盛的局面，然而他急功近利，任用奸恶之人、排斥忠诚之士，终使天下百姓失去安宁的生活，陷入更加水深火热的境地。这种看法也是天下人对王安石变法的看法。当初神宗想任命王安石为宰相，问韩琦王安石怎么样，韩琦说王安石任翰林学士是绰绰有余，如果担当宰相则不行。神宗不听，还是任命王安石为宰相。呜呼，这是宋朝的不幸，也是王安石的不幸。

沈括列传

沈括的《梦溪笔谈》是中国古代历史上鲜见的以自然科学为主要内容的著作，被英国科学史家李约瑟评价为"中国科学史上的坐标"。在古代中国的价值体系中，人文科学是远远高于自然科学的，古代的士子们统一的教科书是四书五经，而不是数学物理。中国也因此被质疑是一个没有科学传统的国度。在这样的大环境中，沈括在自然科学领域取得的突出成就便显得尤为难得和珍贵。同时，他在科学方面的睿智和才干也不妨碍他成为一名杰出的士大夫。

沈括，字存中，杭州钱塘（今浙江杭州）人。他一岁时，全家南迁至福建的武夷山、建阳一带。他很早就显示出治理政事的才干，24岁那年，他担任沭阳县（今属江苏）主簿，主持了治理沭水的工程，组织几万民工修筑渠堰，不仅解除了当地人民的水灾威胁，而且还开垦出良田七千顷。

【注重节约】

一般的官员都喜欢夸张和浮华，无论是在个人生活上，还是在国家政事上，但沈括却很注重节约。宋朝时，按照旧制，每三年要举行一次郊祭。之前，有关部门在操办这件事时，总是大肆张扬，极尽宏大的气势，这不仅是为了显得气派，也使得这些操办的官员可以从中牟利。比如，以前总是在祭坛下设帐幕，离城几里地之内都布置成园圃，在树上缠上彩色的绸

缎，并雕刻鸟兽的雕塑放在其中。举行典礼那天晚上，皇帝要亲自去观看，并要检阅军队。皇帝所乘坐的车驾中要放许多珍贵的器物，而跟着车服侍的工匠和仆人就得六七十人。沈括对这种奢华十分反感，他仔细考订了郊祭的礼制沿革，写成一部叫《南郊式》的书，详细记述了他眼中郊祭应有的样子。于是，宋神宗就下诏叫他来主持郊祭的操办。沈括不负所托，按新的仪式举行祭礼，既保证了仪式的庄重和规模，又不乱用钱，最后所节省的费用达上万钱。神宗看到这个结果也很满意，专门就此表扬了沈括。

当时，朝廷下令让老百姓把自家的马车、牛车都上交国家。百姓不了解朝廷的用意，不愿意上交，又不敢不交，搞得人心惶惶。朝廷中有许多谏官都对这件事坚决反对，但神宗都不加理睬。有一天，又有谏官谈论这

件事时，沈括正好在皇上身旁，于是皇上看着他说："你知道收缴车辆的事吗？"沈括说："知道。"皇上说："你认为如何？"沈括拱拱手说："敢问朝廷收来这些车是为了干什么？"皇上说："辽国以骑兵取胜，如果我们没有足够的车，就不能抵抗辽军。"沈括便回答说："车战的好处大家都知道，史书上也多有记载。但古人所谓的兵车是轻车，可以用五种方式驾驶，无论是直行还是拐弯都以灵活快速见长。现在民间的辎重车又重又大，一天走不到三十里，所以世人都把这些车称为'太平车'，也就是说只能在太平时期使用而已，不适合打仗。所以朝廷收到这些车也派不上用场。"皇帝高兴地说："从没有人说到这些事，那我要再好好想想这件事。"结果，第二天朝廷就下令不再搜刮百姓的车了。

沈括像

沈括（1031～1095），北宋科学家、政治家，著有《梦溪笔谈》一书。熙宁二年（1069），王安石被任命为宰相，开始了大规模的变法运动，沈括积极参与变法运动，受到王安石的器重。

【不让寸土】

在沈括的时代，宋朝与北方的辽国（也就是契丹）的关系还算和平，但辽国人知道宋朝软弱，还是动不动就想找借口欺负一下宋朝。有一次，辽国的使者萧禧来到宋朝，要求宋朝把河东的黄嵬地区割让给辽国。宋神宗当然不愿意，于是萧禧就赖在驿站里不肯走，还放言说如果得不到这块地就不走了。神宗无可奈何，就派沈括去出使辽国，就这件事与辽谈判。

出发前，沈括为了做好准备，就来到枢密院查阅档案。他找到了当年宋辽两国议定疆界的文件，上面清清楚楚地写着以古长城为两国的国界，而现在辽国所争之地不仅在宋朝境内，而且距离这条国界线有三十里远，没有任何道理割让给辽国。于是沈括把这个发现告诉了神宗，神宗也很兴奋，专门召见了沈括，对他说："有的大臣没好好把事情弄清楚就请求同意辽使的要求，差点误了国家大事。"神宗又让沈括把这个发现拿给萧禧看，萧禧无话可说。

沈括来到辽国，辽国宰相杨益戒作为对方代表团团长与沈括谈判。沈括早有准备，他要求跟自己来的其他官员都把两国的土地文书背得滚瓜烂熟，不管杨益戒提出什么刁难的问题，沈括这边的人都能立刻做出回应和反

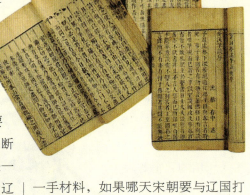

驳。谈判一天天地进行下去，杨益戒占不到一点便宜，气急败坏，于是虚张声势说："你们不要舍不得几里土地，难道要因此轻易断绝两国的和平关系吗？"这明显是一种威胁，仿佛宋朝不割让这块地，辽国就要出兵攻打宋朝。不过，沈括丝毫也没被吓倒，他不卑不亢地说："军队出师打仗，有理则气壮，无理则气衰。现在是你们抛弃两国先君结下的诺言，还威胁使用军队，就算真打起仗来，正义也在我朝这边。"

沈括与辽国大臣一共会商了六次，态度都如此坚决，不让寸土。对方知道无法改变他的主张，最后只好放弃了之前的要求。沈括带领的宋朝谈判团昂首挺胸地回国了。有意思的是，沈括在回朝的路上也没闲着，他十分善于观察，一路上一边走一边观察沿途的地形地貌，辽国境内哪里有山川、哪里有险隘、哪里是平坦之地、哪里的道路坦直或曲折、各地的民风民俗、人心向背等等，这些情况都被沈括详细地记录下来。回到宋朝后，他又写了一篇《使契丹图抄》送给皇上。沈括这样做当然不是为了记下旅游过程中的见闻，而是为宋朝进行了一次军事侦探。有了他所记下的这些一手材料，如果哪天宋朝要与辽国打仗，也算对敌国的情况有了一个基本的了解。

【行事果断】

后来，沈括由于政见的原因，被贬出京城，到一个接近边境的地方做官。朝廷派出守卫京城的军队去戍守这个地方，两次犒赏这些军队，却一次也没有赏过当地的军队。沈括知道这件事后，认为禁卫军虽然很重要，但真正浴血奋战的并不是他们，而是那些长年驻扎在当地的军队。现在朝廷的赏赐如此不公平，必将造成士兵心里不平衡，容易招致祸乱。于是，沈括果断地将皇上的诏书藏了起来，先斩后奏，自己先伪造了一份诏书赏赐当地军队几万钱，然后通过驿站把这件事报告给朝廷。皇上看到沈括对事情的描述分析，也明白了其中的利害关系，于是不但没有责怪沈括，还下诏表扬他，并特别允许他在处理紧急事务时不用事先上报。

有一次，宋将种谔的军队行进到五原，遇上大雪，粮饷没有及时运到，副都总管刘归仁怕死，就带着三万名溃散的士兵向南逃奔，正好来到沈括的地盘上。当地居民一下子迎来这么多士兵，都很恐慌。沈括以为是大部队派人来取粮食了，就亲自来到城外迎接，却只看到几千个人稀稀拉拉地朝这边来。于是沈括问他们："是不是副都总管派你们回来取粮的？主要的负责人在哪儿？"士兵们回答说："在后面。"沈括就劝这些人先集中到一起，等待命令。不到十天，所有溃散的士兵都来到这里，刘归仁也赶到了。沈括看到这种情况，已经大概猜出这些人是逃兵，于是质问刘归仁说："你回来取粮，为什么不拿军队的符节？"刘归仁不知该如何回答，于是沈括把他斩首示众，将其他士兵都遣送回部队。

【科学奇才】

沈括不仅是一个政治家，还是一个博学多才的科学家。他对天文、方志、律历、音乐、医药、卜算等方面的知识无所不通。他的代表作《梦溪笔谈》更是一部内容丰富、流芳百世的百科全书式的佳作。

当年沈括曾经担任司天监，掌管天文历算方面的事情。当时跟他一起任职的官员其实对天文知识根本就不懂，大多原本是些市井间的庸俗商贩，对着那些天象和历算图谱仪器，只能大眼瞪小眼，有时候甚至胡说一气。沈括来到后，凭借着自己丰富的知识发明或改造了许多新的观测天文地理的仪器，比如浑天仪、景表、五壶浮漏，后来又与他人一起造新历，招募天下人献上太史占书。在人文学科的地位远远压过自然科学的古代，沈括对科学技术史的贡献是值得尊敬的。

❤ 沈括雕像

沈括是中国历史上最卓越的科学家之一，他是中国古代四大发明之一的"指南针"的发明者。英国科学史家李约瑟评价他是中国科学史上的坐标。

司马光列传

司马光砸缸的故事可谓家喻户晓，从这个故事中不难看出他从小就具有过人的智慧，在他长大做官之后，勇气作为他的另一个可贵品质更凸显了出来。他从不像一般的大臣那样人云亦云，只挑皇上喜欢听的话说。在他看来，正直的大臣应该是"反对派"，用不同的声音随时让君主警醒。司马光也的确是这样来实践的，他最大的成就是主编了《资治通鉴》，这也正是他对君王以史为鉴的期望和诤言。

司马光，字君实，陕州夏县（今山西夏县）人。他七岁时就显得很老成，说话做事像成年人一样气势凛然。小小年纪，他就爱读《左氏春秋》，还要抢着给家里人讲里面的故事和道理。他手不离书，常常读着读着就忘记了饥渴和冷热。一天，司马光和一群小孩子在庭院中玩耍，有一个孩子爬上水缸，失足掉了进去。其他的小孩不知该怎么办，吓得都逃跑了。司马光却没跑，他捡起一块大石头，使劲朝那个水缸砸去。水缸被砸破了，缸里的水流出来了，那个掉进去的小孩因此没有被淹死。这件事传开后，东京、洛阳一带的人还把此事画成图画，广为流传。

【直言不讳】

司马光不仅从小就很聪明，更有一股凛然的正气。开始做官后，他始终坚持直言不讳地向朝廷进忠言，不管得罪的是权臣还是皇帝本人。宦官麦允言去世，朝廷派仪仗队给他送葬。司马光上奏说："在孔子的时代，普通的大臣给自己的马佩戴一些装饰物，孔子都觉得不妥，因为不符合身份。现在，麦允言是宦官，对国家没有任何功劳，朝廷却追赠他三公的官职，给他用一品官才配用的仪仗队送葬，这要是让孔子看见了，肯定会严加斥责的。"麦允言是皇上亲近的宦官，司马光竟然把孔老夫子搬出来教训他，勇气可见一斑。

交趾国进贡给宋朝一只长相奇特的野兽，说是麒麟。大家都觉得这是传说中的宝物，被大宋朝廷得到，真是大吉大利，想要把它供奉起来。司马光却说："这是不是真的麒麟还不知道呢，即使是真的，它不是自己来的，而是别人送的，也不能说是祥瑞之兆，依我看，还是把它送回去吧。"还有一次，有关部门观测到将会发生日食，而京城恰好不会受到日食影响。日食在古代是灾兆，大臣们听说了这件事，都纷纷向朝廷表示祝贺，唯独司马光说："四方都看得见，只有京城看不见，这说明君王被阴险邪恶的小人所蒙蔽；全天下的人都知道，唯独朝廷不知道，这样所带来的灾害会更厉害，所以说京城看不到日食不是什么好消息，不应该庆贺。"大家听了这番话都目瞪口呆，为司马光捏了一把汗。不过，朝廷倒是听从了他的话。

宋仁宗没有儿子，因此皇位继承人也没确立，天下人都很为此担心，但没人敢提这件事。谏官范镇首先提议仁宗早立皇储，司马光当时在并州（今属山西），听说这件事后，也向皇上递奏章说这件事，并写信给范镇，鼓励他坚持进谏。后来，司马光又当面向仁宗提议早立储君。仁宗对这件事很敏感，沉思了许久，才对司马光说："你的意思，是让我从宗室中选择一个人过继给自己吧，这是忠臣才会说的话，但别人都不敢说。"司马光说："臣说这些，知道自己必得死罪，想不到陛下能接受这些话。"仁宗叹了口气说："这有什么呢，从古到今都有这种事。"

听到仁宗这样说，司马光以为仁宗想通了。可是退朝后很久，也没有听到这件事有什么进展，于是他又给仁宗上疏说："臣上次听到陛下的话，猜想陛下能接受臣的建议，可现在却没消息了，这一定是有小人在陛下耳边进谗言，说陛下现在年龄还不大，

何必马上做这种不吉利的事。那些小人没有长远的考虑，只想眼前去讨好陛下。可是，历史上由于没有早日确定皇位继承人而发生的灾祸还少吗？陛下难道不知道？"仁宗看到司马光的奏折，知道他是真心为国家着想，很感动。司马光又去找宰相韩琦等正直的大臣，对他们说："诸公不及早决定，将来某天半夜里随便从宫中递出一张一寸长的纸条，写着以某人为继嗣，到时候天下人没有敢违背的。"韩琦等人都拱手说："我们自当尽力。"最后，在众大臣的共同努力下，并非仁宗亲生子的英宗被立为皇子。

【深谋远虑】

仁宗刚去世时，西夏派使者来祭奠，朝廷派延州指挥使高宜陪同。高宜对使者很傲慢，言语中对西夏国主

⊙ **司马光像**

司马光（1019～1086），北宋杰出的政治家、文学家。

很不敬。使者来到朝廷控诉高宜，司马光请求将高宜治罪，但朝廷没有听从。结果第二年，西夏以此事为借口侵犯宋朝边境，杀害掳掠了许多宋军的官吏士兵。

朝廷下令在陕西境内征召义勇军二十万人，由韩琦负责此事。当地民众惊恐万分，都害怕被抓壮丁，而那些临时被征集来的队伍，也是纪律松弛，毫无战斗力。司马光跟韩琦谈论这件事，极力说明这样做不对。韩琦辩解说："用兵打仗要先把威名放出去，敌人现在强硬傲慢，如果突然听说我们的军队多了二十万，能不害怕我们吗？"司马光说："用兵的确是要讲究声威，但如果这些军队并没有真正的实力，那就只能骗人家一时而已。现在我们虽然增加了兵，但实际上不能用，不过十天，敌人就会知道实情，到时候他们还会怕我们吗？"韩琦说："我知道你是看到庆历年间把乡兵召为保捷军的情形，担心今天又会重蹈覆辙。不过你放心，这次皇上已经发布敕令，同百姓约定，不会永远把他们当做军人戍守边疆的。"司马光说："朝廷曾经对百姓失信，百姓当然也不敢信任朝廷，即使是我也不能不怀疑。"韩琦向他打保票说："有我在，你不必担心。"司马光反驳说："你要是长期在这里，我当然放心。但如果将来有别人来代替你，把这些现成的军队当做永久的苦力，用来运粮和戍守边界，这是易如反掌的事啊。"韩琦无话可说，但最终还是

没有停止征集军队。不到十年，司马光的猜想果然都应验了。

【编著《通鉴》】

司马光的学问很好。神宗即位后，想要升司马光为翰林学士，司马光竭力推辞。神宗说："古代的君子，有的有学问但不能写文章，有的能写文章但没有学问，可以说只有董仲舒、扬雄兼而有之。你既能写文章又有学问，为什么还要推辞呢？"司马光回答说："臣不会写骈文。"神宗有点不高兴地说："你能考取进士，而且成绩还不错，现在却说不会写骈文，这是为什么？"最后，司马光还是没能推掉这个任命。

司马光喜欢读史，也希望皇帝能多读史书，从中吸取前朝兴衰的经验教训。他考虑到历代的史籍又多又杂，皇帝想要全部读完很困难，于是自己潜心研究，写了八卷《通志》献给当时在位的英宗。英宗很高兴，在秘阁专门设置了一个机构来续修这套书。到了神宗时，这套书还没修完，神宗亲自给它命名叫《资治通鉴》，并为它写了《序》，还让司马光每天进宫给自己诵读已经完成的篇章。

元丰五年（1082），司马光忽然得了说话迟钝的病，他怀疑自己快死了，就预先写了遗表放在卧室里，万一自己快不行了，准备把遗表交给他的朋友上奏。当时，《资治通鉴》还未完成，神宗非常重视这套书，多次催促司马光早日把它写完。为了他

查阅资料方便，神宗还赏赐给他2400卷颖王府的旧书。司马光也终于不负所托，完成了这部史学巨著。

【反对新法】

河朔地区遭旱灾，有大臣上奏说国家财政紧张，请求神宗在南郊祭天时不要赏赐黄金丝帛。祭祀是大事，因此神宗下诏让大臣们讨论这件事。司马光、王安石等人一起就此事见皇帝，并展开了激烈的争论。司马光说："救灾需要节约费用，应当从高官开始以身作则。"王安石却说："国家费用不足并不是现在最紧急的事，之所以不足，是因为没有得到善于理财的人而已。"司马光讽刺说："善于理财的人，不过是善于横征暴敛而已。"这明显是针对王安石的新法的。王安石当然听得出来，于是反击说："不对，善于理财的人，是为了不增加赋税而使国用充足。"司马光气愤地说："天下岂有这种道理？天地所生的财货百物，不在民间，就在官府。现在通过立法来盘剥百姓，其害处比增加赋税更严重。你说的话就是桑弘羊当年欺骗汉武帝的话，太史公司马迁当时就把这件事记录了下来，暗中寓示武帝的不明智。"两个人争论不休，谁也说服不了谁。

司马光在民间受到极大的景仰，天下人都觉得他才是真正的宰相，农夫和村野老人都称他为"司马相公"，连普通的妇女和小孩也都知道司马君实的大名。神宗去世，司马光到朝廷哭拜，卫士们看见他，都把手放在额上敬礼，说："这是司马相公。"

徽宗年间，蔡京专权，写了一篇叫《奸党碑》的文章，称司马光是奸党，命令各地都把它刻石成碑。长安工匠安民被找去刻碑，但他推辞说："我是个粗人，不知道为什么要立这样的碑。对于司马相公，天下人都说他正直，现在说他奸邪，我不忍心刻。"京兆府官员发怒，要治他的罪，安民哭着说："如果非得让我刻，我不敢推辞，只求最后不要在碑的末尾署我的名字，以免得罪后世的人。"

论赞

论曰：熙宁新法祸害百姓，天下人颇受其害，忠正的言论受到压抑，正直的人得不到重用，搜刮百姓钱财的官员却得到升迁。这种状况持续了近二十年，司马光退居洛阳，似乎不再参知政事，可是老百姓们日日夜夜都盼望他能够做宰相，甚至有人在路上大声呼喊，请他不要离开朝廷，这实在是因为他不仅才能出众，而且品德优秀。司马光一旦重新担任官职，就以天下为己任，新法中凡是对老百姓不利的，他都予以改正，可是，此时的司马光不仅年纪大了，而且体弱多病，这实在是大宋之悲呀。

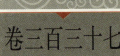

卷三百三十七

范镇列传

真正的忠臣是在别人都争相说话的时候沉默不语，而在别人都不敢说话的时候第一个站出来说话的人。范镇就是这样一位忠臣。他不求名、不求利，把一己之得失看得很淡。而当朝廷面临危机时，他又敢于冒着必死的风险仗义执言，并毫不后悔。拥有这样的大臣，是国家之福。

范镇，字景仁，成都华阳人。他生于宋真宗景德四年（1007），卒于宋哲宗元祐二年（1087），历经宋朝的五个皇帝，是一位铁骨铮铮的直臣和名相。

▶【不争名利】

薛奎镇守四川时，第一次见到范镇就很喜欢他，于是让他给自己的孩子们当老师，讲学问。范镇是一个很谦逊的人，每天都步行来到薛奎家的大门口。这样一直过了一年，人们都不知道这个天天走路来去的人竟是帅府的贵宾。薛奎回朝廷时，带范镇一起进京。有人问薛奎

在四川都得到了些什么，薛奎回答说："我得到了一个了不起的人，他将会以学问闻名于世。"

在科举考试中，范镇考了进士第一名。按照旧例，这些考中的人在宫殿上接受皇上召见时，当相关官员报出三个中举的人名字后，考第一名的人就可以越过次序，大声向皇上介绍自己，然后这些人大部分都能获得很高的职位。许多平时号称很清高的人在这种情况下都会很厚脸皮地为自己贴金，但范镇却不这样做。等到他可以按这个规矩毛遂自荐时，他却一声不吭。旁边的人屡次催他，让他不要错失这个好机会，但他始终不为所动。这样一

🔥 **钧窑尊·宋**

尊高 18.4 厘米，口径 22 厘米，足径 21.2 厘米，河南禹县出土，为宋代钧窑瓷器中的精品。

直念到第79个名字才是范镇，而他就在这时才出列答应，然后又马上退进行列中，不说一句话。不管是皇上，还是其他大臣都对他肃然起敬。从此以后，这个旧风气也就被改变了。

后来，在一次朝廷官职的调整中，范镇本来应该得到馆阁校理之职，但负责此事的官员错误地只给他安排了一个较低的职位。人们都为他感到愤愤不平，但范镇自己则毫无怨言，坦然处之。这样一直过了四年，又到了调整官职的时候。宰相庞籍了解到范镇的情况，称赞他说："范镇有杰出的才能，而又不热衷于进取官职，真是难得。"于是将范镇越级提拔为直秘阁、判吏部南曹、开封府推官。

【深谋远虑】

对于政事，范镇总是从长远考虑，而他提出的意见也因此常常与他人所见不同。

有契丹使者来到宋朝，虚张声势以表示其强大。宋朝的大臣们看了，为了增加自己的气势，也请求朝廷增兵买马，以在契丹人面前壮声势。然而，这样算下来，每年要增加千百万的花费，而这笔钱自然也要从百姓那里剥削。因此，对于这项"面子工程"，范镇坚决反对。他认为，防备契丹最好的办法是让老百姓生活得好，这样才是根本之计；如果只为了面子，外强中干，恐怕朝廷将来的忧患不在契丹，而在于百姓穷困造成的内乱。

在一般人看来，皇亲贵族一般也

都理所当然地呆在京城，享受皇恩的荫庇。但范镇有一次却劝宋仁宗把皇室宗族中一些血统稍微疏远的成员调到外地为官。仁宗很为难，说："我知道你的用意是好的，是为了减轻朝廷的负担，也让这些人得到锻炼。但是这样做的话，我怕天下人会议论是不是皇室宗族不和睦，才被放到外地。这样我该怎么解释呢？"范镇说："陛下只要选择其中贤能的人加以任用，不埋没其才能，这就是和睦宗族的表现。"但仁宗还是顾虑重重，始终没有实行范镇的这个建议。一直到宋神宗熙宁初年，这个建议才被采纳。

【上书立太子】

宋仁宗在位许多年，一直没有继承人。嘉祐初年，仁宗忽然得了重病，朝廷内外大大小小的官员没有人不感到忧心，因为万一仁宗突然去世，没有合法的继承人，天下必然大乱。然而，由于这件事关系重大，没有人敢先在仁宗面前说，怕仁宗觉得自己怀有私心，图谋不轨。

这时候冒出了一个不怕死的，就是范镇。他没有想会不会把自己牵连进去，对仁宗上书谈论立太子的事情，劝仁宗从宗室中选一个后代来立为皇

储，以免人心惶惶，给别有用心的人提供机会。其实，范镇也知道自己这样做是很冒险的，但他决心从天下安危的角度考虑，相信身正不怕影子斜，于是也无所畏惧了。

这封奏折送进宫后，宰相文彦博派门客来问范镇奏折里都说了些什么，范镇就实话实说了。那位门客问："这样的大事，您何不和宰相商量着办呢？"范镇说："我已经做好了被判死罪的准备，所以敢直说。如果和宰相商量，若宰相认为不能这样做，我难道就要放弃吗？"

仁宗对于立太子的事果然很敏感。范镇上了好几次奏折，仁宗都没有答复。朝中当然也有大臣对范镇的做法很不理解，有大臣给范镇写信，责备他是为了给自己求得忠臣的名声而连连上书。范镇委屈地回信说："我这样做几乎是求死，怎么会有求名声、图晋升的嫌疑呢？"

不久，范镇得到提升，但他以自己的建议不被接受为由，坚决推辞。有人劝他说："现在恐怕已经有谗言传到皇上耳朵里了，所以你关于立太子的请求估计很难实现。"范镇却依然很有信心，他反驳说："事情应当讨论的是对还是不对，而不是难还是易。诸位说今天比前天难，怎么知道将来不会比今天更难呢？"

后来，范镇又找机会三次与皇上当面谈论此事，言辞极其恳切，说着说着，范镇就哭了起来，仁宗心里一酸，也跟着流下眼泪，说："我知道你是忠心的，你的话是对的，不过这件事还是等两三年再说吧。"虽然仁宗这样表态了，可范镇还是不依不饶。他后来又连上19道奏折，每天都苦苦等待回音，焦虑得连头发胡须一夜之间都变白了。朝廷知道他的心志不可改变，于是就给他换了职位，让他不再担任谏官。范镇虽然不再是谏官，却还是没忘记这件事，常常借着说别的

🔴 **柳荫高士图·宋**

此图为宋代佚名作品。绘一高士袒胸露腹坐于柳荫下，面前展一纸卷，置有一碗，一副痛饮过后的醉态，人物刻画得十分生动。

事的机会说及此事，想感动皇帝。就这样一直过了三年，有一次他到朝廷中去，见到仁宗的第一句话就是："陛下答应我等两三年再讨论立太子的事情的，现在已经三年了，请陛下早日决定大计。"在范镇的这种决心的感召下，韩琦等其他大臣也决心参与进来，后来齐心协力劝说仁宗从宗室中立了太子，也就是后来的宋英宗。

【以名为耻】

宋神宗时，范镇官至宰相。虽然职位提高了，但他倔强正直的性格始终没变。司马光由于遭人排挤，辞去枢密副使的职位。皇上下诏同意司马光辞官，但范镇却把这封诏书封起来要还给皇上。皇上很生气，就把诏书直接交给司马光，不通过范镇。范镇知道后就上奏说："都是由于臣不才，才使得陛下不依法办事，所以我也请求辞职。"

神宗当然不可能同意范镇辞职，范镇连上了五次奏折，又指责王安石根据自己的喜怒来赏罚人。这封奏折送进宫后，王安石大怒，拿着奏折的手都发起抖来。后来，也许是王安石的缘故，范镇提前退休了，而且也没有享受到很好的退休待遇。

范镇并没有生气，反而还上表谢恩。天下人听到了都称赞范镇刚直。有一次，苏轼去看望他，并祝贺他说："您虽然不做官了，但名声却更高了，恭喜您啊！"范镇听了，脸色立刻变了，说："真正的君子应该有先见之明，在祸患尚未形成时加以消除，使天下人受到好处，而我却做不到这一点。现在许多人还在受罪，我却享受这样的名誉，有什么值得骄傲的呢？"

范镇平生和司马光意气相投，是好朋友。他们约好活着的时候相互给对方写传记，如果有一个人先死，活着的那个人要给对方写墓志铭。司马光生前写有一篇《范镇传》，称赞他的勇气和决断。而司马光去世后，范镇则为司马光作墓志铭说："熙宁年间，奸臣荒诞狡猾，幸亏神宗心中洞察。"

论赞

论曰：熙宁、元丰年间，天下有贤德的士大夫盼望出任宰相的，集中在范镇和司马光二人身上。司马光想拯救百姓，终于担负起天下的重任；范镇崇高如山，意志坚定，不可动摇。君子之道，可以出世，也可以入仕，无论他们处于什么地位，都能保持高尚的气节，因此也很难用功名高低来评论他们的优劣。

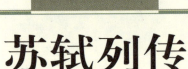

苏轼列传

卷三百三十八

于科举制度的缘故，古代的许多政治家同时也是文学家。而这些具有双重身份的人又有两种情况：一种是界限分明的，谈政治的时候就一心一意谈政治，写文章的时候就踏踏实实写文章，所谓"内道外儒"；而另一种则是界限模糊的，即使在谈政治的时候，也将文学的理想主义气质融入进来，这样的人或者呼风唤雨、睥睨天下，又或者不断遭遇现实的壁垒，磕磕碰碰终其一生。苏轼或许就属于后者中的后者，无论何时都保持着一颗赤子之心，纯净、洒脱、乐天知命又不弃理想。虽然他的仕途并不顺利，却无法遮掩他喷薄的才情和怡然的风骨。

苏轼，字子瞻，眉州（今四川眉山）人。十岁时，父亲苏洵四方去游学，母亲程氏亲自教他读书。苏轼的领悟力非常强，每当听到书中所讲述的古今成败得失，总能分析得有板有眼。程氏读到《汉书·范滂传》时，很有感慨，苏轼问道："我如果做范滂，母亲答应吗？"程氏说："你能做范滂，我难道就不能做范滂的母亲吗？"

▶【才华出众】

苏轼博通经史，每天要写几千字的文章。他非常喜欢《庄子》，曾经欣喜地说："我以前有些想法但说不出来，现在看到这部书，真是把我想说的都替我说出来了。"嘉祐二年（1057），苏轼参加礼部考试。当时流行的文章风格是咬文嚼字、矫揉造作，主考官欧阳修则喜欢那种朴实流畅的

文章，见到苏轼写的《刑赏忠厚论》，正合心意，很高兴，就想把这篇文章的作者选为进士第一名。但欧阳修转念一想，这篇文章这么符合自己的心意，会不会是自己的门客曾巩所写的呢？如果把自己的门客选为第一，恐怕会被人议论的。这样一想，欧阳修便忍痛割爱，把这篇文章列为第二名。苏轼虽然吃了个哑巴亏，但命运之神还算眷顾他，在殿试中，他发挥得很好，取得了不错的成绩。后来，苏轼拜见欧阳修时，欧阳修也很欣赏他，对梅圣俞说："我应当让这个人出人头地。"听到这句话的人开始很不服气，觉得苏轼只不过是个无名小卒，哪里配得上这么高的评价？不过时间长了，人们看到了苏轼的才能，也就慢慢开始信服这句话了。

苏轼的文章风格，既受到父亲苏

洵的影响，又显示出自己的独特天分。他曾经谈到，写文章就应该如行云流水，不拘泥于一定的格式，在该说的地方就说，该停的地方就停，即使是日常的嬉笑怒骂的话，都可以写成文章。苏轼在文学上取得了令人瞩目的成就，在整个古代文学史上也是数一数二的。

宋英宗久闻苏轼的大名，即位后，立刻想召苏轼来身边做官。宰相韩琦也很欣赏苏轼，但他考虑得更长远，劝英宗说："以苏轼的才能，将来肯定会担当天下大任。朝廷最好先培养培养他，使天下的士人无不敬畏、佩服他，都心甘情愿地希望朝廷任用他，到时候朝廷顺应人心，召他入朝，那么所有的人都不会有异议。而如果现在突然重用他，天下的士人未必以为信服，反而会使他受连累。苏轼听说韩琦的这番话后，不仅没有生气，而且还高兴地说："韩公这样做是真正爱护人才啊。"

【亲民太守】

宋神宗熙宁二年（1069），苏轼到朝廷任职。当时，王安石掌握大权，推行新政。苏轼对新政意见很大，经常向朝廷上疏陈述新政对百姓的危

害，这让王安石很不高兴。神宗特别信任王安石，让他独揽大权，王安石做事也独断专行，听不得反对意见。苏轼想讽刺他一下，就在给科举考试出题时，选了一个很有寓意的题目，说的是"晋武帝平定东吴是因为独自决断而成功，苻坚进攻东晋却因独断而灭亡；齐桓公依靠管仲独揽大权而成就霸业，燕哙让子之独揽大权却失败，由此可见事情相同而结果可能相反"，让考生根据这段话写一篇文章。王安石看到题目，当然能看出来这是讽刺自己独断专行的，很是生气，便让御史谢景温弹劾苏轼。谢景温想给苏轼找个莫须有的罪名，但找来找去都找不到，正发愁，苏轼倒很"自觉"，不想跟他们纠缠，就主动请求到外地任职。无论在哪里做官，苏轼都设法消除新政对百姓的不利影响，百姓们都稍稍得以安宁。

苏轼在担任徐州知州时，有一次，黄河在曹村决口，洪水围住了徐州城，水势不停上涨，如果不及时排泄，城墙就要被泡软倒塌了。当地的富人都争着要出城避水，苏轼说："富人如果都出去了，其他的百姓就会动摇，我还能和谁一起守城？大家放心，有我在这里，一定不让洪水冲塌城墙。"

苏轼雕像
苏轼（1037～1101），北宋著名的文学家、书画家、词人、诗人，唐宋八大家之一。

于是，他下令把富人重新赶进城去，亲自来到武卫营中，对士兵长官说："河水快要冲坏城墙了，事情紧急，你们虽然是皇家禁军，现在也请帮帮我抗洪吧。"长官说："太守您尚且不躲避水灾，我等理应效命。"于是，长官率领士兵们拿着簸箕、铁锹出去，修筑了一条坚固的长堤。雨还是日夜下个不停，城墙即将被淹没，苏轼干脆住在了堤上，路过自己家门也不进去，派官吏分段在堤上堵塞缺口，守护城墙，最终保全了徐州城。

【乌台诗案】

苏轼担任湖州（今属浙江）知州时，看到有些政事损害了百姓的利益，不敢直接说，就写了一些诗，语气含有讽刺的意味，希望能警醒执政者。御史李定、舒亶、何正臣摘取苏轼送交朝廷的《湖州谢上表》中的语句，加上他写的这些诗，说他是在诽谤皇上的新政，把他抓进了御史台监狱。因为御史台又叫"乌台"，所以这个案子被称为"乌台诗案"。抓苏轼的人本想将他处以死罪，于是四处给他罗织罪名，但很久都找不到合适的罪名，最后只得关了他四个月。神宗怜惜苏轼，等他从监狱出来后，就任命他为黄州（今属湖北）团练副使。苏轼来到黄州，和当地的农夫老翁一起在溪谷山林间生活，非常怡然自得。他还在城东的一处坡地给自己盖了间房子，从此便自称"东坡居士"。

元丰三年（1080），神宗几次有意重新起用苏轼，但常

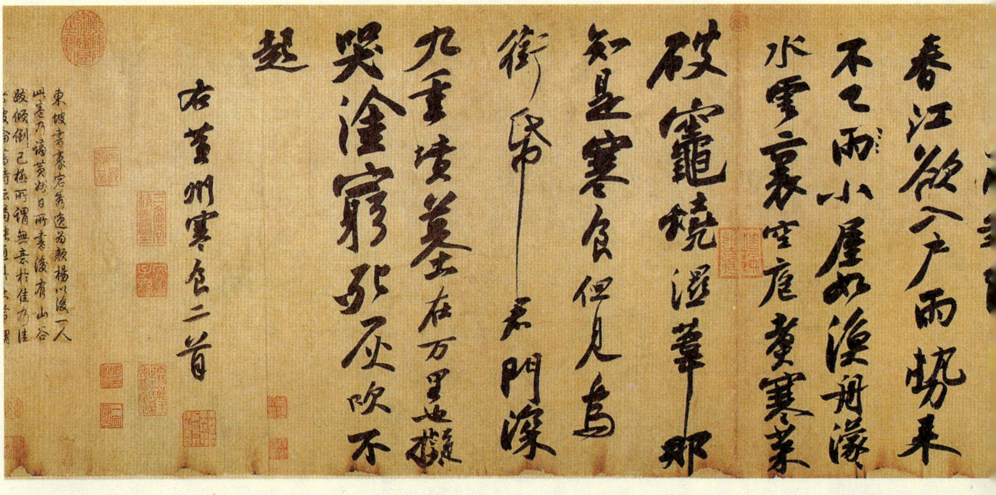

🍂 **黄州寒食诗帖·苏轼**

据说这两首诗作于宋神宗元丰五年（1082），当时苏轼因"乌台诗案"被贬黄州，第三年寒食节苏轼便作了这两首五言诗。

常被当权的人阻止。神宗曾对宰相王珪、蔡确说："编撰国史是一项极其重要的工作，可以叫苏轼来做这件事。"王珪面有难色。神宗便退一步说："如果不能让苏轼写的话，就暂且让曾巩写吧。"曾巩写完一篇《太祖总论》后，献给神宗看，神宗看后不太满意，于是亲自写了一道圣旨，叫苏轼移居汝州（今河南临汝），其中说道："苏轼贬斥在外地，反省自己的过错，过了几年对自己的错误有了深刻认识，他是个难得的人才，朕不忍心将他抛弃不用。"苏轼到底有没有深刻认识到自己的"错误"，这个问题恐怕神宗并不清楚，但他愿意这样为苏轼开脱，好堵住其他大臣的嘴。苏轼还没到达汝州时，向神宗上书说自己饥寒贫穷，在常州有田产，希望到那里去居住。他早上呈上奏折，当天晚上神宗就批复答应了他。

苏轼在前往常州的路上，路过金陵，见到了王安石。两人交谈时，苏轼责备他说："动不动就发动大的军事行动、大兴牢狱之灾，这正是汉、唐灭亡的预兆。我们的祖宗以仁厚治理天下，正是希望能改变这些。现在朝廷连年不停地对西夏用兵，东南又多次兴起大狱，你就不能给朝廷说句话制止这些行为吗？"王安石当时也被罢免了宰相职位，离开了朝廷，他就说："这两件事都是现在做宰相的吕惠卿发动的，我王安石在外地，怎么敢说话？"苏轼说："在朝廷就说话，在外地就不说，这是一般人对君主的做法。但皇上对待你可不是一般的礼遇，你对待皇上，难道就不能突破常礼吗？"王安石被他这么一刺激，冲动地大声说："谁说我不说话？我王安石当然有话要说。"话音刚落，王安石大概又有些后悔，便又说："话从我嘴里说出来，就进了你苏子瞻的耳朵吧，能不能进皇上的耳朵就先不说了。"虽然决定要说话，但王安石还是有些跑题，并没有直接回应苏轼让他说的话，而是谈到人的修养，说："人必须知道，即使能得到天下，也不能因此去做一件不义的事，杀一个无罪的人，这样才可以算是个好人。"苏轼开玩笑地说："现在的君子们，都争着减少半年的考察期，恨不得马上升官发财，即使是杀人的事，也能做得出来。"王安石听了笑笑，一句话也不说。

【神宗激赏】

苏轼到常州不久，神宗就去世了，哲宗即位，又把苏轼召回朝廷，担任礼部郎中。元祐二年（1087），苏轼兼任哲宗的侍读，经常陪皇上一起读书。每次读到古书上关于治乱兴衰、奸邪正直及朝政得失的内容时，苏轼总会给哲宗详细地讲解、开导，希望对皇上有所启发。哲宗每次都恭敬地听他讲，虽然不怎么说话，但内心是很赞成苏轼的见解的。

有一天晚上，苏轼在皇宫中值班，被召进便殿面见太后和哲宗。宣仁太后问他："你前年做什么官？"苏轼说："臣当时是常州团练副使。"太后又问："那你现在做什么官？"苏轼答说："臣现在是翰林学士。"太后问他："你知道自己为什么能迅速被提升到这个官职吗？"苏轼很客套地回答说："是因为遇到了太皇太后您和皇帝陛下。"太后却说："不是的。"苏轼奇怪地说："难道是有大臣推荐我吗？"太后说："也不是。"苏轼惊讶地说："臣虽然没什么能力，但绝不敢通过其他途径求升官啊。"太后这才揭开谜团，说："这是先帝的意思。先帝每次读你的文章，都会叹赏说：'奇才！奇才啊！'他这么欣赏你，只是没来得及好好任用你而已。"苏轼听到神宗这么重视自己，心头一酸，不觉哭出声来。宣仁太后和哲宗也哭了，左右的人都感动地流泪。

【治理西湖】

虽然好不容易回到了朝廷，但苏轼正直的性格始终没变。他还是常常议论一些敏感的时政，结果又得罪了许多当权的人。元祐四年（1089），苏轼再次"自觉"地请求调到外地任职，这次，他来到了杭州，担任太守。

苏轼到杭州时，正遇上当地大旱，饥荒和瘟疫并发。苏轼向朝廷请求，免去当地要交纳的大米的三分之一，大力救济饥饿的人。第二年春天，苏轼又下令减价出售常平仓的米，做了很多粥和药剂，派人带着医生到各条大街小巷去治病，救活了许多贫苦无依的人。在财政紧张的情况下，苏轼拿出自己的积蓄中的五十两黄金，建造治病场所，购买粮食，来收治病人，防止疫情扩散。

杭州本来就接近大海，因此造成当地的泉水又咸又苦，居民苦不堪言。唐代杭州刺史李泌首先引西湖水修建了六座井，百姓才用上了充足的水。白居易又疏通西湖水流入京杭运河，从运河又流入田亩，可以灌溉一千顷田地，百姓因此富裕起来。西湖水中有很多水草，从唐朝到五代，原本每年都要治理这些草，但宋朝立国后，就停止了这项工作。渐渐地，这些水草都快长成一片田了，西湖剩下的水面几乎没有多少了。运河失去了西湖水的补给，只能从钱塘江的潮水中引水。快要干涸的西湖又给运河带去了大量淤泥，每三年就得淘一次，成为百姓的一大祸患，六井也几乎荒废了。

苏轼来到杭州后，决心下大力气治理西湖。他看到茅山有一条河专门容纳钱塘江中的潮水，盐桥有一条河专门容纳西湖水，就疏通这两条河来通航运。他又修建了堤堰闸门，作为积蓄和排泄西湖水的枢纽，从此，钱塘江中的潮水不再流入杭州城内。苏轼还命人修复了六井。吴地的人擅长种菱，种菱必须要及时除草，没到春天时就把菱田里的草拔得干干净净。苏轼吸取这个经验，就招募人在西湖中种菱，从此湖中再也没有水草了。苏轼还在西湖上修筑了一条南北长三十里的长堤，便于来往行人通行。堤筑成后，又在上面种了木芙蓉、杨柳，远远望过去，像图画一样美。为了纪念苏轼的功劳，当地人把这条长堤叫做"苏堤"。

【谪居海南】

绍圣初年（1094），又有人弹劾苏轼所起草的一些文书含有讥讽朝廷的意思，因此苏轼又被贬为宁远军节度副使，居住在广东惠州。苏轼在那里住了三年，心境淡泊，没有什么怨恨和不快，对人对事都看得很开。不久，他又被贬为琼州别驾，来到了海南。当时的海南相对于中原来说，就是蛮荒之地，不适宜人住。许多基本的生活用品，如药品都没有。苏轼刚开始想租官房居住，但被拒绝了，于是他干脆自己去盖房子。好在当地的老百姓都很喜欢他，纷纷过来搬砖运土，帮助他盖成了房子。苏轼独自和小儿子苏过住在这里，以写文章自娱，还常常和当地百姓一起开心地游玩，表现得好像要在这里住一辈子似的。

宋徽宗即位后，苏轼移居廉州（今

属广西），后又迁至永州（今属湖南）。经过三次大赦，苏轼的官职恢复为朝奉郎。建中靖国元年（1101），苏轼在常州去世，享年66岁。

论赞

论曰：苏轼很小的时候，有一本在士人中很流行的诗歌集，叫《庆历圣德诗》。苏轼选了其中几个很著名的人物，如韩琦、富弼、杜衍等，去向他的老师询问这些人的情况。老师觉得奇怪，问他为什么要打听这些人，他就说："我想认识这几个人。"看来，他从小就有与当代贤人并列的远大志向。

苏轼20岁左右时，与父亲苏洵、弟弟苏辙一起来到京城，一时声名显赫，名震四方。

他文章写得出类拔萃，处理政事又精妙智慧，遇到灾祸时，又能坚守自己的德行。仁宗看到苏轼所写的奏折后，高兴地说："朕今天为子孙找到宰相了。"神宗尤其喜爱苏轼的文章，常常在宫中抽空阅读，有时候御膳房送来饭菜，神宗看得入迷，竟忘了吃，连连称苏轼为天下奇才。虽然两个皇帝都很欣赏苏轼，但苏轼始终得不到重用。但反过来说，他没能当宰相，又难道不是他的幸运吗？

赵挺之 张商英列传

 赵 挺之和张商英都反对北宋大奸臣蔡京，但却很难说他们二人就是大忠臣。赵挺之反对蔡京，是为了与之争权；张商英正好在蔡京之后做宰相，所以稍有变革便被视为"英雄"。难怪后人会嘲笑他们为欺世盗名之徒。

赵挺之，字正夫，密州诸城（今属山东）人。张商英，字天觉，是蜀州新津（今属四川）人。他们都是宋徽宗时候的大臣，具有相似的政治观点。

【颇有远见】

哲宗即位，赏赐给各地的士卒缗钱。当时，赵挺之在德州任通判。当地的知府贪婪而昏庸，没有把这些钱及时发放到士兵手里，士兵们很愤怒，手持白梃冲入官府。知府急忙躲避，左右的人都跑光了。赵挺之镇定地坐在堂上，大声问明情况，立即给士兵们发放了库中的赏钱，又惩处了带头闹事者，众人立即安定下来。

魏地一带的黄河屡次决口，当地官员想要把所有百姓搬迁到宗城。转运使让赵挺之前往察视，赵挺之反对搬迁，说："县城依傍高原近千年了，河水从未侵犯过它。现在所选的县城新址还不如旧址，肯定会成为民众的祸害。"不过，当政者最终还是搬迁了城址。

仅仅过了两年，赵挺之的话果然应验了，黄河水决堤冲毁了新城，把居民几乎都冲走了。

【心胸狭窄】

赵挺之在德州时，想要按照王安石的新政施行市易法。黄庭坚当时主管德安镇，认为镇小民贫，承受不了朝廷的索求。苏轼在一次面见皇帝时也说："赵挺之征敛百姓，他的学识和品行都不可取，怎能受到重用？"赵挺之知道这件事后，记恨苏轼，便上奏弹劾苏轼的草书中说到"民众劳苦"，认为这是诽谤前朝皇帝。

徽宗即位后，赵挺之任礼部侍郎，后又被授予御史中丞。当时，曾布由于职务的关系，知道宫禁中的密旨，于是指使赵挺之建议恢复以前的新法。赵挺之也想由此建立自己的权威，便不遗余力地排斥、抨击元祐党人。

后来，赵挺之又得到升迁，由吏部尚书拜授右丞，进左丞、中书门下侍郎。当时蔡京独任宰相，皇帝打算给他配一个助手，蔡京极力推荐赵挺之，于是就拜赵挺之为尚书右仆射。

【与蔡京争权】

虽然蔡京是自己的伯乐，但赵挺之任相后，又开始与蔡京争权，屡次上书陈说他的奸恶，并且请求辞职以回避。不过，皇帝舍不得他走，就让他作为观文殿大学士、中太一宫使留任京城。赵挺之再次请求回到青州，就在他准备入宫辞行时，恰好彗星出现，皇帝觉得这是灾祸的征兆，就全部撤销了蔡京所主张的政策，并罢免其相位，接着召见赵挺之说："蔡京的所作所为，都如卿所说的那样。"于是加任赵挺之为特进，仍然任右仆射。

蔡京在崇宁初期兴起边塞战事，连年用兵不断。皇帝上朝时对大臣们说："朝廷不可跟四夷产生纷争，一旦开始纷争，祸害招来，不可解除，士兵和百姓肝脑涂地，这哪里是人主

《元祐党籍碑》·蔡京

北宋刻石，位于今广西桂林龙隐岩，也称为《元祐奸党碑》。宋徽宗即位后，听蔡京之言，将在哲宗元祐中任职的、曾对王安石新法表示不满的大臣，如司马光、苏轼、苏辙、黄庭坚、秦观等309人列为奸党，下令全国将他们的名字刻在石头上，并立碑。现存碑刻为南宋年间重刻本，碑额有蔡京手书"元祐党籍"四字。

爱民恤物的本意！"赵挺之退朝时对同僚说："皇上志在息兵罢战，我们理应顺从。"不久蔡京恢复相位，赵挺之仍然以大学士兼任佑神观使，不久去世，享年68岁，追赠司徒，谥号为"清宪"。

【刻意功名】

张商英的身材很魁梧，相貌也很出众，就像一块玉石般惹人注目。他为人颇为自负，常常看不起周围的人。章惇治理夔夷时，也很骄纵，经常侮辱郡县官吏，没人敢跟他说话。他手下的人觉得只有张商英有能力跟章惇抗衡，就把张商英请到夔。章惇打听此地有何人才，手下人介绍张商英，章惇就把他叫到屋里一起吃饭。张商英穿着道士服装，长揖后坐下。章惇借着酒意狂言乱语，张商英不时机智地加以辩驳，显得更高一筹。章惇极为高兴，把他作为上等客人招待，回到朝廷，又把他推荐给王安石。张商英因而被皇帝召见问话，得以升任监察御史。

张商英对功名非常在意，哲宗初年，他任开封府推官，屡次找执政者要求晋升自己的职务。不过，元祐年间的一些重臣们都不喜欢张商英，不愿举荐他。张商英怨恨这些大臣，就

反过来极力攻击他们，说司马光、吕公著、刘挚、吕大防等人提拔亲朋好友，讥讽非议朝廷。他说的话带有挑拨和煽动的意味，想用耸人听闻的语言激怒读奏折的人。

章惇与安焘相互仇恨，张商英想帮助章惇，就到处寻求可以陷害安焘的事情。阳翟百姓盖氏有个养子名叫盖渐，起初，他的祖母把他赶出家门，家中财产归自己的女儿所有。后来，盖渐虽然上诉，但还是得不到公平的裁决。张商英知道这件事后，觉得可以利用，于是诱导盖渐蒙蔽官府，并到御史府揭发安焘的亲家曾为盖家的女儿说情。不过，哲宗并不相信张商英的话。不久，张商英与盖渐暗地勾结的事情暴露了，于是被贬为监江宁酒税。

后来，张商英又被召回朝廷，他在谢恩的奏表中还不忘诋毁元祐时各位贤臣，众人更加畏忌他的言论。

【反复无常】

蔡京刚刚拜任宰相时，张商英跟他交好，遇到草拟朝廷公文时，就对蔡京大加褒美。不久，张商英拜任尚书右丞，转任左丞。这时，他为了与蔡京争权，又开始诋毁蔡京，数次说他"身为宰相，却一心迎合君主"。御史认为这不是张商英应说的话，并且找来他曾经写过的赞美蔡京的文章，斥责他立场反复无常。

蔡京被革去宰相职务并且在官籍中除名时，张商英在鄂州担任知州。

蔡京恢复相职时，张商英以散官的身份被安置在归、峡（今属湖北）两州。大观四年（1110），蔡京再次被放逐时，张商英被起用为杭州知州，后又拜任尚书右仆射。蔡京长久以来窃夺国家政权，朝廷上下都怨恨愤慨，看到张商英敢于提出异议，很多人都称赞他是贤臣，徽宗因为他有声望就任他做宰相。当时长期干旱，有一天天空还出现了彗星。可就在张商英被任命为宰相的当天晚上，彗星消失了，第二日还下了雨。徽宗大喜，觉得这是张商英的功劳，就亲自写了"商霖"两个字赐给张商英。

【志大才疏】

张商英认为蔡京虽然标榜恢复新法，但不过是借此来威胁、控制皇帝，禁锢士大夫罢了，于是他当政后就大力改革弊政，免除无理的税赋，劝说徽宗节制浮华奢侈的生活，停止兴建土木，贬退投机佞臣。徽宗对他颇有几分畏惧，甚至曾经告诫大臣们说，如果遇到张丞相骑马赶到工地，就赶快把工匠藏在楼下，直到他走过去再恢复工作。

不过，张商英志大才疏，凡是要做某事，总是先公然张扬出去，所以那些不受益的人就可以预先商量对策。何执中、郑居中与张商英结怨，于是就日夜酝酿罗织他的过错，使他被放逐到惠州。

有个叫郭天信的人，在徽宗还没被立为太子时，就说徽宗将会登上皇位，而他也从那时起逐渐受到宠爱。张商英因为僧德洪、门客彭几的关系与他有所往来，事情被觉察后，张商英在开封府受审讯。御史中丞张克公上疏攻击他，郭天信也被驱逐致死，蔡京因而重新被任用。不久后，很多太学生纷纷议论张商英是冤枉的，蔡京很恐惧，就又向皇上请求归隐，张商英随即又官复原职。

宣和三年（1121），张商英去世，享年79岁。张商英正好在蔡京之后任宰相，稍稍改变一些弊政，就像长期饥饿的人很容易满足一样，所以他得到忠直的名声。靖康年间，朝廷表彰司马光、范仲淹，而张商英也被追赠为太保。绍兴年间，朝廷又赐给他谥号"文忠"，天下人都认为不合适。

论赞

论曰：君子和小人，就像冰和炭那样一天都不能相处。赵挺之作为小官，在熙宁年间实行新法时，迎合上司的旨意行事，元祐时政局变动，理应被各位贤臣所唾弃。徽宗知道对蔡京不能专任，就任用张商英这样敢与蔡京持异议的人。殊不知这个人对政事支持或反对、追求或舍弃都是以私利为准则，哪里管公众的舆论？张商英用不正直的行为窃取忠直的名声，到死还受到赞扬，他是如此欺世盗名！

李纲列传

在封建宫廷里，敢于对皇帝提出反对意见，甚至直接左右皇帝的行为的大臣只有两种：一种是挟天子以令诸侯的奸臣，另一种则是忧国忧民也忧君的忠臣。李纲无疑属于后者，在他还不是朝廷重臣的时候，就建议皇上禅让皇位，而当皇帝想要逃命时，他又拼死阻拦，令皇帝无可奈何。他所做的这些，都不是为了显示自己的权力，而是为了国家的安定。因此，在他受到贬斥时，会有那么多百姓自发为他请愿。得到君心的大臣不一定是好大臣，而得到民心的大臣则一定流芳千古。

李纲，字伯纪，邵武（今福建邵武）人，他的家族从其祖父开始一直住在无锡。李纲于政和二年（1112）考中进士，开始踏上仕途。他忠贞、正直，从开始做官起就屡屡针砭时弊，得罪了许多权贵，但他耿直的脾气始终也没有改变。

【劝帝禅位】

宣和七年（1125），李纲任太常少卿。这一年，金国背信弃义，撕毁和约，向南进犯，边防急报频频传入朝廷。宋徽宗紧急召集朝臣商议退敌之策，又任命皇太子为京城开封的长官。李纲上书阐明了五条抗敌的策略，又与好友吴敏谈起了皇太子的事情。他觉得，朝廷让皇太子来管理京城，说明徽宗要离开京城去躲避金军，而把留守的重任交给太子。他忧心忡忡地对吴敏说："现在金军如此猖狂，来势凶猛，如果没有一个皇帝留在京城里，是没办法召集天下英雄豪杰的。皇太子恭谨谦逊，可以担负起守护国家社稷的重任。您作为谏官，为什么不向朝廷阐述这些道理呢？"吴敏犹豫地说："您的意思是让太子登基？"李纲说："当年唐肃宗即位的事就是这样，如果不登皇位、建帝号是不能恢复国家的。然而可惜的是，这个主意不是唐明皇主动提出的。当今皇上聪明仁厚，您的这个建议一旦被采纳实施，金人肯定会后悔出兵，国家社稷将得到安宁，百姓也会对您感激不尽的。"

第二天，吴敏请求面见徽宗，详细叙说了请徽宗禅让皇位给太子的建议，并说李纲跟自己是同样的意思。禅让皇位不是小事，于是徽宗又召李纲入朝商量这件事。李纲刺破手臂，写了一封血书递交给徽宗，请求让皇太子以天子之名号令天下。其实，仔细想想，李纲是够大胆的。他当时还不是什么重要的大臣，竟敢劝皇上退位，让国家的最高统治者主动交出权力，这要是碰上敏感一点的皇帝，早就把他千刀万剐了。但当时大敌入侵，徽宗早已慌了神，先保命再说，哪里还顾得上这个的皇位？于是，听了李纲陈述的这番道理后，徽宗决定禅位给太子，也就是后来的宋钦宗。

【阻帝逃跑】

宋钦宗登上帝位，知道这是李纲的功劳，因此对他十分重视。靖康元年（1126），金国将领斡离不率兵南下，很快就渡过了黄河。徽宗逃到东南地区，宰执大臣建议钦宗也离开京城，暂时避一下敌人的精锐部队。李纲不干了，他当初建议徽宗禅让，就是为了让京城中留有一个皇帝，如果现在钦宗也走了，自己的苦心不是白费了吗？于是，他劝钦宗说："道君皇帝把国家社稷交给陛下，陛下却放弃京城离去，这合适吗？"钦宗沉默不语。这时，太宰白时中认为京都一定守不住了，不如逃走。李纲愤然说道："全国的城池，哪个和京城一样重要？而且宗庙社稷、满朝的文武百官和成千上万的平民百姓都在京城里，怎么能轻易抛弃他们呢？"钦宗皇帝毫无主意，只好无奈地看着宰执大臣问："大家还有什么好办法？"李纲进言道："当今之计，应当整顿军队，团结民心，跟大家一起坚守京城，等待救援大军的到来。"问谁可以做将领，李纲看着白时中等人说："国家以高官厚禄供养着这么多大臣，就是让他们在有战事的时候为国出力的。白时中、李邦彦等人虽然不一定通晓兵法，但他们正

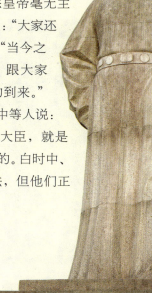

🌀 **李纲雕像**

李纲（1083～1140），别号梁溪先生、梁溪居士、梁溪病叟。北宋末、南宋初抗金名臣、民族英雄。

当其职,理应领兵抗敌。"白时中生气地说:"李纲你说得容易,难道你就不能自己带兵出战吗?"李纲说:"如果陛下不认为我软弱无用,允许我带兵,我愿意以死报国。"钦宗很高兴终于有人肯出头了,于是任命李纲为尚书右丞,统领军队。

当时,大部分大臣都认为应当离开京城,躲避敌军。朝廷下令任命李纲为东京留守,这说明钦宗还是顶不住压力,想要逃走了。李纲举唐明皇的例子劝钦宗不能离开,说唐明皇在安史之乱中逃到四川,整个国家都几乎毁于敌手,钦宗不能再走唐明皇的老路啊。钦宗听了,似乎有所省悟,稍稍安定了下来。过了一会儿,宫里的太监来向钦宗报告,说东西都收拾好了,可以动身上路了。钦宗的脸色马上大变,慌忙从龙床上跳下来说:"我不能再留下来了。"李纲声泪俱下地跪在钦宗面前,以死请求钦宗留下。钦宗很无奈,咬咬牙看着李纲说:"我今天就看在你死谏的面子上留下来,抗击敌人的重任就交给你了,千万不要有什么失误啊。"李纲诚惶诚恐地接受了皇命。

谁知钦宗逃跑的念头始终没断,过了没几天,又决定要南下。李纲急忙赶到朝廷,只见禁卫军已经整装待发,皇帝的龙舆也已经套好马匹,随时准备出发。李纲急忙高声对禁卫军士喊道:"你们是愿意坚守宗庙社稷,还是愿意跟随皇帝南下?"

北宋李纲题写"湖光岩"（局部）

湖光岩故事浮雕画位于今广东湛江中国雷琼湖光岩世界地质公园里面,描绘的是李纲到此地游玩并题字的故事。相传当年李纲来到此处,看到湖水映照岩壁,光彩动人,于是手题"湖光岩"三字,湖光岩由此得名。

军士们的家都在京城，谁愿意抛下一家老小亡命天涯呢？于是都说："愿意死守京城。"李纲入朝见到钦宗，说："陛下已经答应我留下，为什么又下令出行呢？现在六军将士的父母妻子都在京城里，他们都愿意以死守城。万一他们半路逃跑，陛下由谁来保卫呢？敌军已经逼近，知道陛下的龙舆没有走远，如果他们骑骏马快追的话，又怎么能防得住呢？"钦宗听后明白过来，于是马上下令停止出发。李纲将钦宗的这个旨意传达给所有的朝臣，并宣布："胆敢再说逃离的人，杀无赦！"禁卫军都跪在地上高呼万岁，六军战士听说后，也都感动得痛哭流涕。

【被罢激民怨】

当时宋朝几乎每年都要给金国送岁币，但金人一直贪得无厌，还是常常骚扰宋朝，烧杀抢掠，无恶不作。全国各地保驾的军队渐渐到达京城，李纲想坚定钦宗抗金的决心，就说："金人的贪心是没有止境的，在这种形势下，我们一定要动用军队武力解决问题不可。"

姚平仲是一名有勇无谋的宋将，他急于立功，于是在宋军大部队统一部署行动之前，就先率领一万名步骑兵，夜袭金营，想要活捉金军元帅，并救回当时被送去金国做人质的康王赵构。姚平仲的行动大家都不知道，半夜里，突然有人给李纲传来圣旨说："姚平仲已经发兵，你快去支持他。"李纲赶紧率领诸将士出发，与金兵在

幕天坡交战，打败了敌人。

姚平仲的偷袭计划失败了，虽然他之前那么勇敢，现在却害怕被杀而逃跑了。金国使臣来与宋朝交涉，宰相李邦彦害怕金国，想要推脱责任，就说："发兵进攻金国的是李纲、姚平仲，不是朝廷的意思。"为了平息金国的怒火，朝廷竟然罢免了李纲的官职，用蔡懋代替李纲。这一举动引发了众怒。太学生陈东等人来到朝廷上书，说明李纲没有罪。京城的军民不约而同地集结了几十万人，大家一起来到宫门口，为李纲喊冤的呼声惊天动地。宫廷的守卫不让这些人进宫，众人愤怒之至，杀伤了几名内侍。眼看着事情越闹越大，钦宗赶紧召见李纲。李纲也没想到会事态发展成这样，跪在钦宗面前哭着请求死罪。钦宗不知是被李纲感染，还是想起自己对金国的软弱而愧疚，竟也哭了起来，于是给李纲官复原职，不再追究这件事。

蔡懋也是个软弱的家伙，当他代替李纲守卫京城时，金兵来攻城，蔡懋竟下令不准士兵们随便扔石头和放弓箭对付敌人，守城的将士憋了一肚子的气。这时李纲又回来了，他下令重赏杀敌立功者，将士们终于可以出这口恶气了，群情激昂，没有不奋勇杀敌的。金兵害怕了，于是撤兵。李

纲建议应当像以前澶渊之盟时一样，派兵监督金兵撤退，以免有变。他还告诫宋军大将，如果有机会袭击金兵，就要毫不犹豫地攻击。宋军将士得到命令，都踊跃出发，一共有十万大军分道前进，跟在金军后面。可是这时，宫中的大臣又责怪李纲把这么多人的部队都派去追敌军了，万一京城发生突变会措手不及，于是下令追金兵的各部将士返回。当时，各部将领已经追击金兵到了邢、赵交界的地方，一旦有机会就可以全歼敌人。这时突然得到撤军的命令，所有人都握拳叹息。李纲急忙据理力争，终于恢复了追击金兵的命令，然而这时，各部将士已经失望地各自解散了。

● 李纲诗摩崖石刻

位于今福建省永安市桃源洞，景区内绿竹幽幽，繁华处处，实乃世外桃源。

【投奔高宗】

　　京城之围解除了，徽宗也从江南回到了京城。不过，朝中的主和派还是占据上风，每天都嚷嚷着要与金议和。过了没多久，金兵再次入侵京城，钦宗终于明白议和是错误的，于是赶紧任命李纲来保护京城。当时，李纲正领兵驻扎在湖南，听到这个消息，马上率领部队回京城。可惜的是，部队还没到达，京城就失守了。徽宗、钦宗都被金军抓走，宋朝遭遇了靖康国耻。

　　在此之前，康王赵构曾经到金国做人质。开封沦陷后，康王建立了大元帅府，想把各路英雄名将都聚集起来。他早就听说了李纲的大名，于是专门写信给李纲，希望他能来辅佐自己，共同恢复国土，成就大业。

　　后来，赵构即位当了皇帝，也就是宋高宗。李纲也答应了他的邀请，被封为尚书右仆射兼中书侍郎。当时，徽、钦二帝被劫走后曾被金人立为伪帝的张邦昌也表示归附高宗。中丞颜岐是个主和派，他怕李纲得到重用会惹金人不高兴，就对高宗说："金人喜欢张邦昌，虽说他的官职、地位已经很高了，也不妨再提高一下，以表示对他的重视。李纲不讨金人喜欢，应当罢免了他，以免金国生气。"颜岐接连上了五次奏章来说这件事，高宗生气地说："现在我当了皇帝，恐怕也不是金人所喜欢的吧。"颜岐无话可说，只好作罢，但他还不死心，又把奏章寄给李纲，想要阻止李纲回朝。但李纲并没有被吓回去，高宗听说李纲马上就要到来，专门派官员去迎接慰劳他，下令设宴给他接风，还在后宫接见了他。李纲见到高宗，十分激动，以至于泪流满面，高宗也被深深感动了。

高宗召集大臣们讨论如何处置张邦昌。李纲的意见很鲜明，他痛斥张邦昌是个逆贼，还跪在地上说："我没办法跟张邦昌一起在朝为官，一定见他一次就打他一次。皇上如果一定要起用张邦昌，就先罢免了我吧。"高宗听后十分感动，就下令将张邦昌贬到潭州。

▶【失望离朝】

高宗十分信任李纲，凡事都要听取他的意见，而李纲也常跟高宗谈起靖康之耻，激励高宗奋发图强。高宗刚开始时还有一股恢复中原的志气，可慢慢地也开始胆怯退让起来。有一次，高宗也想到江南地区去躲避敌军，李纲极力劝阻高宗，说一旦放弃中原，后果将不堪设想。他建议高宗先回到南阳，然后再考虑返回开封。高宗答应了，但黄潜善等人暗中想让高宗到江南去。每次李纲呈给高宗的奏折，都被他们扣下来，不交给高宗。

高宗终于还是决定要逃跑了，他

命令将军傅亮开路，当天就得渡过黄河。傅亮不同意，说："各项措施都没有准备好就渡黄河，恐怕要耽误国家的大事。"高宗不高兴，就罢免了傅亮。傅亮是李纲推荐的将领，他被罢免之后，李纲对高宗是愤怒加失望，于是也请求辞职回家。李纲被罢官以后，高宗最终还是逃到了东南地区，河东、河北的州县一个接一个地被金兵占领，李纲曾经规划的防御设施全都被废弃。中原地区的盗贼也蜂拥而起，全国局势一片混乱。绍兴十年（1140），李纲去世，享年58岁。

论赞

论曰：李纲在靖康年间几乎耗费了自己的全部精力来保卫朝廷，从来没有屈服软弱过。如果所有的大臣都像他一样，徽、钦二帝怎么能被金兵俘虏押往北方？而大宋朝廷又怎么会南渡长江，偏安于一隅呢？钦宗、高宗对那些主张议和的大臣听之任之，李纲虽然多次声泪俱下地进忠言，却还是多次被贬官，但他并没有因此而沉默不语。他对国家的忠心，就像是小孩子爱慕自己的母亲，被生气的母亲训斥责骂了，仍然紧紧拉着母亲的衣裙跟随着她一样。

宗泽列传

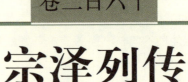

宗泽生活在一个风雨飘摇的时代，京城被敌人攻陷，皇帝只知道逃命，若是意志薄弱之人，恐怕早就随波逐流、过一日算一日了。然而，宗泽并没有这样，他怀着对国家坚定的信念，孤军奋战，坚守京城，期待皇帝能够再次勇敢起来，不过皇帝最后还是让他失望了。

宗泽，字汝霖，婺州义乌（今浙江义乌）人。他的母亲怀孕时，有一天梦见天上雷电交加，电光照亮了她全身。第二天，她就生下了宗泽。宗泽从小就性格豪爽，有远大的志向。元祐六年（1091），他考中进士，殿试的时候，直言不讳地批评当时社会的种种弊病。考官厌恶他的直率，结果把他列为倒数第一名。

【临危受命】

宗泽调任大名馆陶尉时，吕惠卿任鄜延帅，传檄文给宗泽，命他与县令视察黄河堤防。檄文到达时，正赶上宗泽的大儿子去世，可他接到檄文后，一刻也没停留，马上就按命令去执行公务了。吕惠卿听说后称赞他说："宗泽真可以说是为国而忘家的人呀！"

靖康元年（1126），中丞陈过庭等人一起推荐宗泽为使者，去和金国进行和谈。宗泽接到命令后，叹息说："这次出行我恐怕不能活着回来了。"旁边的人问为什么，不就是当一回使者吗？又不是打仗，怎么会送命？宗泽说："敌人如果能够退兵自然最好，但如果他们不退兵的话，我又怎么能够屈辱名节，向金人卑躬屈膝乞求活命呢？"这话一说不要紧，他倒是不用去金国冒生命危险了，原因颇为讽刺：原来有人听到这话，认为宗泽太刚直不阿，在金人面前不会屈服，恐怕他坏了和议大事，干脆请皇上不要派他去了。结果，宗泽没去成金国，而是来到磁州(今河北磁县)担任知州。

这时，太原失守，新被任命到两河一带的官员都纷纷找借口不去赴任。宗泽却说："拿着国家的俸禄，关键时刻却躲在一旁避难，这不行。"于是，他得到任命的当天，就骑着马赴任去了，跟在他后面的，只有十几个随从。当时，磁州经过金兵铁骑践踏后，百姓能跑的都跑了，仓库里也空空荡荡的，什么都没有。宗泽到任后，修缮城池，疏浚护城河，置办作战器械，招募义勇兵士，开始为固守城池作长期打算。

【孤军奋战】

康王赵构本打算再次出使金国，经过磁州时，宗泽出营迎接，并劝他说："肃王出使金国一去不返，今天敌人又设计来害您，希望您还是不要去了。"于是康王又回到了相州（今河南安阳）。

朝廷下诏书命令宗泽任副元帅，跟随康王发兵去救援京城。康王建置大元帅府，发檄文邀请各路宋军来大名会师。宗泽踏冰渡过黄河来见康王，说京城被围困的时间太久，派遣援兵的事不可再推迟了。正在这时，签书枢密院事曹辅带着蜡封的钦宗亲笔诏书，从京城来到大名，说和议的事就快谈成了。宗泽说："金人狡诈，是想要欺骗我大军。君父急切渴盼援兵到达，我们应该迅速带领大军直奔澶渊，以解京城之围。就算敌人有什么阴谋诡计，到时候我大宋军队已经兵临城下，也不用害怕了。"汪伯彦等人都面有难色，不愿意发兵，于是劝康王先派宗泽出兵。他们很明显是在排斥宗泽，从此以后，宗泽就不能再到元帅府讨论政事了。

靖康二年（1127）正月，宗泽到达开德（今属河南），13次与金兵交战都获得胜利。他再次写信给康王，劝他早日下令各路援兵到京城会师。另外，他还给北道总管赵野、河东北路宣抚使范讷、兴仁府知府曾懋写信，请他们联合起来入京援助。可这三个人都认为宗泽太过狂妄，不予理睬。

宗泽只能自己孤军深入，前往京城。都统陈淬劝他说，现在金兵势头正盛，不可轻举妄动。宗泽大怒，要杀陈淬，众将官请求宽恕陈淬，让他戴罪立功。于是宗泽命令陈淬率军顶在最前面，遇到金兵，大败敌人。金兵攻打开德，宗泽派孔彦威与金兵交战，又大败敌人。宗泽猜测金兵必然去进攻濮阳，便事先派了三千骑兵前去支持，金兵果然到来，又被宋军打败了。金兵返过来又进攻开德，权邦彦、孔彦威联合在一起夹击金兵，又把金兵打得大败。

宗泽进军到卫南（今属河南），他知道自己缺兵少将，不深入敌营就

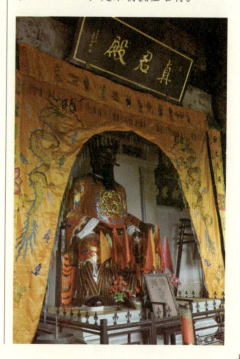

🌀 **宗泽像**

位于今浙江新昌县沃洲山真君殿。宗泽（1059～1128）是宋朝抗金名将。

不能取胜。先锋部队报告说前面有敌营，宗泽便指挥大军奋勇向前与敌人交战，金兵战败。宗泽又指挥大军向东进攻，敌人援兵到达，王孝忠战死，宋军前后到处都是金兵的营垒。宗泽下命令说："现在进与退都是死，我们必须死里求生。"士兵们知道反正是死定了，多杀一个是一个，于是一个个都变得勇猛无比，一个人顶一百个，斩杀金兵几千人。金兵大败，后撤了几十里路。宗泽想，敌人比我军人数多出十倍，今天只打了一场就撤退了，肯定还会再来，而如果敌人派他们的骑兵夜袭，我军就危险了。于是，宗泽趁天黑之前马不停蹄地离开这里，金兵果然夜里来偷袭宋营，结果发现只是一座座空营，大惊失色，从此以后就很害怕宗泽，不敢再轻易出兵了。

宗泽还是发现岳飞的伯乐。当时岳飞触犯法律，正要被处刑，宗泽见到他，十分惊喜地说："这是大将之才呀！"正巧这时金兵来攻打汜水，宗泽交给岳飞五百骑兵，叫他去戴罪立功。岳飞大败金兵而归，于是宗泽提升岳飞为统制，岳飞由此一举成名。

【高宗登基】

金人俘虏了徽、钦二帝，押着他们向北回国。宗泽听说后，立即带领大军到达滑州，经过黎阳，到达大名府，想要直接渡过黄河，拦住金兵返回的退路，救回徽、钦二帝。然而，除了宗泽的部队，竟然没有一支别的

救驾军队来到这里的。他又听说张邦昌已经篡夺皇位，想先去讨伐。这时，宗泽收到康王发来的文书，让他先把军队驻扎在附近，按兵不动，见机行事。宗泽给康王回信说："做臣子的，岂能穿黄袍、搭黄盖，坐在帝王的宝座上？张邦昌的罪行不可饶恕。现在二帝和诸位大臣都渡过黄河向北去了，唯独您留在济州，这是天意呀！您应该马上替天行道，讨伐张邦昌，复兴祖宗社稷。"宗泽的言下之意，是希望康王赵构能够赶走张邦昌，将赵家江山夺回来。

不久，赵构就在南京登基，做了皇帝，也就是宋高宗。宗泽入朝面见，声泪俱下地与高宗谈论复兴大宋朝廷的计划。宗泽与李纲经常一起上朝，在殿堂里讨论国家大事，常常激动得泪流满面。李纲认为宗泽是一个杰出人物。高宗想把宗泽留在身边，却遭到黄潜善等人的阻挠。

当时，金人又要求宋朝割让土地。宗泽上疏坚决反对，而且语气还很不客气，他说："大宋的天下是宋太祖、宋太宗辛辛苦苦打下的，陛下应该兢兢业业地保卫祖宗留下的江山，一代一代传下去，怎么能天天只想着割地？自从金人再次南下，朝廷从没有主动派过一名将领、一支军队去积极抵抗，只听一些奸臣说要议和，就宣告议和了，结果导致两名皇帝被当成俘虏带走，这简直是对祖宗天大的侮辱。陛下您本应该赫然震怒，立志恢复江山。可到今天，您登基已经四十

天了，还没看到采取什么重要的措施，只听见朝廷上天天有议和割地的声音。这是灭自己威风，长他人志气啊！我虽然没什么用，但愿意去冒敌人的石林箭雨，为众将军开路，以身报国，这样我就满足了。"虽然这封奏折是对高宗毫不留情的批评，但高宗看后还是很赞许，毕竟这样的声音在朝廷中已经不多了。于是宗泽被任命为青州知州，当时他已经69岁了。

【坚守京城】

自从徽、钦二帝被掳走后，开封府知府的职位就空了下来。李纲建议说，要想收复旧都，非得宗泽不行。于是朝廷改任宗泽为开封府知府。当时金国的骑兵驻留在黄河边上，战场上的锣鼓声早晚都能听到，开封城里的战争装备全都废弃了，士兵和百姓杂居在一起，强盗四处作恶，使得人心惶惶。宗泽来到开封后，首先

♻ 宋高宗赵构像

宋高宗（1107～1187），名赵构，南宋开国皇帝，宋徽宗第九子。宋高宗在位初期，曾经积极抗金，把宋军防线从黄河一线南移到淮、汉、长江一线，使抗战形势一度得到逆转，但是后来他却一味屈膝妥协，白白葬送了大好的抗金机会。

捕杀了几个强盗头子，然后下令说："凡是偷盗的人，不论你偷的赃物有多少，都一律按军法处置。"盗贼看到来了个厉害角色，渐渐都销声匿迹，百姓终于稍稍感到平安。

宗泽对于强盗，不仅严厉镇压，而且还善于利用。有个叫王善的人，是河东的大盗寇，拥有寇众 70 万人，车一万辆，想要独自霸占开封府。宗泽想要招安他，就独自一人骑马来到王善的大本营，哭着对王善说："朝廷正当危难时期，如果能有一两个像你这样的豪杰，哪里还有什么金兵入侵之患呀！今天正是你为国立功的时候，机不可失呀。"王善从来都是被朝廷视为祸害，听了宗泽的一番话，突然发现自己还可以被视为英雄，因此也感动得哭了，说："我怎敢不为国效力？"于是当即脱下盔甲投降了朝廷。此外，杨进、王再兴、李贵、王大郎等拥兵数万的盗贼全都被宗泽说服，成了官兵。

当时，金人已派人来到开封府，名义上是出使当时的伪楚政权，实际上是来侦察宋军的虚实。宗泽识破了这一诡计，立刻把金使扣下，请旨杀掉。可高宗却命令宗泽把这名金使放了，还要好好安顿他。宗泽气急了，上疏说："国家平静了二百年，可能都不知道什么是战争了，竟然敌国说什么就是什么，一点防备之心都没有。对于那些不忘国耻、真心抗敌的人，不是认为他们疯了，就是认为他们狂妄，这才有前些日子的靖康国耻。现

在金人找借口来探我们的虚实，我出于忠心请求杀了金使，然而陛下却被他们的谣言所惑，反而叫我好吃好喝地款待他。我不敢照您说的去做，这样会显得我们太软弱了。"高宗被这样骂了一通，还不悔改，又亲笔写信给宗泽让他把金使给放了。宗泽最后只得无奈遵从。

当时，高宗皇帝一直待在南方躲避金军，宗泽多次上疏请求他回到京城，并声泪俱下地劝他不要把拥有两百多年历史的国都轻易送给敌国。但可惜的是，宗泽的这些奏折都被朝廷中一些主张妥协退让的奸臣扣下，压根没到高宗手里。他们每次看到宗泽的奏疏，都讥笑他狂妄。

建炎二年（1128），金兵从郑州发兵，马上就要到达开封了，开封城里的人都害怕极了。同僚和部下们都来问宗泽该怎么办。当时宗泽正跟客人们在一起围坐交谈，听到这一消息，镇定自若地笑着说："这有什么大不了的，值得这么慌张吗？刘衍他们一定能打败敌人的。"于是，他精选了几千名士兵，叫他们绕到敌人背后，埋伏在敌人的退路上。正当金兵与刘衍交战时，这些伏兵突然出现，前后夹击金军，把敌人打得大败。

金将粘罕占领了西京，与宗泽两军相对。宗泽派部下李景良、阎中立、郭俊民领兵直奔郑州，遇到金兵，与金兵大战，阎中立战死，郭俊民投降金兵，李景良弃军逃跑。宗泽抓住李景良对他说："打仗失败了没什么，

但你私自弃军逃跑，是没把我的命令放在眼里。"于是砍下他的头来警告将士不准后退。不久，郭俊民拿着金国的书信来招降宗泽，宗泽讥讽郭俊民说："你要是战死沙场，还算是我宋朝的忠义鬼魂，而你却贪生怕死投降了，现在有什么脸面来见我？竟然还想招降我？"于是也把他杀了。

刘衍返回开封，金兵再次入侵滑州，部将张捴请求前去救援，宗泽选了五千兵士给他，并告诫他不要轻易出兵，等待援军到来。张捴却没有听宗泽的话，一来到滑州就立刻迎战金兵。金兵骑兵十倍于张捴的部队，手下人劝他先避一避敌人的锋芒，他却说："躲避就是偷生怕死，有什么脸面去见宗泽大人。"于是奋力作战，直到战死。宗泽听说张捴战况不妙，赶紧派王宣率五千人马前去援助。张捴死后两天，王宣大军才到，终于打败了金兵，将其赶走。宗泽亲自迎接张捴的尸首回来，慷慨抚恤他的家属。金兵自此不敢轻易再来侵犯开封。

宗泽的名声一天比一天大，金人听到他的名字都十分敬畏，称他为"宗爷爷"。

宗泽还是坚持上奏劝高宗回到京城开封，一共上奏了二十多次，每次都被奸臣扣下。当时，宗泽孤军守卫开封已经将近一年了，始终得不到回音，他积愤成疾，背上长了个疽。众将军来家里看望他，只见他双目圆睁，殷切地望着大家说："我是因为二帝蒙难，抑郁积愤才变成这样的，你们如果能够歼灭金兵，我也就死而无憾了。"众将军都流着泪说："我们怎么敢不尽力杀敌！"各位将军退出后，宗泽叹道："出师未捷身先死，长使英雄泪满襟。"第二天，天色阴沉，风雨交加，宗泽没说一句关于自己家事的话，只是连呼三声"过河"就死了。开封城里的人全都大哭。后来，人们发现了宗泽的遗书，其中还是写满了极力主张高宗回京的话。

论赞

论曰：当年金人俘虏了徽、钦二帝，国家失去了主人。宗泽一声呼唤，河北的义军几十万人一起响应，实在是因为宗泽的忠心义气感动了大家，百姓看到一国之主陷于困境，怎么能没有愤慨的心情呢？宗泽能勇往直前，或许是因为当时还没有那些肮脏的、见不得人的勾当牵制他吧。不过，黄潜善、汪伯彦之流还是妒忌他的功绩，使他不能完成大志，悲愤而死，这能不让人悲哀吗？宗泽重病，临死前连呼三声"过河"，即使在这个关头，仍然如此忠诚，而高宗却宁愿相信奸佞之徒的话。千年以来，忠心的大臣、忠义的武士总是为类似的事情困惑和叹息，这样的国家，衰败是必然的！

赵鼎列传

宋 朝对金人一味妥协、胆怯，或许是觉得金人作战凶猛，过于强悍。这种预设的心理前提就让宋朝在面对金人时有一种习惯性的退缩，而这正是两军交战中的大忌。只有在心理上战胜敌人，才能有力量与敌人面对面地站在一起。对于武将来说，与敌人交手一次或许就能增加许多信心；而对于文臣来说，要建立起这种不畏缩的信心恐怕要难得多。这也是为什么宋朝主张妥协求和的大部分是文臣。赵鼎却是一名不畏金兵的文臣，不过最终还是被排挤，客死异乡。

赵鼎，字元镇，解州闻喜（今属山西）人。他四岁丧父，由母亲樊氏教养长大，学问渊博，精通经史百家的著作。崇宁五年（1106），他考中进士，他的考卷慷慨陈述时政，显示出极大的魄力。

【忠诚谏官】

金兵攻陷太原，朝廷怯战，想要割让三镇的土地给金人来求和。赵鼎愤然说："祖宗传给我们的土地不可以割让给他人，这有什么可商议的？"这时京城已经失守，徽、钦二帝被掳走。金人商议要立张邦昌为伪帝，赵鼎与胡寅、张浚躲了起来，拒不起草这份命令。

高宗即位后，一度想要振作起来，恢复国土，因此很重视一向主战的赵鼎，而赵鼎也恪尽职守，凡是对国家有益的事情，知无不言。大将刘光世的部下王德擅自杀了韩世忠的将领，韩世忠愤怒之下，即要率领自己的部队去围攻刘光世。眼看宋军就要闹内讧了，赵鼎劝高宗当机立断整顿军纪，说："王德领兵在外，杀人没有顾忌，如果不好好惩罚他，谁能保证将来不再发生类似的事情？"于是，高宗命赵鼎抓捕王德，赵鼎又请高宗下诏斥责韩世忠，这样，各路军官都不敢再有轻举妄动、破坏大局的行为了。高宗高兴地说："唐肃宗在复兴大业中得到一个李勉，从此朝廷才开始树立威信。今天我得到你赵鼎，就没有什么可愧对古人的了。"

赵鼎也很善于发现人才。京西招抚使李横想要带兵收复东京，赵鼎不看好他，说："李横的部队是乌合之众，不能与金兵交战，恐怕不但收复不了东京，还要跟着失去襄阳。"不久李横果然战败逃走，襄阳最终失守。高宗看到赵鼎的判断很准确，就把他召来担任参知政事。宰相朱胜非也认为收复襄阳非常重要，说："襄阳城在京城的上游，必须马上从敌人手中夺回来，否则京城就危险了。"高宗想起岳飞是一员猛将，就问："岳飞可以委以大任吗？"赵鼎很赞成，说："没有人比岳飞更清楚襄阳城的利害关系了，他一定会尽全力完成使命的。"当时，一些大臣并不看好岳飞，不过高宗还是相信了赵鼎的眼光，派岳飞出兵，最终，岳飞果然收复了襄阳。

【不畏金兵】

刘豫的儿子刘麟联合金兵大举入侵宋朝，满朝文武震惊惶恐，不知所措。诸将军各有各的看法，争论不休，只有张俊认为应当采取坚决作战的策略，赵鼎很赞同。有人劝高宗逃跑到别的地方去，赵鼎劝阻说："陛下应先与金兵交战，打不赢的话，再跑也来得及。"高宗当时也气势高昂地说："我要亲自率领六军，在江边与金兵决战。"赵鼎十分高兴地说："我军连年撤退，已经使得金兵十分骄傲自负，今天陛下亲自征讨金兵，必可取得胜利。"当时，许多人并不看好宋军的作战形势，甚至宋朝的一些大将也有些悲观。在此之前，赵鼎曾经被派往四川督战，但他不愿离开朝廷，怕那些主张议和的人动摇高宗抗金的决心。到这时，刘光世派人劝赵鼎说："丞相你自己到四川去就行了，为什么要承担作战的风险呢？"韩世忠也对人说："赵丞相

白话精编二十四史

◎ 第八卷 ◎

⊙ **赵鼎雕像**

赵鼎（1085～1147），南宋政治家、词人。宋绍兴八年（1138），赵鼎被贬往海南岛吉阳军，途中写下"白首何归，怅余生之无几；丹心未泯，誓九死而不移"的词句，表达了他抗金救国的思想永远不变。

真是敢作敢为的人呀！"赵鼎听说后，害怕这些话传到高宗耳朵里，使高宗中途改变主意，又要逃跑，于是他找机会对高宗说："陛下养兵十年，用在今日，如果稍有退却之意，马上就要人心涣散，长江天险再也不保了。"以此坚定高宗的决心。于是，高宗命张俊、韩世忠、刘光世等人协同作战，果然打败了金军。

当时，张浚闲居在家已经很长时间了，赵鼎说张浚有担当重任的才能，希望高宗能重新起用他。于是高宗下诏任张浚为知枢密院事，命他前往长江去视察军队。这时金兵在淮南已经驻扎了很久，知道宋军有防备，渐渐商议要北归。赵鼎听说后，兴奋地说："金人已经没有能力再打下去了。"于是命令诸将趁机追击金兵，接连取得胜利，金人仓皇逃跑了。高宗对赵鼎说："近来将军士兵作战都十分勇敢，争先杀敌，各路的守城官员也都欣然效仿，这一切都是你的功劳呀。"赵鼎谦虚地说："这一切都取决于陛下的英明决断，我哪有什么能力呀。"

有人问赵鼎："金国以全国的兵力来攻打我们，大家都有些害怕，只有你说没有什么可怕的，为什么呀？"赵鼎说："敌军虽说人数很多，也很强大，然而却是刘豫请来的，不是他

们主动要攻宋，打仗必然不会十分卖力气，这就是我说他们不值得害怕的原因。"高宗曾对张浚说："赵鼎真是宰相之才，这是上天派他来辅佐我完成复兴大业的，真可以说是祖宗社稷之福呀。"

【贬居潮州】

赵鼎反对议和，与秦桧的见解不同，秦桧便想方设法离间高宗与赵鼎的关系，排挤赵鼎。秦桧提拔了一个叫萧振的小官，让他弹劾参知政事刘大中。赵鼎与刘大中关系不错，他明白这次弹劾并不是针对刘大中的，而是针对自己的。萧振也承认这一点，还得意洋洋地对人夸海口说："赵丞相不用等到别人去议论他，就会自动辞职离去的。"这时，正好殿中侍御史张戒又弹劾给事中勾涛，勾涛却把矛头指向赵鼎，说："张戒攻击我，是赵鼎的意思。"于是，他诽谤赵鼎暗中勾结御史谏官和诸位将军。高宗听说后起了疑心，对赵鼎不太信任了。赵鼎觉察出这种变化，就以身体有病为由，请求辞职，并愤慨地说："刘大中坚持正确公正的言论，被章惇、蔡京之党所嫉恨，我的观点与刘大中相同，刘大中被罢免了，我还有什么可留下的道理？"赵鼎被贬为奉国军节度使，秦桧假情假意地率领一些官员去送他，赵鼎不领他的情，对秦桧一点好脸色也没有，只作了一个揖便拂袖而去。秦桧很没面子，于是愈发嫉恨他。

最初，张浚推荐秦桧，认为可以和他共谋大事，赵鼎曾经也这样认为。然而秦桧心机深险，外表看起来很谦和，内心却有许多不可告人之处。赵鼎得罪了秦桧，秦桧便千方百计地想办法排挤他。朝廷曾经想再召回赵鼎，赵鼎已经到了半路上，秦桧又想办法将他改任泉州知州，并且派人上奏诬陷赵鼎，说他曾经接受过张邦昌伪政权的任命，撤了赵鼎的节度使。赵鼎在泉州任期已满，回到朝廷，依然坚持自己之前反对议和的主张。秦桧十分反感赵鼎再次被起用，又想不出什么新的招数，于是故伎重施，再次派人弹劾赵鼎曾经接受过伪政权的任命，并且加上一条，说他曾贪污公款十五万缗钱。秦桧的奸计又得逞了，赵鼎被贬官在兴化军居住。秦桧仍不罢休，又步步紧逼，将赵鼎移迁到漳州，又降为清远军节度副使，居住在当时边远落后的潮州。

赵鼎在潮州待了五年，闭门谢客，从不谈及时事。如果有人问到，他只是说自己犯了错误而已。其实，他有什么错呀？他是对朝廷失望了。秦桧又授意中丞詹大方诬蔑赵鼎受贿，命令潮州地方官把赵鼎移居到吉阳军。赵鼎给朝廷上表说："白首何归，怅余生之无几；丹心未泯，誓九死而不移。"意思是说，我年纪大了，也活不了几年了，但我的忠心始终未曾泯灭，虽九死而犹未悔。秦桧看到这份奏表，不屑地说："这个老头的倔脾气还跟以前一样。"

在吉阳三年，赵鼎深居简出，朋友和以前的同僚怕受到连累，都不敢与他往来，只有广西主将张宗元不时地给他送点米，表示慰问。秦桧知道了，命令吉阳军队每个月报告一次赵鼎是否还活着。赵鼎派人告诉他的儿子赵汾说："秦桧一定要杀我，我死了，你们才不用担忧，不然的话，一家人将要大祸来临。"他提前给自己写好了墓志铭："身骑箕尾归天上，气作山河壮本朝。"赵鼎嘱咐儿子在他死后，将他送回老家安葬，不久他就绝食而死。那一年是绍兴十七年(1147)，听到这个消息的人无不感到悲痛。第二年，高宗降旨允许赵鼎回乡安葬。等到孝宗即位后，赐其谥号"忠简"，并追封其为丰国公。

论赞

论曰：赵鼎当丞相时，南北对峙的局面已经形成。双方都没有十分好的机会，只能休养生息，等待时机，不然的话，将白白浪费力量。因此赵鼎治理国事，以巩固自己的力量为首要，只有自己强大了，才能想办法消灭敌人、报仇雪恨。这是赵鼎的用心，可惜被那些愚蠢的人所忌恨，被流放远方，没有完成自己的大志就死了，君子能不感到痛心吗？

张浚列传

每个朝代都需要具有大将风度、能挑起一方重担的大臣，张浚对于南宋王朝来说就是这样一个人。在高宗被叛贼挟持、即将被迫退位时，他首先出头，组织起韩世忠、张俊这样的大将兴兵讨逆；在意识到川陕地区的重要性之后，他主动请缨到川陕督战，虽然因为自己的固执打了败仗，但也不失担当意识。不过他的命运却与其他主战的大臣一样，被奸臣所害，抱憾终生。

张浚，字德远，汉州绵竹（今属四川）人，是唐朝宰相张九龄的弟弟张九皋的后代。虽然他四岁时就失去父亲，但并没有因此而放纵自己，而是行为端正，从来不说谎，认识他的人都认为他将成大器。靖康初年（1126），他担任太常簿，恰逢张邦昌被立为伪帝，他逃到太学中，拒不承认张邦昌的皇位。听说高宗即位，张浚立刻飞奔到南京，投奔高宗。

【兴兵讨逆】

当时，高宗一直待在江南地区，张浚曾上奏说："中原是天下的根本，希望陛下下诏修葺东京、关陕地区，以备将来返回京城。"这跟朝内许多权臣的意见都相违背，高宗还是看到了他的勇气，于是对他说："你可以说是知无不言、言无不尽，我决心有所作为，但正缺乏人才，就像想一飞冲天而没有翅膀一样，你就来辅佐我吧。"张浚受到鼓舞，便一心为朝廷进忠言。他认为金人一定会来进攻，而当时朝廷偏安江南，自以为很安逸，一点也不为战争做准备，于是张浚极力向宰相建议做好军备，却遭到嘲笑，认为他多虑了。

建炎三年（1129），苗傅、刘正彦作乱，当时张浚正在平江，消息传来，他痛哭流涕，马上召集各路将领

宋代用以毁坏城防设施的撞车

这种武器的防护力非常高，一般很难击坏，在守城时也可以用来撞击敌军的攻城云梯。

起兵讨贼，对韩世忠、张俊、刘光世等都发出了邀请。张浚犒劳了张俊、韩世忠的将士，并给军队开了誓师大会，高声问道："今日行动，谁逆谁顺？"众将士都说："贼逆我顺。"张浚说："听说贼人以重金买我的头，如果我张浚这次行动违天逆人，你们尽可取走我的头。不然的话，不管是谁，只要退缩一步，统统以军法处置。"士兵们的士气都被鼓动起来了，于是，张浚命令韩世忠率兵入京，并告诫他赶快奔赴秀州（今浙江嘉兴）占据粮道，等候大军到来。韩世忠到了秀州，立刻大造兵器。

这时，苗傅等人给张浚写了一封信，想要招降他。张浚回信，义正辞严地拒绝了，而且骂苗傅大逆不道，罪当灭族。苗傅收到信，知道张浚下决心讨伐自己，感到很害怕，于是派重兵扼守临平，又想招降张俊和韩世忠，封他们俩为节度使，诬陷张浚想要危害国家。张俊、韩世忠也不理苗傅这茬，这时刘光世的军队也赶到了，张浚于是正式下令声讨苗傅、刘正彦的罪行，传檄文于朝廷内外，率领诸军入京讨伐。

韩世忠等将与贼兵奋勇作战，大败贼兵，苗傅、刘正彦逃跑。张浚等人入宫晋见高宗，伏地涕泣，请求高宗饶恕自己护驾不力之罪。高宗高兴还来不及呢，哪里会责怪他们，于是对众将士慰劳再三，还打算封张浚为宰相。张浚认为自己资历浅，不足担此大任而辞谢了。

当初，张浚驻兵在秀州时，有一天夜里独自在房间里，外面警备非常森严，但忽然有一个人不知怎样来到他面前，从怀里拿出一张纸说："这是苗傅、刘正彦招募人刺杀你的榜文。"张浚以为他要杀自己，便厉声问他打算怎样。这人说："我是河北人，粗略读过一点书，知道大是大非，岂能出卖自己被贼利用？我是看见你防备不严，恐怕将来还有行刺者，所以来提醒你一下。"张浚大为惊讶，拉着他的手问他姓名，但他不肯说就走了。张浚第二天杀掉一个死囚，并宣称："这人是苗傅、刘正彦派来的刺客。"以此来警示那些想要行刺的人。他私下里记住那个神秘人的相貌，想要找到他表示感谢，但却始终没能找到。

【镇守川陕】

高宗想要建立中兴大业，张浚则认为中兴应当从关陕地区开始，因为金兵一旦进入陕西攻取巴蜀，则东南不可能保全。于是，他主动请求到川陕地区督战。高宗任命张浚为川、陕宣抚处置使，拥有自行处理官员升降的大权。张浚到后，立即出巡关陕之地，考察当地的民风民俗，招揽当地的豪杰名将，一时间诸将都肃然听命。

绍兴元年（1131），金将乌鲁进

攻和尚原，宋朝大将吴玠占据险要地形给予还击，金兵大败而逃。兀术又合兵来攻，吴玠和弟弟吴璘又阻击金兵，大败敌人，兀术险些被捉住，匆忙之中剪掉自己的胡须，以免宋军认出自己，这才勉强逃走。金将粘罕病重时，对手下人说："自从我进入中原，还从未有人敢抵挡我军的锐气，只有张浚能与我抗衡。我活着的时候，恐怕攻取不了巴蜀了。我死后，你们也别抱太大希望，只要能自保就行了。"当时，兀术怒道："这不是说我无能吗！"粘罕死后，兀术再次进攻，果然还是失败。

张浚在川陕三年，训练新招募的士兵，抵挡势头狂妄的敌军，重用刘子羽、赵开和吴玠。刘子羽慷慨有谋略，赵开善于理财，而吴玠每战必胜。西北地区有越来越多的人前来归附宋朝，张浚保全了蜀地，从而牵制了金朝向东南进军的野心，江淮地区也得以安全。

将军曲端作战勇猛，但性情暴烈，与主将王庶、大将吴玠都有矛盾。张浚想要与金军决战，发起富平之战，曲端很早就表示不同意，于是张浚与曲端有了过节，剥夺了曲端的兵权。富平之战，宋军大败，张浚有点后悔，本想重新起用曲端，但在吴玠和王庶的挑拨下，又怕曲端对自己不利，便设计陷害曲端，把他下到监狱，折磨致死。

后来，有人向朝廷揭发了这件事，说张浚滥杀无辜，朝廷对张浚开始有所怀疑。绍兴三年（1133），朝廷派王似去做张浚的副官。张浚听说王似要来，知道朝廷开始不信任自己了，便主动请求解去兵权，并且奏说王似没有才能，不可任用。吕颐浩、朱胜非等人为此很不高兴，天天在高宗面前诋毁张浚。

绍兴四年（1134）初，辛炳任潭州知州，张浚在陕西，想要征发他的部队，辛炳不响应，张浚就上奏弹劾他。辛炳也不是好惹的，等回到朝廷，就率领同僚们一起弹劾张浚，朝廷把张浚贬到了福州。张浚虽然要离开川陕地区了，但还是不放心这里的局势，担心金人通过川陕窥伺东南，于是坚持上疏陈述自己的看法。不久，刘豫的儿子刘麟果然勾引金兵进攻。高宗想起张浚的话，觉得很后悔，就重新召回张浚，亲自下诏为他平反，让他担任枢密院知事。

【不忘忧国】

张浚接受任命后，当天就赶到长江边巡视军队。当时兀术拥兵十万驻在扬州，和宋军约定日期渡江决战。张浚来到江边，召韩世忠、张俊、刘光世商议战事。将士们见到张浚，顿时勇气都增加了十倍。张浚部署完诸将后，自己留在镇江指挥。韩世忠派部下王愈到兀朮那里约战，并且说张浚已在镇江。兀朮不相信，说："我听说张浚已经被贬到岭南了，怎么可能在这里？"王愈拿出张浚写的文书给他看，兀朮这才相信，想起自己曾经差点死在张浚手下，吓得脸色都变了，当天晚上就不战而逃。

高宗非常信任张浚，让他总管朝廷内外政事。张浚也不负所托，每次与高宗见面，一定说到靖康之耻，激励高宗振作复兴宋朝。每当这时，高宗都流下眼泪，痛下决心励精图治。

刘光世的军队驻扎在淮西，军队纪律散漫，战斗力差，张浚奏请罢免刘光世。刘光世不高

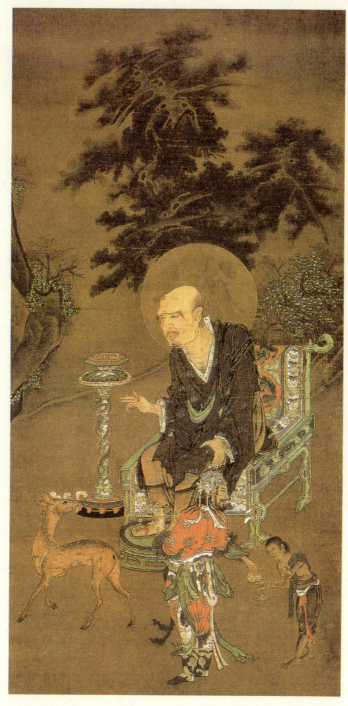

🔘 **罗汉图·南宋**

此图中罗汉端坐于方椅之中，左手抚膝，右手作施法状。前有一红衣侍者，正扭头施舍身后的贫者。

兴地辞职，朝廷命令吕祉接管他的部队，但军中一个叫郦琼的人挟持了吕祉，要他投降刘豫。吕祉不走，责骂郦琼等人，被碎齿斩首而死。张浚觉得自己对这件事也有责任，就引咎请求辞职。高宗问张浚谁能替代他，并提到了秦桧，问他："秦桧怎么样？"张浚说："我原来也对他有所期望，但最近与他共事，才知道他是个昏聩的人。"高宗说："那就用赵鼎吧。"秦桧听说这件事后，从此怨恨张浚。

张浚离开朝廷，担任福州知州。绍兴十六年（1146），西方出现彗星，按照古代的说法，这预示着将有不好的事情发生。张浚很担心，打算拼死指责当时朝廷的一些错误做法，但又怕因此惹祸，让母亲忧虑。他陷入矛盾之中，每天食不下咽，体重迅速下降。母亲看到他突然瘦下来，很惊讶，问他缘故，他就把自己的想法告诉给母亲。母亲没有多说，只是给他背诵了一句他的父亲曾经对朝廷说的话："臣宁可说了而被处死，也不能忍着不说以辜负陛下。"张浚明白了母亲的苦心，于是下定决心向高宗上疏，希望高宗不要一味求和，而要积极谋划反击，这样才能给国家带来和平的希望。奏折递上去，秦桧大怒，命令谏官们指责张浚，又把他贬到了永州。

张浚离开朝廷将近二十年，天下的士大夫无不真心地敬佩他。武将们说起张浚，必定赞叹不已，连儿童妇女也知道他的大名。金人十分害怕张浚，每次有宋朝使者来，金人一定要问张浚在什么地方，唯恐他重新被起用。

【抱憾终生】

当时，秦桧已经在朝中树立起自己稳固的地位，担心张浚发表意见损害到自己，于是命令谏官们不管弹劾谁，都要顺便弹劾一下张浚，并称张浚是国贼，一定要杀掉他。秦桧还多次派人图谋害死张浚，一直没有成功。一直到秦桧死了，张浚才重新得到朝廷的信任。

孝宗即位后，立刻召见了张浚这位老臣，语重心长地对他说："我久闻你的大名，现在朝廷所能依靠的只有你了。"孝宗对张浚非常恩宠，每次和别人谈起他，一定称他为"魏公"，从不直呼其名。每次张浚派人来朝廷觐见，孝宗一定要问问张浚最近胃口好不好，胖了还是瘦了。

金军又寄信给宋朝索要四个郡的土地以及大量钱物，还威胁说宋朝如果不给的话就要在农闲时入侵。张浚说："金人根本不是真心跟我们讲和，他们自己强大的时候就要来欺负我们，实力不足的时候就假装跟我们讲和，都是为了欺骗我们。"当时汤思退是宰相，跟秦桧是一伙人，也一心要求和，便要派使者去金国讲和。张浚坚决反对，并对孝宗极力陈述议和的害处。孝宗听从了张浚的话，派出两名官员前往金朝谈判，拒绝割让土地，并表示如果金人一定要得此四郡，就停止和议。这两名官员到了金朝后，不辱使命，即使金人把他们铐起来威胁他们，也宁死不屈，金人没办法，只好和和气气地把他们送回来。孝宗很高兴，对张浚说："看来和议不成是天意啊，从此就听你的，对金人抵抗到底。"汤思退听说后非常恐惧，于是表面上请求辞职，暗中与同党谋划要陷害张浚。

不久，朝廷诏令张浚到江淮地区督战。当时金人在河南驻扎重兵，虚张声势，威胁宋朝议和，还放言说不久就要与宋军决战。后来听说张浚来了，急忙撤兵逃走了。看到这种局势，淮河以北来归降宋朝的人络绎不绝，其中包括很多契丹人。山东当地的豪杰壮士也都愿意接受张浚的指挥。张浚又与契丹人相约互为援助，共同抵抗金军，金人听说后更加害怕。汤思退却觉得找到了张浚的把柄，于是命人极力诋毁张浚，说契丹人不可靠，张浚是在浪费国家财产。孝宗对张浚有所怀疑，张浚便主动请辞，说自己该退休了。朝中也有一些正直的大臣要求留住张浚，但朝廷还是把张浚贬到了醴泉（今属陕西）。张浚走后，朝中大权马上又落到主和派手里，最终，宋朝再次向金朝割地求和。

张浚离职后，始终没有忘记国事，还不时地上疏斥责朝中的奸邪之徒，劝皇上亲近贤臣。有人劝张浚不要再评论时事，以免惹祸上身，张浚却说："我深受两位皇帝的厚恩，久担重任，现在虽然离开朝廷，但还是盼望皇上能有所醒悟，心里有话怎能忍心不说。"后来，他病重之时，还亲手写书对两个儿子说："我曾任相国，却不能恢复中原，雪祖宗之耻，有何面目见先人？等我死后，不要把我埋葬在祖宗墓旁，就把我葬在衡山下就可以了。"讣告传到朝廷，孝宗很悲伤，加赠张浚"太师"称号，谥号"忠献"。

论赞

论曰：儒臣对于国家，能培养正直之气，正君主之心，使人们众志成城，无往而不胜。张浚可以说就是一名为朝廷培养正气的人。他回避张邦昌，平定苗傅、刘正彦的叛乱，击败强敌，招降势力强大的盗寇，使得远方的敌人要根据他是否被任用而决定进退，天下人要根据他的去留来衡量安危，这难道不是人们所说的人中豪杰吗！虽然屡次在朝中受挫，但他的爱君忧国之心始终没变。当时的人认为张浚的忠勇类似于诸葛亮，然而诸葛亮能使手下的部将在自己活着时没有分歧，张浚却因吴玠的缘故杀了曲端，这就是张浚比不上诸葛亮的地方呀！

韩世忠列传

韩世忠是南宋历史上浓墨重彩的一笔。他骁勇善战，勇力过人，是宋高宗的一员虎将。在苗傅、刘正彦发动的叛乱中，他率先讨逆护主，显示了对宋高宗的一片忠心。在整个朝廷对金人畏首畏尾、战事连连失败之际，他在长江率八千宋兵截击十万金军，将敌人围困几十日，险擒金国大将兀术，让金人从此不敢轻易南下。奸臣当道，朝中众臣皆明哲保身，他却怒斥秦桧，力主抗金；岳飞冤案，无人敢挺身而出，还是他旗帜鲜明地站在岳飞这一边。最终，他遭秦桧忌恨，被剥夺兵权，于是愤然归隐，不问政事。韩世忠的一生，映照着南宋命运的跌宕起伏，而他始终未辜负他姓名中的那个"忠"字。

韩世忠，字良臣，延安人。他生就一副魁梧伟岸的身材，目光如闪电般明亮锐利。韩世忠年轻时就勇猛过人，野性难驯的马驹到了他面前，也得乖乖地当他的坐骑。韩世忠家境贫寒，没有什么家产。他酷爱喝酒，崇尚豪气，有一种天生的狂放不羁的气质。曾经有人说他将官至三公，他不但不高兴，反而感到无比气愤，认为这种说法是对自己的侮辱，于是将那人痛打一顿。他18岁时参军，骑马拉弓射箭样样神勇，军中无人能及。

▶【一以敌万】

崇宁四年（1105），西夏骚扰宋朝的边境，延安郡调兵进行抵御，韩世忠得以第一次上战场。到了银州（今陕西榆林），西夏人在城中固守，韩世忠率先冲破关卡，一路杀进城中，

斩杀了敌军的将领，把他的首级扔到城墙外。宋军士气大振，乘机发动进攻，西夏人大败。

此役之后，西夏又派重兵屯驻蒿平岭，韩世忠率领精兵与敌军苦战，敌军不久即撤兵。一段时间后，西夏人再次在偏僻的小路上对宋军发动进攻。韩世忠率领一支敢死队与敌人展开殊死搏斗，敌人被迫稍稍后撤。韩世忠发现敌军中有一名骑士非常勇猛，就问俘虏这人是谁，俘虏告诉他这是西夏的驸马，也是军中的监军。所谓擒贼先擒王，韩世忠立即跃马上前，径直杀向这名驸马，将他斩首。西夏军队霎时乱作一团，顷刻溃败，宋军大胜。班师回朝后，经略司上报韩世忠的战功，当时童贯主管边疆战事，他怀疑经略司的上报故意夸大了韩世忠的功劳，于是只给韩世忠加升

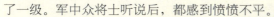

了一级。军中众将士听说后，都感到愤愤不平。

宣和二年（1120），方腊造反，江浙地区颇不太平。朝廷从各地调兵前去讨伐，韩世忠也作为偏将跟随王渊作战。部队驻扎在杭州时，受到贼兵的围攻，汹涌的攻势让主将王渊不知所措。韩世忠挺身而出，领兵两千人埋伏在北关堰，等贼兵经过时迅速发动伏击，贼兵一时大乱，韩世忠率兵追击，贼众纷纷败逃。战后，王渊叹服说："韩世忠真有一人敌万人的能力。"从此，二人结下了深厚的友谊。

当时朝廷有诏，凡能得到方腊首级者，授为两镇节度使。韩世忠追击贼兵到睦州青溪峒，此地洞窟甚多，贼兵分别藏在几个洞窟里严密把守，追击的宋军都不知道该从哪里进入。韩世忠见人多不好行动，就独自一人深入溪谷中，向当地的居民询问，得知了贼兵的藏身之所。于是，他只身持剑前往，翻山越岭走了几里地，直捣贼穴，斩杀几十人，将方腊生擒。这时候，其他宋军也闻风赶来。看到籍籍无名的韩世忠取得头功，辛兴宗很不服气。于是，他率兵堵住洞口，把沦为俘虏的方腊抢了过来，自己邀功请赏去了。真正的功臣韩世忠没有获得奖赏，这让军中将士也为之鸣不平。回到朝廷之后，当时军中的别帅杨惟忠将事情的真相告诉了皇上，韩世忠才

韩世忠大败金军

韩世忠（1089～1151），南宋名将。他英勇善战，在抗击西夏和金的战争中为大宋王朝立下了赫赫战功，由于秦桧的陷害，这位名将最终还是含恨离世。

得到他应得的嘉奖，被升为承节郎。

韩世忠作战虽然勇猛无比，但他绝不是一介莽夫，而是十分讲究战略和计谋。宣和三年（1121），朝廷决定从金人手里收复燕山，但派出的各路军马均无功而返。韩世忠奉命去前线助战，与之同行的只有 50 名骑兵。没想到在路上突遇两千多名金兵，宋军一时惊慌失措。在这千钧一发之时，韩世忠从容地命令骑兵们在高岗上列队站好，又命令之前从燕山前线溃败而归的士兵们聚集在一条河岸旁，让他们在约定的时间呐喊以助声势。安

排好这些之后，韩世忠自己跃上战马，冲进敌营。他出其不意地首先斩杀了敌军中两名举着战旗的人，相当于砍倒了对方的战旗，让对方失去凝聚点。骑兵们配合韩世忠对敌人展开夹击，岸边的士卒则拼了命地呐喊助威，营造出千军万马般的架势，令敌人胆寒。最终，宋军在以少敌多的情况下取得大胜。

还有一次，韩世忠率兵讨伐叛贼李复。为了让士兵们破釜沉舟地前进，他把部队分为四队，在来路上布下铁蒺藜，让人无法后退，并下令说："前进则胜，后退则死，后面的部队可以将逃跑的人直接剿杀。"这样一来，没有人敢回头，都拼死战斗，大破贼兵，斩杀李复，李复的余党溃逃。韩世忠乘胜追击，在宿迁发现上万名贼兵正在纵情饮酒享乐。这天夜晚，韩世忠在夜幕的掩盖下独自骑马来到贼营，伺机大声呼喊说："大军到了，速速缴械投降，我就保全你们的性命。"贼兵以为宋朝的大军真的来了，纷纷缴械不说，还跪着给韩世忠敬酒求饶。韩世忠也不客气，下马解鞍，一饮而尽，算是接受了他们的投降。天渐渐亮了，贼众才发现根本没有什么大军，只有韩世忠一个人而已，但后悔已经来不及了。

【讨逆护主】

建炎三年（1129），苗傅、刘正彦谋反，逼宋高宗赵构退位，立赵构年仅三岁的儿子为皇帝，改年号为明

受。韩世忠得知后极度悲愤，他举酒祭神，发誓"与此贼不共戴天"。当时，张浚等人正在平江（今江苏苏州）商议如何平乱，得知韩世忠也要来，觉得心里有底了，非常欣慰。韩世忠与张浚会合后，就想立刻发兵。张浚劝他说："投鼠忌器，此事不宜过急，否则恐怕有不测之祸，我们已经派人先去用甜言蜜语诱降叛贼了。"

三月，韩世忠率兵从平江出发。绵延三十里的船队载着全副武装的士兵，声势浩大。到达秀州后，韩世忠称病暂不前行，而是命令士兵们制造云梯，打磨兵器，像是在做战争的准备，让苗傅等人十分害怕。起初，苗傅、刘正彦听说韩世忠正往京城赶来，就命令他屯驻江阴。韩世忠假装好言好语地回复，说自己手里只有些残兵游勇，想前往朝廷所在地，归附新皇帝。苗傅等人非常高兴，许诺等韩世忠到达后，封他为节度使。为了让韩世忠听自己的话，苗傅还抓来了韩世忠的妻子梁氏和儿子韩亮，作为人质严加看管。当时的宰相朱胜非骗苗傅说："我已经跟皇太后说了，如果派梁氏和韩亮去安抚韩世忠，那么平江的其他将领也会顺从的。"苗傅信以为真，就把梁氏召入朝中，封为安国夫人，让她去迎接韩世忠入城。梁氏一看自己有机会逃脱，急忙骑马出城，经过一天一夜的奔波赶到秀州，与韩世忠会合。

不久，明受皇帝的诏书就到了韩世忠的军中，但韩世忠慷慨激昂地说：

"我只知道有建炎，不知道有明受。"于是，杀掉来使，把诏书烧毁，加紧向京城进兵。苗傅一看韩世忠不降，不由得害怕起来。韩世忠到了临平，苗傅派军队依靠高山大河进行阻拒，并在河中央放置鹿角，妨碍韩军的船只通行。由于行船不畅，韩世忠下令弃船作战，张俊和刘光世紧随其后，协同作战。由于贼军依靠地势顽强抵抗，韩世忠等军被迫稍稍后撤。形势严峻，韩世忠干脆连马都不骑了，操起兵器就往敌营里冲。他对将士们下令："今天大家都要以死报国，谁要是身上没中箭负伤，将来统统斩首。"于是士兵们都拼命战斗。贼兵列队拉弓，准备向韩世忠放箭。只见韩世忠双目圆睁，大喝一声，提刀杀向前，贼兵们还没来得及放箭，就争相退避躲开。苗傅、刘正彦见大势已去，就领着两千精兵匆匆逃走了。

韩世忠骑马奔入京城，宋高宗亲自来到宫门口迎接他，一见到他，握着他的手就失声痛哭，说："中军吴湛支持逆贼最积极，他现在还留在朕的身边，你能帮我把他杀了吗？"韩世忠二话不说，来到吴湛面前，做出要跟他握手的样子，刚刚握住，就顺势一用力，把吴湛的中指折断了，然后命人将吴湛公开斩首示众。韩世忠又抓住贼臣的谋士王世修，交给官府定罪。皇上为褒奖韩世忠救驾有功，封他为武胜军节度使、御营左军都统制。得到升迁的韩世忠并未就此放松神经，他继续向皇上请求说："逆贼拥有精兵，倘若让他们在瓯、闽这些离朝廷很远的地方建立巢穴，恐怕以后就很难对付了。臣请求继续前去讨伐。"皇上便封韩世忠为江浙制置使，追击贼兵，在渔梁驿与之相遇。韩世忠没有骑马，举着戈昂首阔步走到阵前，对方远远望见他，咋舌说："这是韩将军！"于是都惊恐溃散。韩世忠依次擒获了刘正彦和苗傅，交给皇上。皇上亲手写了"忠勇"二字，镶在旗上，赐给韩世忠。

▶【黄天荡之战】

金国大将兀术将要入侵宋朝，高宗召集各位大臣，商议该躲避到什么地方去。张俊、辛企宗劝高宗从鄂州、岳州躲到长沙。这时，韩世忠愤慨地说道："国家已经失去了河北、山东，如果再放弃江淮一带，还剩下什么地方呢？"于是，高宗封韩世忠为浙西制置使，镇守镇江。

不久，兀术率军分几路渡过长江，各地屯守的宋军都纷纷战败，韩世忠也从镇江退到江阴。兀术眼看就要攻破临安，高宗匆匆躲到了浙东。韩世忠以前军驻青龙镇，中军驻江湾，后军驻海口，准备等敌人回撤时进行拦击。高宗召见韩世忠时，韩世忠向高宗表态说："臣准备留在长江边上阻击回撤的金兵，决心拼死一战。"高宗点点头，对身边的大臣说："以前吕颐浩在会稽时，也提出过这个策略，与韩世忠不谋而合。"于是，高宗亲赐手札给韩世忠，同意他截击金兵。

到了上元节，韩世忠先在秀州城张灯庆贺，然后突然引兵直奔镇江。等金兵到达时，韩世忠的军队已经抢先一步驻扎在焦山寺了。兀术派使者与韩世忠约定时间开战，韩世忠同意了。双方酣战了近十个回合，韩世忠的妻子梁夫人亲自击鼓助阵，金兵本来就不习水战，始终无法渡过长江，而且被宋军逼进了长江的死港黄天荡。兀术表示愿意归还此次入侵所占据的全部土地，以求借道撤军，韩世忠不理会。兀术又向韩世忠敬献名马，请他让路，韩世忠还是不答应。这时，金国的另一员大将孛堇太一也赶来支援兀术，韩世忠与他们二人在黄天荡相持了48天。孛堇太一驻军江北，兀术驻军江南，韩世忠用海舰驻泊在金山下，预先用铁绳套上大钩交给骁勇善战的士兵，在舰上等候。第二天一大早，敌船鼓噪而来，韩世忠将战船分为两路绕到敌船背后，用大钩套钩敌船，每次都能钩沉一条敌船。兀

兀术见势不妙，慌乱中不知所措，苦苦哀求与韩世忠对话求和。韩世忠回复："只要金国归还徽宗、钦宗两位皇帝，把侵犯我们的土地统统归还，我就能放你一条生路。"兀术听了，无言以对。

又僵持了几天，兀术沉不住气了，再次请求对话，但语气中明显多了几分不耐烦的挑衅。韩世忠挽起弓箭就向他射去，兀术连忙骑马逃走。兀术也认为这样拖下去不是办法，迟早要被困死在这里，于是就召集诸将商议："宋军在船上打仗就像骑马打仗一样，我们该怎么办呢？"他们决定悬赏请人献攻破海船的计策。重赏之下必有勇夫，有个福建人王某来到金军这里，教他们在船上装土，平铺在船板上，并给船配上木桨，等风停的时候出长江，有风的时候则不出，因为韩世忠的海船必须依靠风来鼓帆驱动，没有风的时候是动不了的。另外还有一个熟悉当地地形的人献计说："如果在某某地方凿一条大河，连接长江，那么金军的船就可以通过这条河划到韩世忠的上游区域。"兀术听从了他们的建议，召集人手一夜之间暗中开凿了三十里长的河渠，并采用方士的建议，杀白马，挖妇人的心，还割破自己的额头祭天。第二天正好没有风，韩世忠的船没法动，金人划着小船，

🔶 **中兴四将图·南宋·刘松年**
"中兴四将"指的是刘光世、韩世忠、张俊和岳飞四人，由于他们的奋勇善战，南宋王朝得以苟且偷安于一时，故称之为"中兴"。

放出无数带火的箭攻击宋军，宋军伤亡甚多，金军趁机渡江逃去。韩世忠整顿了剩下的宋军返回镇江。

刚刚到达镇江，与兀术正式开战之前，韩世忠认为敌人来后必定会登金山庙，观察宋军的虚实，于是派兵百人埋伏在庙中，另派百人埋伏在水边，相约听到鼓声后，水边的伏兵先攻入，庙中的伏兵进行夹击。后来，果然有五名金人骑马闯入庙中，埋伏在庙中的宋军一时高兴，先击鼓发起了攻击，结果打草惊蛇，仅仅抓住了两个人。逃跑的三个人中，有一个穿着绛袍玉带的人，后来通过审问俘虏得知，那个人正是金军的统帅兀术。在长江的这一战，兀术号称拥兵十万，而韩世忠的军队只有八千多人。战后，皇上前后共六次赐手札给韩世忠，并重赏了他。韩世忠也被升为检校少师、武成感德军节度使、神武左军都统制。

【力主抗金】

金朝废掉伪齐皇帝刘豫后，整个中原为之震动。韩世忠认为机不可失，请求率领大军北伐，招纳归附之人，进一步恢复故土。但由于秦桧主张和议，命令韩世忠驻扎在镇江不要动。韩世忠极力陈说与金人和议的种种不利，表示愿意拼死战斗，率先迎击金军，如果不胜，再和议不晚。韩世忠前前后后共上了十几道奏折，慷慨激昂，还请求亲自到朝廷面奏皇上，皇上大多给了他回复，但并没有听他的

话与金人开战。

金朝派使者萧哲来向宋朝颁发所谓的"诏谕"。韩世忠听说后，连上四道奏折，说："不能接受金国的诏谕，臣还是希望能发兵与金决一死战，敌人哪里的兵力最强，就让臣去进攻哪里吧！"又说："金人是想将我们与刘豫同等对待，让全国的士大夫都沦为陪臣，如果答应他们的话，恐怕人心离散、士气低落啊！"韩世忠还想亲自入朝面奏，但这次皇上没有批准。后来，韩世忠在洪泽镇设伏兵，准备杀死金使，但没有成功。

绍兴十年（1140），兀术率军入侵。八月，韩世忠围攻淮阳，金人来救，韩世忠迎击，将金军大败。韩世忠又派解元在潭城迎击敌人，派刘宝在千秋湖攻击敌人，都取得了胜利。绍兴十一年（1141），兀术再次入侵。皇上诏令集合大军在淮西营地。韩世忠受诏救援濠州（今安徽凤阳），他派水军到招信县，又派骑兵乘夜在闻贤驿袭击敌人，将金军打败。金人攻打濠州，五日后破城。破城三天之后，韩世忠到达，发现镇守这里的宋将早已逃跑了。他与金人在淮河岸边作战，派刘宝在夜里逆流而上，准备夹击敌人。金人砍倒许多树，堵住龙洲，扼住宋军的退路。韩世忠得知后，下令撤兵。金人从涡口渡淮河北去，从此不敢轻易入侵宋朝。韩世忠在楚州十余年，手下只有三万人的军队，但金人领教过他的厉害，都不敢侵犯他。

绍兴十一（1141）年，秦桧收回岳飞、张俊、韩世忠三名大将的兵权，让韩世忠担任枢密使，将他军中所积存的钱百万缗、米九十万石、酒库十五座统统收归国有。秦桧之所以要削弱韩世忠的实力，是因为韩世忠主张抗金，与自己的政见不合。韩世忠曾上奏批评秦桧主张与金议和是误国之举，秦桧便指使言官弹劾韩世忠。韩世忠眼见朝中奸臣当道、忠臣受抑，皇上的态度又如此软弱，感到心灰意冷，便多次上疏请求辞官归乡。十月，韩世忠被贬为醴泉观使。他从此闭门谢客，绝口不谈兵事，时常骑着驴、提着酒，带着一两个侍童，在西湖畅游，自娱自乐。朝中的官员很少能见到他的面。

韩世忠曾告诫家人说："我的名字叫世忠，但你们不要讳'忠'字，讳而不言，就是忘忠。"韩世忠性格耿直，勇敢忠义，凡是遇到有关国家命运的大事，总要流着泪仗义执言。岳飞遭受冤狱，整个朝廷没有一个人敢说一句真话，只有韩世忠敢直言顶撞秦桧。他坚决反对与金和议，经常跟秦桧怒目相对，有人劝他自保，他说："如果我现在害怕惹祸上身，苟且同意和议，他日死后，怎么有脸见太祖呢？"当时朝中的官员大多依附于秦桧，以求苟且偷生。但韩世忠与秦桧见面时，除了出于礼节作揖之外，从未与秦桧说过一句话。

韩世忠好义轻财，皇上给他的赏赐，他全都分给士兵。他治军严谨，与士兵同甘苦，还身体力行地教导士兵行军打仗的技巧方法。他几十年出生入死地在一线战斗，身上的刀痕箭伤如蛛网密布。他知人善用，从行伍之中提拔了一批优秀的将领。在他被解除兵权之后，他淡然自如，好像从未身居权门。晚年，他喜好佛、老之学，自号清凉居士。绍兴二十一年（1151）八月，韩世忠去世。

论赞

论曰：古人有言："天下安，注意相；天下危，注意将。"宋朝靖康、建炎之际，是国家生死存亡的关键时候，有像韩世忠那样勇敢、忠义又有谋略的人担当大将，是上天用以帮助宋朝复兴大业的。当兀术渡过长江时，只有韩世忠敢于与兀术对阵，并向其显示对付他是绰绰有余的。等到刘豫被废，中原人心动摇，韩世忠请求乘机进兵北伐，这样的好机会怎么能够失去呢？高宗只听秦桧的奸诈之言，使韩世忠不能全部施展他的才干，当最终与金朝议和时，宋朝的大势也已去了。韩世忠晚年退居杭州，闭口不谈兵事，不和旧日部下见面，大概是以岳飞惨死的事情引以为鉴。过去汉文帝思念前代廉颇、李牧那样的名将，宋朝有韩世忠却不好好任用，可惜啊！

岳飞列传

提 到岳飞，一段段的故事是少不了的。"精忠报国"的刺字，百战百胜的传奇，被迫撤军的不忍，冤死狱中的悲惨……这些民间广为流传的故事，寄托了百姓对于这样一位几近完美的将帅无比的热爱与同情。岳飞是值得热爱与同情的，他的谋略与骁勇、赤诚与刚烈，都让人肃然起敬。然而，他最终败在一个失去信心的皇帝和一个目光短浅的奸臣手里。当一个国家已经失去信心和眼光时，它的颓败，也并非岳飞这样的猛将凭一己之力所能挽回的了。

岳飞，字鹏举，相州汤阴（今河南汤阴）人，祖上世代务农。岳飞出生时，有一只像鲲鹏一样的大鸟从他家屋顶上鸣叫着飞过，因此家人给他取名叫岳飞。在他还没满月时，黄河决堤，大水突然冲来，母亲姚氏抱着他坐在家里的一个大瓮中，被波涛冲到岸上才得以幸免于难，人们都感到十分惊异，觉得他是个受上天眷顾的孩子。

【初露锋芒】

岳飞小时候不喜欢说话，喜欢读书，尤其喜欢《左氏春秋》、《孙子兵法》等书。他天生有神力，不到20岁就能拉开三百斤的强弓。父亲对他也抱有很大期望，曾经激励他说："如果将来有一天要你报效国家，你要立志成为为国捐躯的忠义之人啊。"

宣和四年（1122），岳飞应征入伍。当时相州有一伙盗贼为害一方，岳飞主动请求率领一百名骑兵前去消灭他们。他先派一些士兵扮作商人，进入盗贼活动的地界，故意被盗贼俘去加入他们的部队，然后下令一部分士兵埋伏在山下，自己则率领数十骑兵逼近敌人并宣战。盗贼出兵应战，岳飞假装战败而逃，盗贼紧追其后，山下的伏兵突然杀出，先前混入敌营的士兵也在内部接应，最终把强盗头子活捉，得胜而归。

康王赵构到相州，岳飞被引见给他，并在紧接着的一次对金军的作战中打了胜仗。宗泽很欣赏岳飞，认为他与古代的良将相比丝毫不逊色，但又担心他没受过系统的战术训练，就送给他一本作战阵形图。岳飞收到后，先表示了感谢，然后又说："摆好阵势再开战，这是用兵的一般法则；要想把阵形运用得巧妙得当，还要靠用心思考，随机应变。"宗泽听后深感此话有理，更加佩服这名小将。

岳飞一直有一个愿望，就是打败

金军，救回徽、钦二帝，以雪靖康之耻。康王赵构即
位以后，岳飞迫不及待地上书，请求高宗出兵恢复
中原。这个时候，岳飞还只是个不知名的小将，出
兵抗金的事还轮不到他开口，所以，他的奏折
递上去之后，被安上了一个"越职言事"
的罪名，罢去军衔，命他回原籍。

　　岳飞并没有放弃，他没有老老实
实地回老家，而是投奔了河北招讨使
张所。张所问他："你一个人能迎战多
少名敌人？"岳飞回答说："打仗的时候，
勇敢并不是最重要的，重要的是先制定
好谋略，古代晋国用曳柴扬尘的方
法战胜楚国，楚国用采樵之计打败
绞国，这都是以谋略取胜的例子。"张所惊
叹道："你不是一名普通的士兵啊。"岳飞见
张所对自己刮目相看，便趁机陈述了自己对
于抗击金军的想法和思路，张所频频点头肯
定，此后就把岳飞留在了自己的军队里。

▶【剿贼有谋】

　　通过一次次大大小小的战役，岳飞
在军事上的才能逐渐显现出来。他虽然
立志抗金，但朝廷最初并没有把他当成
一名抗金将领，而是主要派他去剿灭各
地的强盗。岳飞也不负所托，用一场场
漂亮的胜仗树立起"岳家军"的旗号，
让各地的强盗闻风丧胆。

　　正像他自己所说的，作战最重要的是要有谋略。在围剿
盗贼时，岳飞也显示出他突出的智慧。绍兴二年（1132），贼
寇曹成率领部众十多万人，从江西经湖湘，占据道、贺（今属
湖南、广西）两州。朝廷命岳飞前去剿贼。岳飞的军队进入贺
州境内，抓获曹成的间谍，将他捆绑在营帐外面。岳飞走出营
帐分配粮草时，有关官员报告说："粮食已用尽了，怎么办？"
岳飞假装说："暂且让军队返回茶陵。"随即回头看看那名间谍，

🌀 **岳飞塑像**

岳飞（1103 ～ 1142），南宋杰出的军
事统帅，中国历史上著名的将领。岳
飞精忠报国的精神深受各族人民的敬
佩，人们常用"撼山易，撼岳家军难"
来形容他所率领的军队。

装出一副因泄露军事机密而懊丧的神态，跺跺脚走进营帐。其实，岳飞是故意放出假消息让那个间谍知道，然后暗地里下令让间谍逃走。间谍回去后，把听到的话告诉曹成，曹成闻讯大喜，约定第二天追击岳飞。第二天，岳飞命令士兵们早点起来吃了饭，然后悄悄绕岭急行，天色未明，就到达曹成军队的营寨，突然发起攻击。曹成前一天听到假情报，还以为岳飞的军队就要逃走了，所以放松了戒备，没想到突然被打了个措手不及，结果大败溃逃。

绍兴五年（1135），岳飞奉命去围剿洞庭湖地区的盗贼首领杨么。一天夜里，岳飞指挥军队突袭敌营，杨么不肯降服，驾驶着自己发明的一种战船在洞庭湖中飞驰，这种船用船轮击水，在水面上快捷如飞，船旁装置撞竿，官船迎上去便被撞得粉碎。为了对付这种战船，岳飞命士兵砍伐附近山上的树木制成巨大的木筏，堵住

湖水的各个分流处，又用腐木乱草投放在河水上游，使其顺流而下，堵住船行驶的水道。这样一来，杨么的船的水轮被乱草卡住不能旋转，船也就开不动了。看到自己的计策发挥了作用，岳飞接着迅速派兵出击，贼寇奔逃到港湾中，又被木筏拦住。宋军乘着木筏，张开牛皮革以遮挡箭和石块，举起巨大的木头撞击敌船，敌船全部被撞坏。杨么跳入湖水中想要逃走，被宋军捉住斩首。平定杨么后，岳飞还把缴获的这种新式战船分别送给韩世忠和张俊每人一艘。

岳飞的骄人战绩得到了宋高宗的高度肯定，绍兴三年（1133）秋天，岳飞入朝觐见高宗时，高宗亲笔书写了"精忠岳飞"四个字，制成旗帜赐给岳飞，为岳家军的大旗增添了光彩的一笔。

《赐岳飞书》·南宋·赵构
此为赵构给岳飞的亲笔信，后署"付岳飞"三字。

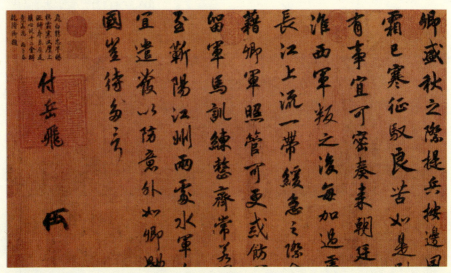

【志在抗金】

平叛盗贼只是岳飞在练兵，他真正的志向还是抗金雪耻。岳飞多次觐见高宗，谈论恢复中原的方略。高宗知道他是一员猛将，就也顺势说："有你这样的大臣，我还有什么可忧虑的，中兴的大事，就全委托给你了。"

高宗或许是随口这么一说，但岳飞却把这份沉甸甸的责任放在了心头，无时无刻不在想如何克敌制胜。通过侦查，岳飞得知伪齐皇帝刘豫跟金将粘罕的关系较好，而兀朮却厌恶刘豫，于是岳飞认为可以离间金国与刘豫的关系，而后伺机采取行动。恰好这时宋军抓到了兀朮的一个间谍，岳飞假装认错了人，责备他说："你不是我军中的张斌吗？我以前派你到齐国去，约定把金国太子兀朮引诱来，但你去后却没了消息。我又派人前去询问，齐国已答应我，今年冬天以联合进军长江为借口，把太子诱到清河，伺机杀之。你所拿的书信竟没有送到，为什么背叛我？"间谍还以为岳飞真的认错了人，于是将计就计，假装服罪。岳飞于是又写了一封书信藏于蜡丸中，上面写着宋朝与刘豫合谋诛杀兀朮的事，并对这个间谍说："我今天饶你不死。"又假装派他到齐国去送信。这个间谍回到兀朮那里，把蜡丸书交给兀朮，兀朮看了大惊失色，飞快报告给金朝皇帝，金朝马上废掉了刘豫。岳飞见计策奏效，立刻上奏说："我军应该乘金废掉刘豫的大好

时机，攻其不备，长驱直入收复中原。"谁知，他的奏折却没有得到朝廷的答复。岳飞精心策划的抗金良策就这样被浪费了。

绍兴十年（1140），金军进攻拱州、濠州（今属河南、安徽），岳飞奉命前去御敌。兀朮有一支精锐部队，三个骑兵一组，每个人都身穿重甲，用皮绳连在一起，号称"拐子马"。宋军在拐子马面前吃过许多苦头，往往不能抵挡。这次战役，兀朮出动了一万五千名骑兵，其中也包括这些颇为厉害的拐子马。岳飞想出了一个对付拐子马的妙招，他命令宋军的步兵手持麻扎刀冲入敌军的骑兵阵中，不要抬头看，只管砍马足。拐子马是把三匹马用皮绳连结在一起，一匹马倒下后，其他两匹马便也动弹不得了。在宋军的奋力砍杀下，金军的战马纷纷倒下，金军大败。兀朮大哭着说："我自从带兵以来，都是用拐子马取胜，今天却毁于一旦了！"

【含恨撤军】

岳飞虽然早期是以剿贼起家的，但他也意识到各地的义军拥有强大的力量，因此也有意招安他们。岳飞恩威并施，结交招纳了不少两河地区的英雄豪杰。这些义军帮助宋军打探金军的情报，约定到进攻金军的日子与宋军联合作战。他们所举的旗帜以"岳"字为号，当地的百姓争相拉车牵牛，给这些义军送粮草。自燕州以

岳飞参花图·清·吕焕成

画面上的岳飞神态安详，端坐于凉台之上。人物刻画细腻生动，构图工整，设色淡雅。

正当岳飞指日之内就要渡过黄河北进时，秦桧却企图放弃淮河以北地区，奏请高宗命令岳飞班师回朝。岳飞急忙上奏，说现在金军士气低落，两河地区的英雄豪杰闻风响应，宋军士兵都准备拼死效命，这样的良机不会再有第二个，不能轻易放弃一举攻下金国老巢的机会。秦桧知道岳飞北伐的意志坚定，不可动摇，于是先请求高宗让其他几路宋军先回朝，然后说岳飞孤军深入不能久留，一天之内连下十二道金字牌，命令岳飞撤军。岳飞愤慨之至，惋惜之极，痛哭着朝东方拜了两拜说："十年的努力，就这样毁于一旦了。"

岳飞率军南撤，当地的老百姓拦住他的马头失声痛哭，说："我们为官军运送粮草，金人是全都知道的。相公一走，我们就会被一个不留地杀掉了呀。"岳飞也悲痛泣下，取出圣旨给他们看，说："不是我想走，皇上有令，我不得不从啊。"一时间，百姓和士兵们的哭声震天动地。

这时候，兀术本来以为打不过岳飞，都打算放弃东京，向北逃走了。突然，有一名书生拉住他的马缰说："太子不要走，岳飞就要退兵了。"兀术问道："岳飞曾经用五百名骑兵击败我十万大军，东京的百姓日夜盼望他前来，他怎么可能退兵呢？"书生回答说："自古以来，只要有权臣在朝廷内把持朝政，就没有哪位大将能在外建立功勋的。现在，岳飞能保命就不错了，不要说想建功立业了。"

南的地区，百姓都在昂首盼望岳飞军队的到来，金朝的号令再也行不通，兀术想要招募一些年轻男子充军，整个河北地区没有一个人服从。兀术无可奈何地哀叹说："自从我朝兴起于北方以来，从没有遇到过今天这样的挫败。"岳飞信心十足地对部下说："等到我军长驱直入，攻取金国的老巢黄龙府，我将同诸位将领一起开怀痛饮！"

兀术恍然大悟，于是继续留在东京，把原来被岳飞收复的州县又全部夺了回来。岳飞回朝后，心灰意冷，极力请求解除自己的兵权，高宗没有批准。高宗询问他作战的情况，岳飞只是礼貌性地拜谢了一下高宗的关心，关于战争，一句话也不愿多说。

【含冤赴黄泉】

岳飞曾经在奏折中直接批评秦桧主张议和是错误的，会让后世讥笑。从此他就得罪了秦桧。兀术知道岳飞难以对付，就写信给秦桧，说必须除掉岳飞，两国才能真正议和。因此，秦桧一直图谋杀害岳飞。

秦桧指使一些谏官用一些编造出来的理由弹劾岳飞，开始是说岳飞在年初攻打淮西的时候曾经想放弃山阳地区。后来，由于岳飞主动请求交出兵权，秦桧又指使人说岳飞表面上交出了兵权，实际上又胁迫其他官员为自己向朝廷要回兵权。秦桧装模作样地说要进行调查，派人去逮捕岳飞父子。这些人来到岳飞家里时，岳飞大笑着说："皇天后土，可以证明我的忠心。"秦桧命人审讯岳飞，岳飞撕开自己的衣服露出脊背，上面刺有"精忠报国"四个大字，字迹一直深入皮肤肌理之中。

岳飞被关押了两个月，但秦桧等人始终没有找到能够证明岳飞有罪的证据。韩世忠愤愤不平地去找秦桧说理，质问他："你说岳飞的儿子岳云曾经写信给张宪，逼他向朝廷要兵权，

确有其事吗？"秦桧说："莫须有。"也就是说"或许有吧"。韩世忠愤怒地说："'莫须有'三个字怎么能够使天下人信服？"

后来，秦桧等人还是决定诬告岳飞在攻打淮西时停兵不前。他们完全依靠伪造的证据陷害岳飞，岳飞在监狱里死去，当时年仅39岁。他的儿子岳云被斩首后弃于闹市，他的全部家产被没收，全家人被迁徙到岭南蛮荒之地。他的几名幕僚也被牵连定罪。

当时洪皓正出使金国，派人迅速送回一封密函上奏高宗，说金国人所畏服的只有岳飞一个人，甚至称呼他为岳爷，金国将领听说岳飞已被处死，都互相举杯庆贺。

论赞

论曰：西汉以来，像韩信、灌婴那样的将领，每个朝代都能涌现出一些，但是像岳飞这样文武双全、仁德与智慧兼备的大将，实在太少见了。然而，岳飞最终还是死于秦桧之手，如果他的抱负得以施展，那么宋朝的耻辱就可以洗刷了。南朝时，刘宋要杀檀道济，檀道济被关入监狱时，瞪大眼睛骂道："你们杀了我是自己毁掉了自己的万里长城！"高宗既然忍心放弃国土，所以也忍心杀害岳飞。岳飞真是冤枉啊！冤枉啊！

吴玠列传

宋朝在靖康之后虽然一直偏安东南，但从军事战略上来说，距离江南比较远的陕西、四川一带也同样重要，因为这是敌人南下的一条重要通道。因此，扼守川陕，对于宋朝的生死存亡至关重要。在镇守川陕方面，吴玠绝对是第一等的大将。他武艺精良、指挥有方，一次次沉重打击金军的气焰。通过和尚原、饶凤关、仙人关三场大战的胜利，他使得金人再不敢轻易窥伺川陕。

吴玠，字晋卿，德顺军陇干（今甘肃静宁）人。吴玠年少时就显示出深沉果敢的性格，有节操，有宏远的志向。他文武双全，一方面知晓军事，擅长骑马射箭；另一方面读书能精通大义。不满20岁时，吴玠加入了泾原（今属甘肃）的军队，并屡立战功。政和年间，西夏军队侵犯边境，吴玠因功擢升为队将。在讨伐方腊的战斗中，他曾攻破方腊部队。在攻打河北的盗贼时，他多次立功。靖康初年，西夏军队进攻怀德军，吴玠率一百多名骑兵追击，斩杀夏军140人。他的官职也一路升至泾原路马步军副总管，受曲端和张浚的指挥。

【扼守蜀关】

建炎四年（1130）春天，金将娄宿和撒离喝率部长驱入关。曲端派吴玠在彭原抗敌，自己率兵作为援军。结果，吴玠的军队大败金军，金将撒离喝吃了败仗，竟然吓得哭泣不止。

这下子，连金国的士兵也瞧不起他了，给他起了个外号叫"啼哭郎君"。不久，金朝重整军马再战，吴玠军失败。曲端退兵屯驻泾原，弹劾吴玠不听指挥，把他降为武显大夫，罢免其总管职位。吴玠、曲端两个人从此结下了仇怨。

九月，张浚会合五路大军，准备同金军决战。吴玠的作战观点与张浚不同，因为在平原地区作战，以步兵为主的宋军相比以骑兵为主的金军，明显不占优势。因此，他建议应该把守各个要害地区，等敌军困弊时乘机出击。当宋军前进至富平（今属陕西）时，又召集众将商议决战的方法。吴玠仍然坚持说："军队应趁有利的形势而行动。这里的地势对我们不利，应该还不到决战的时候。我军应该首先占据高山地形，这样才能使敌人难以攻破。"但其他将领都不把吴玠的话当回事，他们认为宋军人数占优，此地又有沼泽地阻碍金军的骑兵，因此完全不必转移到其他地方。结果，过分轻敌的宋军尝到了恶果。不久，金国军队突然来袭，原来他们用皮囊装土填平了沼泽，使骑兵顺利通过。宋军还没做好战争准备，瞬间溃散。五路宋军接连沦落敌手，巴蜀地区极为恐慌。

富平战役，宋军大败。吴玠收集残兵镇守大散关东面的和尚原，积聚粮饷、修缮兵器、筑造栅栏，做好了死守此地的打算。有人对吴玠说应该退军驻守汉中，扼守蜀口以安定人心。吴玠说："我保住此地，敌人不敢越过我前进，又害怕我从后面进攻，这样才是保卫巴蜀最好的办法。"

吴玠镇守和尚原，守住通往巴蜀的门户，也堵住了金军通过关陕地区入侵江南的通道。当地的老百姓感激他的恩惠，经常在夜里偷偷给他的军队运送粮草。每当遇到送粮的人，吴玠都会给他们赏赐，老百姓更高兴了，给他送粮的人也越来越多。金军听说后非常恼怒，在渭河边设伏兵杀害送粮的百姓，还下令实行连坐之法，一家送粮，几家受难。但即便如此，依然有许多人冒着危险给吴玠的军队送粮，一直延续了数年。

🔴 **饿鹘车**（模型）
此车为宋代战争时用以破坏城防工事的饿鹘车（模型）。

【三大战役】

和尚原是军事要地，因此也频频遭到金军进攻。金人跟宋军打过许多次仗，屡战屡胜，已经习以为常了。但是同吴玠交战却总是遭遇失败，因此十分恼怒，发誓一定要捉拿吴玠。绍兴元年（1131）十月，兀术率领十万大军进攻和尚原。吴玠命令诸将选择劲弓强弩，轮番射击，号称"驻队矢"，连发不断，放出的箭密如雨下。敌人稍稍后退，吴玠就用奇兵从侧翼进击，断绝敌人的粮道。估计敌人人马疲乏将要退走时，吴玠又在路上设下埋伏等待敌人。金兵到来时，宋军埋伏突起，金军大乱。吴玠又指挥军队乘夜出击，大败金军。

兀尤中了箭，扔下部队自己仓皇逃跑了。

绍兴二年（1132）二月，金军长驱直入，直扑洋州、汉州（今属陕西）。兴元守将刘子羽急令部队守卫饶凤关，同时通过驿站送加急书信给吴玠，请求支援。吴玠从河池日夜兼程驰奔三百里来到饶凤关，占据了山顶的有利地形，还给金军送去一筐黄柑，留了一张字条说："贵军远道而来，请用它聊以止渴。"吴玠可不是真的这么好心，要关怀金军，而是要向金军表示自己已经到了。金军将领撒离喝果然大惊失色，急得用手杖直敲地，气急败坏地说："吴玠怎么来得这么快呢！"

双方在饶风岭展开激战。金军身穿厚重的铠甲，登山向上发起进攻。一人先登，后面有两人紧跟；前面的人战死，后面的人马上跟上继续进攻。吴玠的军队在山上密集地放箭，朝山下推巨石，双方整整打了六天六夜，金军士兵的尸体堆积如山，但还是不停地向上攻。吴玠招募了一支敢死队，一共五千人，每人发一千两白银，准备夹攻敌人。谁知这时候吴玠部下有一名低级军官犯了罪，害怕被吴玠惩罚，就投降了金军，把吴玠的作战计划全盘托出，并带着金军通过小路绕到宋军背后突袭。吴玠的军队毫无准备，因此难以抵挡，一时溃败，只好暂时撤军。不久，金军北撤，吴玠迅速出兵在一个狭隘的关口拦截住金军，偷袭金军的后卫部队。金兵数千人都掉下悬崖而死，没有摔死的也都抛弃辎重逃走了。

绍兴四年（1134）二月，金军再次大举南侵，进攻仙人关。当时吴璘（吴玠之弟）驻扎在仙人关右边的杀金平，也赶来与吴玠会合。敌人首先进攻吴玠的营垒，吴玠将金兵击退。金兵又用云梯进攻堡垒，宋将杨政用撞竿撞碎云梯，用长矛刺杀敌人。吴璘拔出刀在地上画了一条线，对众将说："今天要死就战死在这里，后退的一律斩首！"金军把部队分为两部，兀尤在东边列阵，韩常在西边列阵。吴璘率领精锐部

官窑六瓣花口瓶·南宋

瓶体分六瓣，器身有凹凸线条，花瓣口，长颈，溜肩，垂腹，圈足外撇。器表施满釉，釉色凝厚、典雅，釉面满布开片纹，器身凸起处露出黑色胎骨。

队在敌军两部之间，左突右击。随着战斗时间的延长，吴璘的部队有些疲惫，急忙退居第二道防线。金军主力步步紧逼，吴玠又使出杀手锏"驻队矢"轮番射击，箭如雨下，金军死者层层堆积，但依然踏尸而上，毫不退缩。

撒离喝看到这样硬攻不是办法，便停下马四下里观察了一番，说："我得到击破宋军的方法了。"第二天，他命令部队进攻仙人关西北的城楼。守城的宋将姚仲登上城楼与敌激战，城楼承受不住激烈的震动，都快要倾斜倒塌了。姚仲用布匹编了一条长绳，又将倾斜的城楼拉正。金军用火攻楼，宋军将火扑灭。吴玠急令统领田晟率部用长刀大斧冲入敌营左砍右击，在四周的山上点燃火炬，擂击战鼓震天动地，以壮声势。第二天，战斗继续，宋军统领王喜、王武率领精锐士兵，分别举着紫、白两色旗冲入金军营中，金军阵势大乱。吴玠顺势率军奋起冲击，用箭射中韩常的左眼。金人在晚上撤军奔逃，吴玠又在路上设下埋伏，再次击败金军。这次战役，金军的军官都是携带家眷前来的，已经做好了长期留在四川的准备了，没想到又被吴玠赶走了，从此金军再也不敢对吴玠轻举妄动。

【荒淫无度的晚年】

吴玠与金人对峙将近十年，他的确很善于治兵，屡次裁汰军队冗员，节省不必要的开支，开垦屯田，每年收成达十万斛。他还命人治理了当地废弃的堤坝，成千上万的老百姓知道从此有水灌溉农田了，都迁徙到这里归附宋朝。当年富平大战失败，川陕许多地方沦陷敌手，金军一直觊觎四川，而川陕一旦失守，东南地区的形势就很危急了。如果没有吴玠在四川奋力抵挡金军的攻击，那么宋朝早就失去四川了。

吴玠晚年有许多不良嗜好，比如好色。他曾派人到成都抢美女，也曾因为钦佩岳飞，派人送给岳飞一名美女，结果被岳飞严词拒绝了。他还喜欢服用丹石，也因此弄坏了身体，英年早逝，死的时候才47岁。

论赞

论曰：吴玠和弟弟吴璘都有勇有谋、赤胆忠心，兄弟二人同心协力抗击敌人，最终保全四川，名垂青史，这是多么壮烈的功绩啊！然而吴玠晚年十分荒淫，可能是因为常胜而太骄傲的缘故吧。

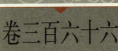

刘锜列传

有时候，毁掉一个优秀人才的，不是能力不足、时运不济，而是他人的嫉妒。刘锜就是这样一个悲剧人物。他是将门之后，英勇善战，率领宋军取得顺昌大捷，打得不可一世的金兀术落荒而逃。然而，他却遭到同僚的嫉恨，在最应该发挥才能的时候遭遇贬黜，最终忧愤而亡。

刘锜，字信叔，泸川节度使刘仲武的第九个儿子。他相貌俊美，善于射箭，声如洪钟。他曾经跟随父亲刘仲武出征，军营门口有一只水桶，里面盛满水，刘锜一箭射中水桶，拔出箭，桶中水涌如注。刘锜随后又射出一箭，正好将原来的箭孔塞住，人们都叹服他射技精湛。

【顺昌战火】

宋高宗即位后，任用刘仲武的后代，刘锜因此被高宗召见。高宗看到刘锜后感到十分惊奇，马上给他封了官。

绍兴十年（1140），刘锜被任命为东京副留守，他便率领自己原有的部队出发前往东京。部队到达涡口，正吃饭时，突然吹来一阵大风将刘锜的坐帐拔起。刘锜立刻警觉起来，说："这是不祥之兆，表明敌人大军将至。"于是立即下令部队日夜兼程地前进。快要抵达顺昌（今安徽阜阳）时，金军果然大举南侵。

刘锜与一个部将赶快进入顺昌城中，有探子报告金军已经进入东京。顺昌知府陈规连忙来见刘锜，询问对策，刘锜说："如果城中有粮草，我就能同你共同守卫顺昌。"陈规说："有粮食几万斛。"刘锜说："够了。"当时刘锜的大部队距离顺昌城还很远，刘锜派骑兵催促，终于在当天夜里赶到。第二天早晨得到报告，金军骑兵已进入陈州。

刘锜同陈规商议收聚兵力进入城中，以作守卫防御的打算，人心才安定下来。刘锜召集各位将领讨论战事，许多人害怕金兵，都打退堂鼓，刘锜愤怒地说："我本来是到东京上任的，现在东京虽然已经沦丧，但幸运的是全军到了此地，有城池可以守御，为什么要放弃？我决心已定，有胆敢说离开这里的，一律斩首！"于是，他下令把船都凿穿沉于河中，破釜沉舟，表示没有逃走的意思。他还把自己的家属安置在寺庙中，在寺门口堆积柴草，告诫守卫的士卒说："假若战斗失利，就宁可点火烧死我的家属，也不要让他们落入敌手受侮辱。"他又命令各位将领分别把守各个城门，仔细侦察，招募熟悉当地情况的人当间谍，探明敌情。在刘锜的感召下，全军将士人心振奋，士气大涨。

当时顺昌城的防御工事都陈旧破败，不能使用。刘锜亲自在城墙上督促工事的建设，准备迎接战斗。五月二十九日，金兵包围顺昌城，刘锜预先在城下设伏兵，擒获两名敌将，审问出金军大部队的所在。当天夜里，他又派一千多人前去突袭，杀伤、俘虏了很多敌人。

不久，金军又派出三万人与原有部队联合攻城。刘锜玩起了空城计，下令打开各个城门，金军果然惊疑不敢逼近。当初，刘锜命人在原有的城墙外又修筑了一道矮土墙，在墙上凿洞为门。当时还有人不理解，现在这道土墙派上了用场。金军朝城中射箭时，这道墙起到一个阻挡、缓冲的作用，而刘锜则用破敌弓和神臂弓、强弩互相配合，从城墙之上或者矮土墙的孔门中射击敌人，无不射中，敌军稍稍后退。这时，刘锜又命步兵出击，金军一片混乱，溺死在颍河中的不可计数。

这时，顺昌城已经被包围了四天，金兵越来越多，驻扎在距离顺昌

城二十里远的东村。刘锜招募了五百名壮士，准备在夜里突袭敌营。这天晚上，天上电闪雷鸣，宋军的这支敢死队也很聪明，在有闪电的时候便奋起出击，雷电停止时则藏匿不动，所以基本没有暴露自己，而敌军则大乱，自相残杀，尸体遍布田野，被迫再次向后撤军。

【顺昌大捷】

兀术在东京听到顺昌失败的消息，立即穿上皮靴登鞍上马，日夜兼程地赶到顺昌，准备亲自与刘锜较量一番。刘锜听说兀术来了，也苦思对策。他招募到两个勇士，教他们说："现在我要派你们做间谍，事情成功后有重赏，你们只管按照我说的去做，敌人肯定不会杀你们。我要把你们留在路上，让你们看起来像是掉队的骑兵，你们遇到敌人就佯装落马，被敌人俘虏。敌人将领要是询问我是什么样的人，就回答说：'刘锜是太平边帅的儿子，沉迷于声色，朝廷让他留守东京以图安逸享乐罢了。'"这两个人谨记在心。不久，两人果然被俘，兀术

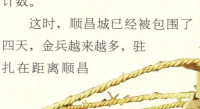

🔴 **蒺藜火球（模型）**
火球以铁蒺藜为核心，外敷火药，周身安插倒须钉，抛到敌人身上可以烧杀敌人。

果然问他们刘锜是个怎样的人，两人按照刘锜交代的回答了。兀术一听，高兴地说："此城容易攻破。"于是懈怠起来，把这两个人捆着送回宋营，还送来一封言语不敬的挑衅书。

兀术来到城下，责备金军诸将的失败，将领们都说："宋朝用兵不比过去，元帅亲自察看便可发现。"这时，刘锜派人送书信到金营约定决战，兀术大怒道："刘锜怎么敢同我交战？我只用靴尖就可以将你们的城墙踢倒。"宋使说："刘锜太尉不但请求同太子您决战，并且认为您一定不敢渡河，我军愿意献上五座浮桥，以便贵军渡河决战。"兀术说："好。"于是下令部队第二天在顺昌城中会餐，意思是一定要攻下这座城池。

第二天天刚亮，刘锜果然没有食言，在颍河上搭成五座浮桥，金军由此渡河。刘锜派人在颍河上游和草木中投放毒药，并告诫宋军将士即使是渴死，也不能饮用河中之水。当时天气酷热，金军快马加鞭地赶来，疲惫不堪，人马饮食了有毒的水草，又更加疲困乏力。宋军则以逸待劳，早晨天气清凉时按兵不动。等到中午时分，敌人已经很疲惫了，刘锜突然派出数百人出西城门同金军交战，随即又令数千人出南城门与金军作战。士兵们都殊死搏斗，金军大败。这天夜晚天下大雨，地上的积水有一尺多深，金军死者以万计，兀术仓皇逃回东京。

【忧愤而亡】

当时，张俊、杨沂中、刘锜三个人都是宋朝的大将，但他们之间

并不团结。顺昌大捷让刘锜声名鹊起，突然显贵起来，其他将领大多嫉妒他。张俊与杨沂中结为心腹，二人都与刘锜不和。

一次，金军进攻濠州，张俊同杨沂中、刘锜率军奔赴黄连埠增援，距濠州六十里时，濠州南城已经沦陷。刘锜向张俊建议先退兵占据险隘地形，以后再慢作打算。张俊答应了。过了几天，有人报告金军已退走，刘锜很警惕，说："敌人已经得到濠州城而突然退走，必有诡计，应该严加防备。"但张俊不听，认为这是追击金军的好机会，就命令杨沂中率领骑兵六万人直奔濠州，果然遭到金军埋伏，吃了败仗。

第二天天刚亮，刘锜正在吃饭，张俊过来了，焦急地说："敌军已经逼近，怎么办？"刘锜问："杨沂中的部队现在在哪里？"张俊说："已经失败回师了。"刘锜对张俊说："不必害怕，我请求用步兵抵御敌人，请您拭目以待。"于是，刘锜精心布置了三道埋伏等待敌人，可是左等右等，连敌军的影子也看不见。过了一会儿，张俊又来了，对刘锜说："原来是间谍谎报军情，来的不是金军，是咱们殿后的部队。"但刘锜觉得张俊是在故意耍自己，两人从此更加不和。

一天夜晚，张俊部下的士卒放火抢劫刘锜的部队，刘锜抓住其中的16人，斩杀之后将他们的头悬挂起来示众。张俊听说后，愤怒地对刘锜说："我是宣抚使，你不过是判官，怎么敢斩杀我的士兵？"刘锜冷冷一笑，说："我不知道是宣抚使您的士兵，我斩的只是劫营的盗贼。"张俊说："我旗下有士兵归来，说并没有劫营。"于是喊一人出来对质。刘锜生气地说："我身为国家将帅，即使有罪，宣抚使应该向朝廷说明，怎么能让我与一个区区士兵对质？"于是长作一揖上马离去。回到朝廷后，张俊、杨沂中常说刘锜战斗不力。秦桧支持他们的说法，朝廷于是罢免刘锜的职务，将他贬到江州（今江西九江）。岳飞上奏为刘锜说情也没用。

刘锜虽然被贬，但并没有忘记国忧，每次朝廷需要他的时候，他还是会浴血奋战。后来，刘锜病重，虞允文来看他。虞允文是文官，但当时刚指挥宋军取得"采石大捷"。刘锜激愤地说："你不用问我的病情，朝廷养兵三十年，一事无成，大功反由一位儒生建立，我们惭愧死了！"绍兴三十二年（1162）闰二月，刘锜忧愤交加，吐血而死。

论赞

论 曰：刘锜有神机武略，出奇制胜，顺昌大捷威震金国。有人认为他的英雄气概不足，只有宽宏的度量，怎么可能是这样？

吴璘列传

宋史 列传

吴璘是吴玠的弟弟，他们一起为保护川陕、扼住金军南下通道做出了不可磨灭的贡献。他有勇有谋，用自创的"叠阵法"让敌人闻风丧胆。临死前，他还惦记着劝皇上不要放弃四川。然而，他如此辛苦地守卫国土，却抵不上奸臣的一句话，实在是令人顿足叹息。

吴璘，字唐卿，是大将吴玠的弟弟。他年少时就喜欢骑马射箭，跟着吴玠征战，立下赫赫战功。绍兴元年（1131），在大败金军的箭筈关之战中，吴璘立功最多，因此朝廷破格提升他为和尚原兵马统制。从此兄弟二人并肩作战，吴玠驻兵河池，吴璘守卫和尚原。等到兀术大举南侵，吴玠兄弟拼死御敌。金兵阵势集中分散三十多次，吴璘随机应变，到神垕设伏兵发动攻击，金军大败，兀术中箭负伤逃走。朝廷任命吴璘为泾原路马步军副都总管，晋升为康州（今属甘肃）团练使。

【镇守川陕】

绍兴三年（1133），吴璘升为荣州防御使、秦州知州。这一年，吴玠在祖溪岭吃了败仗，当时吴璘还在和尚原，吴玠命令吴璘放弃和尚原，另在仙人关安营扎寨，以防备金军深入。绍兴四年（1134），兀术、撒离喝果然率十万金军来到仙人关下，吴璘从武、阶路率兵增援。战前，吴璘先写信给吴玠，说此地地势开阔，前面的防线分散漫长，必须在后面地势险峻的地方设立第二道防线，这样才能够战胜敌人。吴玠采纳了他的意见，急忙修筑第二道防线。吴璘在敌人的包围中接连转战，同吴玠在仙人关会合。敌人果然极力进攻第二道防线，众将中有人请求再选一个别的地方守御，吴璘愤怒地说："两军刚刚交锋，我们就退走，这是不战而逃。我估计敌人不久就要撤走，诸位再忍耐一会儿。"经过连日血战，金军大败，兀术、撒离喝两人此后数年间不敢打四川的主意。

当时金国废黜伪齐的傀儡皇帝刘豫，将河南、陕西的部分地区归还给宋朝。楼照出使陕西，打算在陕西部署三位将领分区守卫，其中以郭浩为鄜延路首领，杨政为熙河路首领，吴璘为秦凤路首领，而且准备把川口各军全部移驻到陕西。吴璘反对说："金人反复无常，难以信任，虽然现在把土地还给我们，但恐怕会发生其他变故。如果我现在移居陕西，川口一带空虚，敌人如果从这里进攻，我军就危险了。依我看，还是应当依托蜀地的险峻地形，控制要害地区，等敌人筋疲力尽时，再逐渐进驻陕西。"楼照听从了他的意见，命令吴璘和杨政两军屯驻保卫四川，郭浩一军屯驻延安以守卫陕西。

【"叠阵"破敌】

绍兴十年（1140），金人毁弃盟约，再次南下入侵。朝廷诏令吴璘指挥调度陕西各路兵马。金将撒离喝率军一路渡过黄河，进入长安，直扑凤翔，陕右各军被阻隔在敌人后方，形势十分危急。当时杨政在巩州，郭浩在鄜延，只有吴璘随四川制置使胡世将在河池。胡世将紧急召集众将商议对策，参谋官孙渥认为河池肯定保不住了，想退保仙人原。吴璘严厉地斥责他说："你竟然说这些丧气的话，还没打就自己先泄了气，应该将你斩首！我吴璘愿意用全家百口人的性命作担保，一定打败敌军。"胡世将被吴璘的这股豪气感染了，也指着自己所居的军帐说："我也发誓，死也要死在这里！"

吴璘写信给金军将领约战，金将鹘眼郎君率领三千名骑兵攻击吴璘的军队，吴璘派李师颜率领骁勇善战的骑兵将敌军击退。鹘眼郎君败退至扶风，吴璘又攻取扶风，俘获金军三名将领及一百多名金兵。撒离喝十分恼怒，又率军在百通坊同宋军交战，排兵布阵长达二十里。吴璘派姚仲率兵奋力苦战，终于击败撒离喝军队。

绍兴十一年（1141），吴璘又同金将胡盏在剡家湾大战，击败胡盏，收复了秦州及陕西的许多州郡。当初，胡盏率军五万人屯驻在刘家圈，吴璘请求进攻他们。胡世将询问他进攻的计

🌸 花形金盏·宋

此金盏外部轮廓呈花朵形状，花瓣分明，盏心为花芯，伸出瓶状花蕊，颇为写实，亦别具情趣。

策。吴璘说自己新创了一种很厉害的阵形，叫"叠阵法"。每次战斗时，将长枪手部署在最前面，命令他们必须坐着，不能站起身；第二层部署的是强弓，再往里是强弩，士兵们要屈膝跪立等待发射；最里面是神臂弓。敌军进攻至大约一百步以内，就先用神臂弓箭射；到七十步内，用强弓齐射，就这样依次击敌。每次布阵时，用结实的木头作屏障，木头之间用铁钩互相连接。布阵时，骑兵分两翼在前面掩护，阵布成后骑兵后撤，这就是"叠阵"。开始时，众将对这种阵法将信将疑，私下议论说："我军不会被歼灭在此地吧？"吴璘自信地说："这种阵法其实古代兵书上就有记载，各位不知道罢了。古代的兵法之中，没有比这个更有奇效的了。敌军即使士气再旺，也抵抗不了。"于是，吴璘决定与胡盏作战时就使用这种阵法。

胡盏也很精通军事，他的军队占据险要地形，前面是崇山峻岭，后面控制着腊家城，以为宋军必然不敢轻易冒犯。战斗的前一天，吴璘召集众将商量破敌的方法，姚仲出主意说应该在山上交战。吴璘同意，于是向敌人下战书，请求决战。金军觉得吴璘是自不量力，便讥笑他是以卵击石。吴璘半夜时分派姚仲和王彦率军登上山顶，约定两人排好阵形后发火为号。两队人马到达山顶后，四周寂静无声，军队布列完毕之后，万把火炬一齐点燃。金军看到这从天而降的宋军，惊骇地说："我们恐怕要失败了。"这时，胡盏与手下将领又产生了矛盾，吴璘先派兵挑战，胡盏果然出兵同吴璘的军队鏖战。吴璘的叠阵法大显神威，士兵们都殊死搏斗，金军大败，投降的达到一万人，胡盏退入腊家城。吴璘率军乘胜追击，将腊家城层层包围并发起进攻。就在腊家城就要攻破时，朝廷突然传旨命令吴璘退兵。吴璘和胡世将长叹不已，不得已停止攻城。

十八般兵器

十八般兵器在不同的历史时期有不同的内容，一般指刀、枪、剑、戟、斧、钺、钩、叉、鞭、锏、锤、抓、镋、棍、槊、棒、拐、流星锤等十八种兵器。

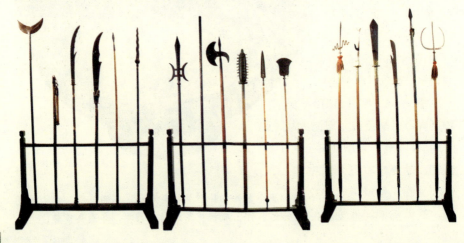

第二年，宋朝竟将和尚原割让给金国。原来，撤军和割地都是秦桧的主意。

【带病作战】

绍兴三十一年（1161），金主完颜亮率军入侵，朝廷拜吴璘为四川宣抚使。秋天，完颜亮渡过淮河，控制大散关。吴璘当时身体已经有病，但他坚持乘坐轿子来到前线，与各路将领商量对策。后来，他因病重返兴州（今陕西略阳），当地官员送急信报告朝廷，说吴璘多病，万一突然发生紧急情况，四川形势必然危险，请求调吴璘的侄儿吴拱来四川协助作战。前前后后一共上报了五封这样的书信，但不知为什么，朝廷一直没有答复。吴璘病情已十分严重，但他不放心战事，就又带病来到仙人关。

绍兴三十二年（1162），吴璘派遣姚仲攻取巩州，王彦屯驻商、虢、陕、华等州，惠逢攻取熙河。这些地方有的久攻不下，有的得而复失，最终没有取得彻底成功。金军占据大散关60多天，双方对峙不分胜负。吴璘派自己的儿子吴挺与敌人在瓦亭交战，吴璘亲自率军来到城下。这时候，奇异的一幕发生了。两军相遇，本应剑拔弩张，恨不得除掉对方而后快。但这个时候，守卫城墙的金国士兵看到吴璘，不但没有争相放箭射杀他，反而高呼"相公来了"，相互叹息着不忍放箭。他们估计也是被吴璘轻伤不下火线的精神所感动了。

乾道元年（1165），吴璘来到京城，见到高宗。高宗叹息着说："我与你，是老君老臣了，你有时间的时候可以多来看看我。"吴璘叩首，表示深深的感谢。等到吴璘要返回四川时，高宗和孝宗一起为他设宴饯行，吴璘在向高宗辞行时，不禁凄然泪下。高宗也十分难过，解下自己身上所佩带的刀剑赐给吴璘，说："以后你想念我的话，看到它就像看到我了。"

乾道三年（1167），吴璘去世，终年66岁。他在病重的时候，把手下人叫过来草拟递交朝廷的遗表，在其中，他热切而沉痛地写道："希望陛下不要放弃四川，但也不要轻易出兵。"在人生的最后关头，吴璘挂念的依然是国家的存亡，没有说到一句自己的家事，人们都称赞他的忠诚。

吴璘性格刚强勇敢、不拘小节。他读过很多史书，因此很明事理。自从代替兄长为将后，吴璘守卫四川二十多年，取得了很大的成绩。高宗曾询问他有何战胜敌人的方法，吴璘说："先派老弱士兵出战，然后派精锐部队跟进即可。"高宗说："这是孙膑的方法，一败而两胜。"

论赞

论 曰：吴玠和弟弟吴璘都有勇有谋、赤胆忠心，兄弟二人同心协力抗击敌人，最终保全四川，名垂青史，这是多么壮烈的功绩啊！

张俊列传

张俊是一位颇具特点的武将，徽宗、钦宗被金人掳走后，张俊第一个站出来拥立高宗，此后便成为高宗的心腹。抗金路上，张俊立有赫赫战功，却赞成和议。在政治上，他是秦桧的支持者，并且参与陷害了名将岳飞。是非功过，在历史的一瞥中都让人无限扼腕。

张俊，字伯英，凤翔府成纪（今甘肃天水）人。张俊从小就爱好射箭，富有才气。张俊是做强盗起家的，16岁时，他成为三阳地区有名的弓箭手。

【血战榆次】

靖康元年（1126），因为守卫有功，张俊升迁为武功大夫。

金军侵扰太原，宋军固守城池，朝廷命令河北、河东路制置副史种师中前去援救，种师中率部驻扎在榆次（今属山西）。

得知宋朝援军的驻扎地，金军迅速派出数万骑兵前去攻打。当时张俊还是队将，立即率队迎战，斩杀了很多敌人，还缴获了一千匹战马，战果辉煌。借着强盛的势头，张俊请求乘胜追击敌人，扩大战果。而种师中却认为时机还不够成熟，连忙下令退兵返至榆次以求自保。一路后退的金兵见没有宋朝的追兵，又获知张俊的建议没被采纳，在喘过气后，发动全部兵力包围榆次，血拼宋军。在敌人强大的攻势下，榆次被攻破，种师中也战死。

形势迅速变得危急起来，宋朝的援军成了瓮中之鳖。这时，张俊挺身而出，率领所部数百人突围而出，且行且战，战事进行得非常残酷。部队最终来到了乌河川，并再次遭遇了敌人，张俊率领的部队抖擞精神，又斩杀了五百多敌人。

【成为心腹】

金兵围攻东京时，高宗还是兵马大元帅，张俊率军急速赶往救援。高宗见张俊相貌英武雄伟，颇为欣赏，更由于救援有功，便提升他为元帅府后军统制，后迁至容州刺史。从此，张俊便成了高宗的心腹。

建炎元年（1127）正月，张俊跟随高宗到东平府（今属山东）。当时兖州地区有一股势力非常强大的盗贼，为害一方。张俊领命前去讨伐，他亲自率领几名骑兵杀进敌阵，士兵们也深受鼓舞，纷纷奋勇作战。最终，张俊的军队取得了胜利。凭着这个胜利，张俊也晋升为

双龙金香囊·宋

此香囊呈桃形，用两片金叶锤压而成，正反两面镂刻首尾相对的双龙纹。双龙昂首屈身，尾部向上翻，形象生动。香囊边缘刻有草叶纹和联珠纹。顶端有孔，可供垂挂。这个金囊反映了宋代高超的金器制作水平。

桂州团练使，不久又升任为贵州防御使。

一天，使者从东京带来钦宗藏在蜡丸中的诏令，命令高宗将军队交给副元帅，返回京城。由于局势复杂，高宗接到这个诏令不知如何是好，于是询问手下将领的意见。这时，张俊挺身而出，劝谏道："这是金朝设计的阴谋，大王不能上当。现在大王在外面，正是一个天赐皇位的好机会，怎么可以前往东京呢？"张俊还请求继续进军，高宗就顺势答应了，于是军队开到了济州。

"将在外"的高宗还准备举行仪式庆祝哥哥钦宗的生日，临近夜晚时，突然接到报告，有人会等其进香时劫掠叛变。一时，人心惶惶，众将计议要集中兵力进行戒备。张俊说："只要元帅不出去，阴谋就不会得逞。"于是，一群人连夜转移州府所在地。见此情形，叛军无计可施，天亮时只好带领军队向北逃窜。这时，张俊果断出动军队，迅速追击叛军。

渐渐地，张俊越来越得到高宗的信任。因其功劳日益增多，高宗升张俊为拱卫大夫。不久，金军便攻克了东京，还将徽宗、钦宗都俘虏北去。朝野上下，人心涣散。这时，张俊劝说高宗登基，高宗流着泪不愿答应。张俊正色说："您是皇帝的弟弟，您登基是人心所向。在如今这种混乱时局下，您不早日登上皇位，很难让民众看到希望。"高宗没有说话。张俊还撺掇大臣耿南仲上书进一步劝说，耿南仲也连续三次上奏。高宗离开济州，张俊一路随从护卫，十分尽力。到达应天府后，高宗同意即位，设立御营司，任命张俊为御营前军统制。

【抗金路上】

战事对宋朝越来越不利，金军分兵多路深入，渡过长江进攻浙江。在一番城池争夺战中，江淮宣抚使杜允放弃了建康，大将韩世忠也从镇江退守江阴。情况已十分危急，高宗

🔶 **银童子花卉托盘**

杯、托各一件，均为银制鎏金。杯，内底錾花瓣形纹，中间焊一盘坐的男童。外壁在凸起的四季花卉的两朵莲花上各焊一女童，作为银杯双耳；盘口沿錾刻卷草纹。盘心錾有牡丹花一朵，四周为凸起的童子花卉图案。

也只好转到明州（今浙江宁波），张俊连忙从越州赶来护驾。兀术大军进攻临安，高宗又只好乘坐楼船去温州，留下张俊在明州抵御敌人。临行时，高宗留给张俊一封言辞恳切的亲笔信，信上说："我没有你，就不会早登皇位；你没有我，前程也不会如此光明。将军一定要竭力抵御敌人，一旦成功，我就封你为王。"

这年除夕，装备精良的金军来到明州城下，声势浩大。张俊命令统制刘宝率领兵士与金军作战，战事进行得非常残酷，部将党用、丘横都战死了，而将领杨沂中、田师中、赵密等也都在做殊死搏斗。宋军整体已经后移，往后已经没有退路。面对困境，张俊下达死令，必须迎头痛击敌人。杨沂中弃船登岸苦战，殿前司将领李质也领兵前来助阵，而明州守将刘洪道乘势发动州兵在侧翼射击敌人，最

终宋军大败金兵，杀敌数千人。这时，金军邀请张俊派人到营中讲和，张俊就派了个小校尉前去。金军传出话来，他们打算到越州请求投降。张俊没有理会这一请求，反而警戒军队不要麻痹轻敌，要防止敌人再次攻来。同时，张俊下令加强巡逻，多用小船装载强弩，做好迎敌的战前准备。

建炎四年（1130）正月初一，忽然刮起了西风，金军果然借此机会向明州再次发起进攻。张俊和刘洪道稳坐在城楼上，派兵掩杀敌人，双方都有较大伤亡。偷袭而来的金军显然没有料到遭遇如此猛烈的阻击，纷纷奔逃，落水的不计其数。

绍兴四年（1134）十月，金朝的军队和叛军刘豫兵分多路向南宋小朝廷侵袭而来。消息一出，朝野震惊不已，大臣们惊慌失措，有人建议高宗逃到其他地方躲避。这时，张俊当面质问宰相赵鼎说："我们还能逃到哪里呢？只有前进，才是破围的根本之道。我们应当集合全国的兵力死守平江，再慢慢寻找对付敌人的良方。"赵鼎沉思了一下，说："你认为不能逃避，我赞同。但如果动用全国的兵力都去扼守一个地方，我认为很冒险，是不可取的。现在，你只要坚持前面的想法就够了。"于是，张俊被任命为两浙西路、江南东路宣抚使，驻扎建康，不久又改任淮西宣抚使。张俊的军队与敌军隔长江对峙，持续了一个月，敌人没敢南进。这时，张俊决定先发制人，派部将张宗颜悄悄渡江

绕到六合，在敌人的背后猛攻。敌军吃了大亏，准备撤走。张俊早有预料，对部将王进说："敌军现在无心恋战，他们肯定会直接渡过黄河北去，我们应当在他们没有行动前就去进攻。"王进领命驻军淮河，果然等到欲图渡河的敌军。于是，王进在淮河向敌人发起了进攻，大败敌军，俘虏了敌将程师回、张延寿。

绍兴十一年（1141）二月，兀术进入合肥，进攻历阳（今属安徽）。江东制置大使叶梦得向张俊求救，请求迅速出兵。张俊没有任何推辞，立即派兵渡江进行支援，并对众将说："先夺取和州的有赏。"同时，张俊任命手下大将王德为各军先锋，率先在采石矶渡江登岸。等王德抵达和州城下，金军因惧怕已经退守韶关了。张俊这时候一点都不闲着，部署兵力多处"开花"：命令关师古进击巢县，进而收复韶关；让赵密在竹林悄悄行军，渡过六丈河以分散敌军；命令张守忠率五百骑兵在全椒进攻金兵。渐渐地，各路都传来捷报。金兵害怕了，连忙截断桥梁以抵御张俊。虽然在病中，张俊仍然坚持率众将领渡河登岸，追击敌人。最终，张俊的军队在柘皋大败金兵。这一战打得酣畅淋漓，朝野都为之振奋，张俊被任命为枢密使，其手下大将也都得到重赏。

【陷入争议】

南宋朝廷的政治斗争是很激烈的，虽然张俊在抗金上立有赫赫战功，但是他很赞成与金朝讲和，而且张俊对秦桧的言论和主张都是极力附和的。当张俊获知朝廷要解除各位大将的兵权时，率先请求交还自己的兵权。

显然，秦桧也是很感激张俊的，经常投桃报李。后来，秦桧将众将的兵权全部解除，统一交给张俊指挥。然而，过了一年多时间，张俊也没有交出兵权的打算。因此，秦桧又不安起来，指使手下成功地弹劾了张俊。

在南渡后，张俊一度是和岳飞、韩世忠等人齐名的，屡立战功。后来，岳飞陷入冤案，韩世忠等将领极力营救岳飞，张俊却帮助秦桧构织冤案，置岳飞于死地。

在众将中，高宗对张俊特别喜爱，但是也多次警告过他。高宗告诫张俊不要与民争利，不要大兴土木，多读读《郭子仪传》。

论赞

论曰：南渡诸将以张俊、韩世忠、刘光世、岳飞并称于世，而张俊位居第一。然而考察张俊的所作所为，似乎配不上这么高的地位。张俊作为亲信武臣，参与平定苗傅、刘正彦的叛乱，虽然有勤王之功，但既不能守住越州，又放弃了四明，有不少过失。况且他依附于秦桧，主张议和，谋害忠良，保全富贵，献媚人主，这又该承担什么罪名呢？

刘光世列传

宋史 列传

刘光世是南宋"中兴四将"之一，与岳飞、韩世忠齐名。他出生于军事世家，但是却没有得到很好的磨炼，打仗时状态很不稳定，一遇到困难就想逃跑。皇帝交给他守卫重任，他竟然想找借口推脱，惹得人人愤慨。

刘光世，字平叔，保安军（今陕西志丹）人，宋朝将领刘延庆的第二个儿子。他最初是由于父亲的缘故而踏上仕途，后来屡经升迁为鄜延路兵马都监、蕲州防御使。方腊起义后，刘延庆任宣抚司都统，派遣刘光世率军赴衢州、婺州，出其不意打败方腊。由于平定方腊有功，刘光世被任命为耀州（今陕西耀县）观察使，并鄜延路兵马钤辖。

【蹩脚将军】

虽然父亲有意提拔，但刘光世却并不是一块打仗的好料，反而屡屡拖父亲后腿。当时，宋朝正准备攻取燕蓟一带，刘光世随从刘延庆攻取易州，被任命为奉国军承宣使。金朝将领郭药师投降，刘光世又被任命为威武、奉宁军承宣使。刘延庆派众将乘敌人虚弱直捣燕地，派刘光世作为后续部队。但就在别的将领奋力厮杀了一番，需要

援助时，刘光世却未能按时带兵赶到，结果，众将因为失去支援而溃散，刘光世被降官三级。

不过，身为"中兴四将"之一的刘光世也并不总是这样，也有脑袋灵光的时候。金军进攻东京，刘光世率部增援京城，听说范致虚传布檄文通知各路兵马会合，就准备率兵前去。这时却听说朝廷下诏阻止勤王兵前来，刘光世考虑了一下，还是认为应该迅速前进，于是就没有把诏令交给众人看，以免动摇军心。不久有前方溃兵来到，详细说明了京城被攻陷的情况，大家都很惊慌。刘光世急中生智，假称有外国使者刚从东京回来，说徽宗、钦宗二帝已经突围南去，

🔹 **陈十五娘造释迦佛坐像**

这是一尊出自广东潮州窑的北宋纪年瓷佛，佛像左手抚膝，右手当胸，双足都敷裹于袈裟之内，坐在简朴的束腰方座上。

众人才稍稍安定。范致虚本打算会合五路兵马，同金军决一死战，刘光世知道敌强我弱，就阻止了他，建议去投奔康王赵构。于是，五路兵马来到济州拜见赵构，刘光世被任命为五军都提举。

赵构即皇帝位，也就是宋高宗。由于刘光世主动来投奔自己，所以高宗很重视他。但刘光世的打仗本领实在有些蹩脚。有一次，他在池州讨伐流寇张遇，张遇看到刘光世军队的样子，就不屑地说："官军军容不整，可以击破。"当时湖水干涸，贼众越过湖出现在官军背后，官军大乱，刘光世几乎被俘，多亏王德及时营救才得以脱险。张遇顺江而上，刘光世重整军队追到江州，截断其后卫部队，才将其击败，挽回颜面。

建炎二年（1128），刘光世升为检校少保，奉命征讨宋朝叛将李成。刘光世以王德为先锋，与李成在上蔡驿口桥相遇，将其击败。李成收拾残兵再战，刘光世可能是太轻敌了，觉得手下败将不足为惧，连战袍都懒得穿，直接穿了一身素白优雅、随风招展的儒服来到军

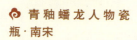

青釉蟠龙人物瓷瓶·南宋

此瓶瓶颈堆塑一条龙，另堆塑有飞鸟、圆日和两个人，一人仰卧龙身之上，另一人则揣手站立。这种瓶俗称"五谷瓶"，或称"鬼瓶"。多出土于宋代南方地区的墓葬之中，很少有纹饰完全的。

前，这下可给李成提供了一个活靶子。李成远远望见对方阵营中竟然冒出一身白色衣袍，于是集中兵力，就朝那儿打。王德冲破重围才将刘光世救出来。刘光世气急败坏，下令捉到李成的人大大有赏。士兵们争相杀敌，李成逃跑，最后活捉了李成的主要谋士陶子思。

【贪求安乐】

刘光世仗打得不好，但并没想着多加训练、提高本领，反而贪图享乐，一心求安逸。苗傅、刘正彦造反，当时张浚在平江，派人送急信告谕刘光世率兵勤王，但刘光世竟然不听。后来，吕颐浩又派使臣到镇江劝说他，他才勉强率兵到丹阳会合。高宗任命刘光世为江东宣抚使，守卫太平及池州，接受杜充指挥。刘光世六次上书说自己不愿接受杜充指挥，高宗大怒，下令不让刘光世进入殿门，刘光世才接受命令。

隆祐太后在南昌时，有人说金军自蕲河、黄河渡过长江，从陆上疾行二百里就能到达这里。于是，朝廷命令刘光世移驻江州作为屏障。刘光世到江州后，每天设宴喝酒会见朋友，一点也不积极备

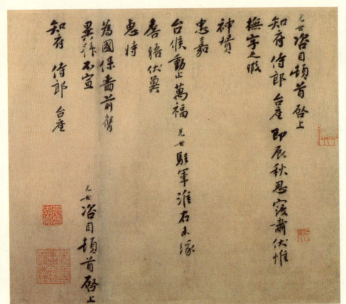

战。金军从黄州渡过长江，花了三天，竟然没有人知道。等到金军"从天而降"来到宋军眼前，刘光世便一逃了之，太后只好退到虔州。

朝廷希望刘光世能到皇帝所在地进行守卫，就下了诏令，任命他为浙西安抚

🎐 刘光世《即辰帖》

《即辰帖》行笔流畅，略近苏轼，有学者考证当是幕僚们的代笔。苏氏一路的书体，在当时的公牍之中十分流行，由此可见一斑。

大使、知镇江府。刘光世却推辞说："如果我只守镇江，那么其他地方有警报，就难以离开。希望朝廷另外选人守镇江，我就只任安抚使就够了。"从表面上来看，刘光世好像是不求官、不求名，貌似很清高，实际上，他是有自己的小算盘。当时金军的进攻势头很猛，刘光世觉得金军肯定会打过长江，到时候京城附近就是主战场，镇江也跑不了。自己去那儿做官，不是去送死吗？还不如趁早推掉，选择一个不那么危险的地方待着。朝中大臣觉察到刘光世的这种盘算，都很愤慨。高宗也有所察觉，不过看他是将门之后，也没有再追究。

当时金军留驻淮东，刘光世很害怕。楚州被围已有一百天，高宗亲自给刘光世写了五封信催促他救援楚州，刘光世竟然不去，只派王德、郦琼率领轻兵前去，自己不时报告战果而已。楚州被攻破后，朝廷命令刘光世指挥各镇兵力，竭尽全力守卫通、泰地区。完颜昌屯驻承州、楚州，刘光世了解金军部队里有很多士兵希望早点回家，于是打算离间敌人。他命人铸造了许多金银铜钱，钱的正面铸有"招纳信宝"四个字。如果有俘虏的金兵，就命他们手持铜钱回营招降，有想归顺的，就到江边拿着钱作为信物。结果，前来归顺的金兵络绎不绝，刘光世顺势创立"奇兵"、"赤心"两支军队。完颜昌见此情形，只好拔营撤退。

【驭兵无方】

当时刘光世、张俊、韩世忠三人权力相当，并且彼此之间都有私怨。高宗派人到军中劝说他们消除仇怨报效国家，刘光世于是写信给韩世忠、张俊，他们两人都回信问候。刘光世这才开始在军事上支持韩世忠。有一次入朝觐见时，高宗又劝他说："你与韩世忠因小事有不和，但是大丈夫应当以义气相许，先国家而后私仇。"刘光世哭着谢罪。

张浚巡视淮河地区各军，叛臣刘豫依恃金军分路入侵宋朝。张浚命令刘光世屯驻庐州招降刘豫部众，同韩世忠、张俊鼎足而立。刘光世又犯了见金军就想逃跑的毛病，上奏说庐州难以守卫，秘密同赵鼎联系，想返回太平州。张浚看出了刘光世的意图，立刻命令吕祉迅速来到刘光世军中监督作战。这时，刘光世已经放弃庐州后退，张浚下令："如有一人渡江逃跑，立即斩首示众。"刘光世迫不得已，才正面与金军打仗，双方交战三次，都击败了敌人。战后，张浚入朝面见高宗，说刘光世骄惰不战，不能当大将，请求罢免他。高宗令他同赵鼎计议，赵鼎说："刘光世是将门子弟，军中很多将士都出自他的门下，如果罢免他，恐怕会动摇军心。"高宗这才没有罢免刘光世。

刘光世属下的士兵大多是投降的盗贼，一向纪律性很差。刘光世不想再打仗，就称自己有病，请求罢免自己的军政职务。朝廷命令吕祉接管他的军队。结果，军中有个叫郦琼的士兵杀死吕祉，带着军队直接投降了刘豫。绍兴十年（1140），金军包围顺昌，朝廷又将刘光世召回，任三京招抚处置使，以援助刘锜。刘光世奏请让李显忠任前军都统，又请求将王德隶属自己指挥。可王德这位老部下再也不愿受他指挥。李显忠的部队来到宿、泗时，士兵大多逃散。到达和州时，秦桧力主撤兵，于是刘光世被召回。

由于出身将门，刘光世在众将中最先得到晋升。但他对自身要求不严，统驭军队没有法纪，也不愿意为国家担负重任，一心只为自己打算，因此为许多人所不齿。他曾经在皇帝面前夸下海口，说："我愿意尽力报国，日后史官将会记下我功绩第一。"高宗倒是很清醒，对他说："你不能只是口说空话，应当付诸行动。"刘光世跟秦桧的关系不错，一辈子没遭过太多罪，但同为"中兴四将"，他和韩世忠、岳飞相比差得远了。

论赞

论曰：刘光世虽然身为宿将，作战却怯懦退缩，不听指挥调动，所率部下军纪不严，终于导致郦琼叛乱。他又迎合秦桧的意图，首先交出兵权，虽然得以寿终正寝，但不为正直君子所赞赏。与韩世忠、岳飞相比，他差得太远了。

曲端列传

端是一员猛将，打起仗来不在话下。然而，他性格太过强硬，不肯服一点软，甚至对自己的顶头上司也敢冷嘲热讽，最后差点被扣做人质。曲端这样自然得罪了不少人，所以曲端最后不是死在战场上，而是死在他曾得罪过的人手中。这样的命运委实让人叹息。

曲端，字正甫，镇戎（今宁夏固原）人。其父曲涣，曾任左班殿直，后战死沙场。曲端可以说是文武双全，既机敏好学，善于写文章，又富有军事韬略。他历任秦凤路队将、泾原路通安寨兵马监押、泾原路第三将。

【西部猛将】

当时，王庶任龙图阁待制，负责指挥陕西六路兵马。他任命曲端为吉州团练使，但曲端很不乐意受王庶指挥。建炎元年（1127）九月，金军进攻陕西，王庶征召曲端到雍州、耀州会合，曲端不接受命令。王庶带着鄜延军先到了龙坊，曲端又声称自己已经上奏请求回避，席贡另派统制官旁世才率步兵、骑兵共一万人前来会合。王庶对曲端无可奈何，只好传檄文给席贡，勒令曲端还任旧职，并派遣陕西节制司将官贺师范赴耀州，别将王宗尹赴白水，并命令原州、庆州出兵作为后援。王庶准备亲自前往耀州督战，已经出发，曲端突然又后悔没有

响应王庶的征召，于是写信告诉王庶，说自己已赶到军前，王庶于是停止赴耀州督战。贺师范轻视敌人，军队戒备很疏松，没想到在八公原突然和敌人遭遇，贺师范战死，于是曲端掌握了泾原路的兵权。

十一月，金军侦察得知曲端、王庶不和，便集中兵力进攻鄜延。当时曲端统领泾原路全部精兵，驻扎在淳化。王庶每天送公文催促曲端前进，又派使臣、进士前后十多人前往劝说曲端，曲端就是不听。王庶知道事情紧急，又派属官鱼涛前往督师，曲端表面答应前进，但实际上并没有前行的意思。转运判官张彬跟随曲端军负责后勤供应，询问曲端到底准备何时出兵。曲端笑着问张彬："你看我所率领的部队，与李纲救援太原的兵力谁强呢？"张彬说："你的兵力不如李纲。"曲端说："李纲召集全国的军队，没等好好整顿就仓促前往太原，因此失败。现在我的兵力不到一万，如果不幸失败，那么金军骑兵就会长

驱直入，陕西就不保了。我估量了一下陕西全境和鄜延一路的轻重缓急，因此未敢立即行动，不如扫荡敌人的巢穴，攻敌必救之地。"于是，他派遣吴玠进攻华州，将其攻克。曲端亲自率兵放弃蒲城不攻，奔赴耀州的同僚，又由远路从邠州的三水同吴玠在襄乐会合。

【将帅失和】

金军急攻延安，王庶带兵前往救援。他刚走到甘泉，就听说延安已经失陷。他没有地方可去，就干脆奔赴襄乐去慰问曲端的部队。王庶把曲端

朱漆戗金莲瓣形人物花卉纹奁·宋

此漆奁由盖、盘、身及底四部分套合而成，平面呈六瓣莲花形状。奁身为折枝花卉，奁盖面为仕女在花园中游乐的图像，二侍婢，主人衣着华美，手持扇，女婢持长颈瓶侍立，图像生趣盎然。在奁盖内有铭"温州新河金念五郎上牢"十字，是作器匠人的名号商标，为南宋时作为商品的日用器物所常见。

看做自己的副手，这让曲端心中更加不满。曲端一向号令严厉，进入他管辖的城中的人，即使是权贵也不敢骑着快马奔跑。王庶来到后，曲端有意要杀杀他的威风，便下令每座城门的卫兵，见到王庶，就将其随行的骑兵扣掉一半。结果，等王庶来到曲端的帐下，身边只剩下几名骑兵了。

曲端依然腾出中军帐让给王庶居住，王庶坐在帐中，曲端穿着军装，同张彬等人一起到帐中拜见了王庶。过了很长时间，曲端声色俱厉地询问王庶延安失守的情况，说："你倒是知道爱惜自己的生命，怎么不知爱惜皇上的城池？"王庶生气地说："我多次命令你出兵，你却不听，到底谁是贪生怕死的人？"曲端愤怒地说："在耀州我曾多次陈述有关军事的见解，没有一次被你采纳，这是为什么？"说完起身回到自己的军帐。王庶留在曲端军中，整夜惶恐不安。

曲端想在军中杀死王庶，吞并他的部队。他想增加外援，于是连夜来

真草《嵇康养生论》（局部）·南宋·赵构

赵构的书法仅为中人之资，早年学米芾、黄庭坚，后来又对东晋王羲之书法情有独钟。

到宁州，拜见陕西抚谕使谢亮，对他说："延安是五路咽喉之地，现在却已沦丧，《春秋》上说大夫出兵在外可以专断行事，请求诛杀王庶上报。"谢亮老谋深算，不愿趟这浑水，于是婉拒说："你虽然引经据典，但意图太明显了。如果现在以大臣的身份擅自把王庶诛杀在外，这是蛮横强暴的行为，你如果想做就自己去做吧。"曲端一看没能争取到支持，只好又回到军中。第二天，王庶知道自己已被曲端控制，就去见他，说自己已禀明朝廷，自觉请求处分。曲端扣下了王庶的节制使印章，才把他放走。

谢亮回到朝廷后，朝廷听说曲端曾想杀死王庶，怀疑他有叛变的意图，于是召曲端回朝任御营司提举，曲端心存疑虑不想去。于是谣言四起，说曲端有意反叛，曲端有口难辩，没办法表明自己的清白。恰逢这时张浚奉旨要来川、陕地区统兵，临行前，他入朝辞行，以全家老少一百口的性命担保曲端没有反叛。张浚之所以为曲端说话，是因为他知道曲端在陕西多次同敌人交锋，想要依仗他的威名声誉来建立自己的威信。张浚来到陕西后，就拜曲端为威武大将军。

张浚虽然想使用曲端，但不清楚曲端对战事到底是什么看法，于是派张彬以招募补充禁军作借口，到渭州观察他。张彬见到曲端，就询问他准备如何对抗金军。曲端详细地叙述了自己的见解，张彬将曲端的话上报，但张浚并没有采纳曲端的意见。

▶【惨死军中】

建炎四年（1130）春，金军进攻环庆，曲端派吴玠等人在彭原店抵御，曲端自己率军屯驻在宜禄。吴玠开始时占据优势，不久金军士气恢复，吴玠稍稍后退，曲端退驻泾州，金军乘胜焚毁邠州后撤走。战后，吴玠抱怨曲端不来增援自己，曲端则说吴玠前军已败，自己是迫不得已后退，以占据险要地形，两个人由此产生了矛盾。

这年秋天，兀朮窥伺江、淮，张浚计划出兵以阻挠金军势头。曲端反对，认为在平原作战，宋军的步兵不是金军骑兵的对手，还说宋军必须厉兵秣马，等待十年之后才可以反击。张浚哪里等得了十年，恨不得马上建功立业，于是他和曲端也产生了矛盾。其实，张浚以前就对曲端不是很信任，加上他现在又阻挠自己出兵，于是便以彭原兵败为由罢免了曲端的兵权，让他去管理军中祭祀的事务，后来又把他贬到了万州。

赶走了曲端，张浚便发起富平战役。但正如曲端所说，宋军大败。战后，张浚为了收拢军心，就宣称在富平之战中，泾原军队出力最多，大军退却之后，又最先集结起来，这些都是由于曲端训练有方，因此又把曲端召回来，升他为左武大夫，居住在兴州。

绍兴元年（1131）正月，张浚又将曲端升为荣州刺史，让他搬到阆州。张浚自从打了败仗，自认理亏，所以想再次依靠一些在军中声望高的将领，于是准备重新起用曲端。但这时跳出来一个"程咬金"，就是吴玠。自从吴玠同曲端结下仇怨，就一心想要报复。这时他悄悄对张浚说，曲端的性格一向骄傲，不把别人放在眼里，如果他再被任用，肯定会对张浚不利。王庶也吃过曲端的亏，因此也插进来从中离间。张浚也怕自己过去罢免过曲端，再启用他，他会跟自己作对，于是就听了他俩的话，想要除掉曲端。

但他也知道曲端是个难对付的角色，担心没有什么好办法。这时，王庶出了个歪主意。他告诉张浚，曲端曾在柱子上题过一首"反诗"，诗中说："不向关中兴事业，却来江上泛渔舟。"高宗皇帝在金军南下时，曾经逃到海上避难，这么一看，这首诗还真像是讽刺高宗的。张浚一看大喜，于是就以这个罪名将曲端送进了监狱。

武将康随曾经顶撞过曲端，当时曲端狠狠地鞭打了他一顿，因此康随对曲端恨之入骨。张浚派康随来审理曲端的案子。曲端听到这个消息就直呼："这回我死定了！"他又想起自己那匹日驰四百里的坐骑"铁象"，因此又连呼几声"铁象可惜"。在监狱里，康随命人把曲端捆起来，堵住他的嘴，用火在下面烤他。曲端口渴得不行，想要点水喝，康随却给了他烈酒。最终，曲端被折磨得九窍流血而死，时年41岁。陕西士大夫得知后无不为之惋惜，当地的士兵和民众也都为此感到不满，甚至有不少人因此叛逃。

曲端有将帅的谋略，假如能让他尽展自己的才能，前程不可限量。但是他刚愎自用，恃才傲物，恐怕这是他遭受灾祸的原因之一。

卷三百八十三

陈俊卿列传

表面看起来，陈俊卿是一个没什么卓越光彩的人物，他就像任何一个再平凡不过的政府官员，每天埋头做事，兢兢业业，不会花言巧语，只是努力尽自己的一份职责。这样的人永远不会是最吸引眼球的，但却正是一个正常运转的政府所最需要的。

陈俊卿，字应求，兴化（今属江苏）人。他从小就显得严肃持重，从不随便跟别人说笑。年幼时父亲去世，他像成年人一样操办丧事。绍兴八年（1138），他进士及第，授任泉州观察推官。

【仁者之勇】

陈俊卿在任上勤勤恳恳，同事宴饮聚会邀请他，他总是辞谢不去。一次，郡中失火，郡守汪藻前来巡视，陈俊卿要接待他。当时，其他的官员们正在某处宴饮，陈俊卿的车夫也被他们借走了，陈俊卿因此迟到，受到责问，不过他只是低头谢罪，别的什么也没说。后来，汪藻知道了实际情况，问他为什么不说，陈俊卿说："我不能制止同事的行为，哪能说没有错？当时您正在气头上，我难道忍心为自己开脱，而加重别人的罪过吗？"汪藻感叹敬服，认为自己比不上他。

孝宗当时是普安郡王，高宗希望选择一个端正厚道、沉静稳重的人来

辅导他，最后选择了陈俊卿。每次给郡王讲解经义时，陈俊卿总是严肃地站着。郡王喜欢玩踢球的游戏，陈俊卿担心他玩物丧志，就屡次劝诫他。最后，郡王恭敬地接受了他的劝诫。

对于朝政，陈俊卿总是忠义敢言。秦桧的大部分同党被驱逐后，韩仲通却被保全下来，而他曾经阿附秦桧，在审理案件时冤枉构陷无罪的人。陈俊卿坚持弹劾了他。汤思退专政，陈俊卿对皇上说："现在是冬天，没有云却打了雷，这说明宰相上不符合天的意愿，下不满足人民的希望。"于是，皇上下诏罢免汤思退，并赞赏陈俊卿说："你可以说有仁者的勇气啊。"

【反对议和】

金主完颜雍刚刚即位，向宋朝表示愿意和谈，宋朝的大臣多数都赞成议和。陈俊卿却没有简单地高兴，而是劝皇上不要贪图一时的安稳，因为在敌强我弱的情况下，即使拥有暂时的和平，也不能维持得长久。因此，

他上奏希望宋朝强化军队、选拔人才，时刻为打仗做准备。

当时孝宗立志于恢复国土，把军事上的大事都托付给张浚。隆兴初年，张浚开始谋划大规模北伐，但陈俊卿认为时机还没到。这个时候，正好有间谍报告敌人正在边疆囤积粮食，诸将都认为敌人一定会在秋天进犯，应当在他们没有行动之前，先发制人。于是，张浚请求朝廷出师北伐，结果却打了败仗。主张议和的人幸灾乐祸，认为应当罢免张浚的官职，想要以此削弱主战派的势力。这时，陈俊卿劝告皇上说："如果将张浚彻底罢免，再加上其他大臣的阻挠，恐怕他以后想见陛下都难，更别说重整旗鼓、建功立业了。那些请求罢免他的人纯粹是出于私心，想要杀了他，却不为宗庙社稷考虑。希望陛下诏令朝廷内外同心协力，不要彼此争论不休，给张浚一个再立功业的机会。"陈俊卿先后两次就此事上疏，皇上省悟，就依然封张浚为都督，还想把他召为宰相，但最终还是被汤思退、尹穑所排挤，只派他巡视江淮地区。

【直谏君主】

孝宗练习弓箭时，弓弦弹中眼睛受了伤，有一个月的时间都不能上朝，只能在偏殿接见大臣。这期间，许多人议论纷纷，流露出不满。陈俊卿委婉地劝告孝宗说："臣知道陛下并不是喜欢玩骑射之类的游戏，是因为志在恢复中兴，所以屈尊做这些事，只

为检阅军队装备，激励士气罢了。在臣看来，陛下只要任用贤人、光大信义，那么自然会威名远播，何必亲自去做这小小的骑射之事呢？陛下的安全是全国百姓命运之所系，希望以后一定要珍惜啊。"陈俊卿的这番话说得很艺术，既委婉地批评了皇上迷恋骑射游戏、不爱惜龙体的行为，又把这个行为粉饰上了一层为国为民的高尚光辉，孝宗听了之后，既明白了他的意思，也不会觉得很丢面子。

虞允文是陈俊卿推荐入朝的，后来和陈俊卿一起做了宰相。他曾建议皇上派使臣到金国请求归还已经和国土一起沦丧的皇家陵墓，皇上也有这个心思，但陈俊卿觉得不妥。他明白自己这样做可能会背上阻止皇帝尽孝的罪名，但他仍然坚持劝皇上等国力强盛之后再做考虑，否则既不可能如愿，又说不定会因此引发战争。但皇上不听他的，坚持派出了使臣，结果一无所获。

虞允文列传

宋史 列传

在虞允文的时代，南宋已经与金达成和谈，长久维持着南北对峙的局面。秦桧已经杀害了岳飞，主战派的将领都被解除了兵权。然而，金军并不满足，再次侵犯宋朝，而虞允文的决断勇气和作战才华也由此显现。采石之战不仅成就了虞允文，也成为宋朝转危为安的转折点。

虞允文，字彬甫，隆州仁寿县（今属四川）人。他自幼聪颖，六岁能背诵《九经》，七岁能写文章。即使做官也在父亲身边做官。遭逢母亲去世，悲痛过度，瘦弱不堪。母亲下葬以后，他早晚在墓旁痛哭，哭声哀切，甚至引来两只乌鸦在墓旁的两棵枯死的桑树上做巢。虞允文惦念父亲孤单又有病，于是七年没有调任，一步不忍心离开父亲身边。父亲死后，他于绍兴二十三年（1153）才进士及第，担任彭州通判，并代理黎州、渠州（今四川汉源、渠县）知州。

【力主备战】

秦桧独揽大权之后，很多四川士人都受到排斥。秦桧死后，高宗想要任用他们，中书舍人赵逵首先就推荐了虞允文。高宗召他觐见，虞允文滔滔不绝地说了许久，说君主一定要敬畏上天、安定百姓、效法祖宗，又指责当前士大夫中间的不良之风，而且还极力论述四川财务赋税政策中的弊

病。皇上看到他知识渊博，谈吐不俗，十分欣赏。

金国主完颜亮显示出南卜侵略宋朝之意，但出使金国的王伦回朝后，反而说敌人恭顺友好。汤思退又出使金朝，看到金朝在两国边境处备战，仍然不管不问。后来，金国使臣施宜生泄露了金国备战的消息，张焘秘密将这些情况上奏皇上。完颜亮又暗中让画工画下临安城的风景地形，还在画上题诗，明显流露出打仗的意思。虞允文上奏疏说："金国一定会撕毁盟约，可能从五条道路出兵，希望陛下命令大臣事先筹划防备抵御。"当时是绍兴三十年（1160）十月，虞允文也出使金国，发现很多金人都在运粮造船。将要辞行的时候，完颜亮对他说："我要到洛阳去看牡丹花。"虞允文回来后，把自己所见到的情景以及完颜亮的话都报告给皇上，并再次强调必须加强淮、海两地的防御力量。

完颜亮派使臣王全、高景山来给高宗祝贺生日，二人态度非常狂傲，

说想要得到淮南的土地，还指名道姓地要与某某大臣商议事情。高宗赶紧召集大臣们讨论，宰相陈康伯传达皇上的旨意："今天不必再讨论和谈与防守的事情了，直接讨论如果真的开战该怎样办。"高宗以为金朝大军马上就到了，于是派遣成闵为京、湖制置使，率领禁卫军五万人守御襄水、汉水上游。虞允文指出："敌人来攻不先清除道路，分明是虚张声势来分散我们的兵力，他们的真实目标是江淮地区。"高宗没有听虞允文的话，终于还是派出了成闵。绍兴三十一年（1161）七月，金主完颜亮迁都东京，虞允文又对陈康伯说："成闵的部队现在大约行进到江州、池州之间，应当命令他们到池州就驻扎池州，到江州就驻扎江州。如果敌军攻打长江上游，就让荆湖的部队抵御在前，江、池的部队增援在后；如果攻淮西，就让池州的部队从巢县支援，江州的部队从无为县支援，作为淮西的后援，这样的话，一支部队就可以有两种用途。"陈康伯虽然同意他的话，但成闵却不听命令，最终还是把部队驻扎在武昌。

【大败金军】

绍兴三十一年（1161）九月，完颜亮命李通为大都督，在淮河上造浮桥。完颜亮亲自领兵，部队号称百万，毡房帐篷一座连着一座，战鼓声不断。十月，金军渡过淮河，气势汹汹。宋军这边，可以说是一团糟。王权抛弃庐州逃走，刘锜也向扬州退兵，朝廷内外震惊恐惧。高宗又打算乘船逃到海上，陈康伯极力主张皇帝亲自出征。十月二十五日，高宗任命知枢密院事叶义问统率江、淮的部队，虞允文参谋军事。这时，宋朝已经几乎全部丧失了两淮之地。

十一月九日，完颜亮率领大部队到达采石，而另外派兵夺取瓜洲。朝廷命令成闵代替刘锜、李显忠代替王权，对金作战。

🔴 **乳钉狮纹鎏金银盏·宋**

盏为直口，口沿内饰一周卷草纹，底部錾刻狮戏绣球图案，外壁四曲间分别以旋纹为地并饰五颗乳钉，靠近底部饰一周覆莲纹。圈足上饰一周四瓣花组成的二方连续图案。

叶义问传达了高宗的旨意，命令虞允文去芜湖督促李显忠、王权的交接工作，并在采石犒劳部队。当时王权的部队还在采石，但王权已经离开，李显忠还没来到，宋朝军队成了没人管的散兵游勇，他们卸下马鞍、捆起甲胄，零零散散、垂头丧气地坐在路边。虞允文觉得就这样坐等李显忠到来，会耽误国家大事，于是马上召集士兵们，鼓励他们说："金帛财物、朝廷的旨意都在这里，等打了胜仗会给大家论功行赏。"有人说："您接受的命令只是犒劳部队，没有说让您督战，万一出了事，您能承担这个罪责吗？"虞允文呵斥他说："现在正是国家存亡的关键时刻，我怎么能逃避不管呢？"

虞允文率军到达江边，见到长江北岸已筑起高台，两边树立两面红旗、两面彩旗，中间树起黄色车盖，完颜亮傲慢地坐在下面。侦察的人说，前一天金军杀马祭天，和众人盟誓第二天要渡过长江到玉麟堂吃早饭，先渡过江的士兵赏给黄金一两。当时敌兵实际有四十万人，马匹是宋军的两倍，宋军一共才一万八千人。虞允文命令将领们排列好阵形不动，把战船分为五队，两队沿东西江岸巡行，一队停在江中，埋伏精锐部队准备战斗，两队藏在小港中，防备意外的事情发生。刚布置完毕，敌军就大声呼喊，完颜亮拿着小红旗指挥数百只战船横渡过江来，一转眼，到达南岸的就有七十艘，

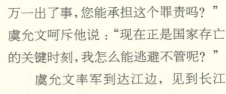

缂丝梅花寒鹊图 · 南宋 · 沈子蕃

南宋时的缂丝艺术可以说是达到顶峰，缂丝作品大都表现唐宋名家的书画，表现山水、楼阁、花卉、禽兽和人物，以及正、草、隶、篆等书法。沈子蕃的作品多以书画为粉本，设色高雅古朴，自然逼真，生动传神，令人叹为观止，是南宋缂丝艺术的精美杰作。

直逼宋军，宋军稍稍后退。虞允文进入阵中，拍着时俊的背鼓励他说："你的胆识才略四方有名，站在你身后的是你的兄弟姐妹和儿女啊！"时俊立刻挥舞双刀冲出，战士们也都拼命死战。江中的宋军也用海鳅战船冲击敌船，敌船渐渐被击沉，敌人一半被打死，一半还在作战，天晚了还没有退却。恰巧有被打散的宋军从光州来到，虞允文交给他们旗帜战鼓，让他们从山后面转出来。敌人疑心是援军来到，吓得赶紧逃走。虞允文又命令士兵用强弓跟在后面追着射击，大败敌军，共杀死四千多人，俘虏五百余人。那些没有死的金兵，完颜亮觉得他们没有拼命战斗，就把他们都杀掉了。虞允文把捷报报告给朝廷，并好好犒赏了将士，不过仍然提醒大家说："敌人今天打败了，明天必定会再来。"于是，他半夜里部署一些士兵把海船往长江上游拉，另外派兵在长江北岸的杨林渡口堵截敌人。

第二天，敌人果然又杀过来。宋军早有准备，两面夹攻敌人，烧掉敌船三百艘，敌人仓皇逃走。不久敌人派遣使者带着诏令来约见王权，好像双方事先早已有约定。虞允文说："这是敌人的反间计。"于是回信说："王权已经按照军法处置了，新任将领是李世辅，愿与金军决一死战分个高低。"完颜亮看了信大怒，于是亲自烧毁自己的龙凤车，率军奔赴瓜洲，颇有些破釜沉舟的意思。

李显忠到达芜湖，虞允文对他说：

"敌人进入扬州，一定和瓜洲的兵合在一处，京口没有防备，我应当前去，您能分派给我一些兵力相助吗？"李显忠派了一万六千人跟着虞允文前往京口，叶义问也命令杨存中率领部下来与虞允文会合。虞允文回到建康，就上奏疏说："敌人在采石失败，一定企图在瓜洲侥幸得胜。现在我朝精兵聚集在京口，严阵以待，一定可以取胜。请陛下不要将宋军主力调往别处。"

二十一日，虞允文到达京口。敌人大部队驻扎在滁河，建造三个闸门蓄水，深好几尺，堵塞了瓜洲口。当时杨存中、成闵、邵宏渊各路部队都聚集京口，不少于二十万人，只是海鳅船不满百艘，战船也只有五十艘。虞允文怕不够用，就到处搜集材料冶炼钢铁，把马船改装为战舰，而且向平江借用战船，命张深守住滁河口，扼守长江的交通要道，派苗定驻在下蜀作为后援。

二十七日，完颜亮到达瓜洲。虞允文和杨存中在江边检查备战情况，命令战士驾驶车船在长江中间来回行驶，环绕金山三圈，神速如飞。敌人拉满弓弦等待着，面面相觑，都很害怕。完颜亮笑着说："只是一些纸船罢了。"一个金朝将领跪下启奏说："南军有所防备，不可轻敌，希望驻扎在扬州，慢慢策划进攻。"完颜亮发怒，想要杀他，这个将领哀求谢罪了很久，才只打了他五十大板。

但当天晚些时候，金军内部风云突变，完颜亮被他的部下杀死。原来，完颜亮曾经对将领们颁布命令说，必须在三天之内渡过长江，否则就把他们全部杀掉。将领们商议说："前进有被宋军杀死的危险，后退又有被金军杀死的危险，怎么办？"有个叫万戴的人说："杀掉郎主，跟南宋讲和，咱们就能回故乡了。"大家都赞同。完颜亮有一支穿着紫色兽毛衣服的卫兵，不打仗，每天就跟在他身边保护他，要除掉完颜亮就必须先引开他们。有个叫萧遮巴的人就去骗那些卫兵说："淮东的美女、钱财都藏在海陵"，并怂恿他们去海陵寻宝。这些卫兵们离开后，将领们就伺机杀死了完颜亮。

十二月三日，敌人后退驻扎三十里外，并派遣使者请求议和。六日，虞允文将这些情况奏报朝廷，高宗召他入朝觐见，慰勉嘉许良久，并对陈俊卿说："虞允文天性忠诚厚道，可以说是我的裴度啊。"于是下诏免去他护驾侍从的身份，改赴两淮地区主持对金作战事宜。

【反对议和】

第二年正月，高宗到达建康，不久又商议移驾回临安，下诏任命主和派的杨存中担任江淮荆襄路宣抚使，而虞允文做他的副手。主战派官员大为失望，有官员甚至扣下杨存中的任命不发，于是高宗任命虞允文为川陕宣谕使。虞允文上朝辞行，对高宗说："金主完颜亮已死，新主完颜雍刚刚即位，他们国内正一片混乱，正是上天帮助我国恢复失地的大好时机。如果

此时议和，则会使天下人垂头丧气，而战斗则能使天下人扬眉吐气。"高宗认为有道理。虞允文到了四川，和大将吴璘商议筹划收复中原地区。吴璘夺取凤翔，收复巩州。金国派兵想夺回这些地方，蜀地的士大夫想要放弃这些地区，虞允文坚持认为不能放弃。

孝宗接受禅让登基，朝廷大臣有谈到西部战事的，认为宋军进攻征讨，

🌀 **缂丝青碧山水图·南宋·沈子蕃**

东边不能越过宝鸡，北边不能越过德顺，朝廷部队应该退守四川，放弃陕西。虞允文据理力争，但没有结果。他反复上奏疏，陈述陕西的军事地位的重要性，前后共写了十五道奏疏，而且写信给陈康伯，让他帮忙劝皇上。陈康伯虽然也是主战派，但由于受人限制，不能给虞允文回信。皇上想召见虞允文，询问他陕西的事情，但朝中的主和派大臣不想让他来，就百般阻挠。

隆兴元年（1163），史浩担任右宰相。他一向主张与金朝议和，现在有了权力，更是马上推行他的主张，亲自撰写诏书，说："抛弃鸡肋这样的地区，可以免除敌人无止无休的贪心。"虞允文入朝觐见时，坚决反对史浩的说法，并用手板在地上画图示，为孝宗讲述放弃陕西的弊端。孝宗恍然大悟，说道："都是史浩误了我了。"

当时朝廷派遣卢仲贤出使金国，商谈议和的条件。宰相汤思退又打算放弃唐州、邓州、海州、泗州，孝宗亲自拟旨，认为唐州、邓州不是军事要地，可以割让出去。虞允文五次上疏，坚决反对。汤思退恼怒，就上奏说："虞允文是故意说大话害国家，以博得好名声。和谈是关系宗庙社稷的大事，怎么能容忍他在这儿演戏。"于是，孝宗下定决心要割地。虞允文失望透顶，交上官印辞职，还是请求孝宗不要放弃这四个州，但宋朝最终还是把唐州、邓州割让给金朝。隆兴二年（1164），金军再次南下入侵，

汤思退被贬斥，皇上后悔没有听虞允文的话。

吴璘去世后，朝廷讨论谁可以替代他，最后选择了虞允文。到了四川之后，虞允文把整顿军政作为第一要务，将各部队按兵力强弱分为三等，上等准备作战，中下等准备军用物资，老的少的则被淘汰，共裁员一万人，削减军费四百万。虞允文又从各地的民兵中吸纳了两万三千多人，将陕西地区先进的弓箭制造及使用技术编成一部书，让将士们随身携带学习。

淳熙元年（1174），虞允文去世。四年之后，孝宗来到白石（今属杭州）检阅部队，看到战士们都年轻力壮，欣慰地对身边的大臣说："这是虞允文的功劳啊。"

论赞

论 曰：虞允文以身报国的忠诚，就像一幅鲜明耀眼的图画。金国完颜亮南侵，锋芒非常锐利。虞允文虽是文臣，却奋勇督战，一举挫败敌人，完颜亮于是自取灭亡。从前，赤壁之战一次胜利而奠定三国形势，淮淝之战一次胜利而决定南北分立。虞允文在采石的成功，是宋朝转危为安的转折点。等到他受命镇守四川，虽然没有实现保住国土的志向，但依然能够慷慨赴任，这难道是容易做到的吗？

白话精编二十四史

◉ 第八卷 ◉

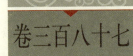

卷三百八十七

汪应辰列传

汪应辰从小就聪明过人，属于少年得志型的人才。他的淡泊明志、坚守恩义、治世手段都给后人留下了无尽的美谈。然而，拨开历史的重重帷幕，我们会发现还是有很多人在怨恨他。

汪应辰，字圣锡，信州玉山（今江西玉山）人。他是南宋名臣，也是著名诗人、散文家，生于宋徽宗政和元年（1111），卒于孝宗淳熙三年（1176）。

▶【少年才子】

汪应辰年幼时便聪明沉稳，与其他孩子不同。在其他小孩子忙着玩耍的时候，他却把读书作为自己最大的爱好。五岁的时候，汪应辰就博览群书，了解了很多知识。有时候，大人们逗小孩子玩，会问他们一些问题。其他孩子的回答往往幼稚可爱，而汪应辰的回答却显得很成熟，并且常常语出惊人。此外，汪应辰从书中还认识了很多生僻字，这都是他那个年纪的孩子中很难看到的。

小时候，汪应辰的家里很贫穷，甚至连灯油都买不起。不过，这并没有影响汪应辰读书的热情。他有自己的办法，那就是拾一些木柴，点起火来看书，在冬天，这种方法就更好了，既能取暖，又能借光，一举两得。由

于家里穷，汪应辰很少能自己买得起书，主要是从别人那里借书来看。为了珍惜这难得的读书机会，他练就了过目不忘的本领，一本书看一遍就基本上不会忘记。

通过刻苦读书，汪应辰成为远近闻名的少年才子。他十岁就会写诗，曾在乡校游学，郡里的学官跟他开玩笑说："据说韩愈十三岁就能写文章，今天你能比得上他吗？"汪应辰不慌不忙地回答说："孔子有三千名学生听他讲学，你却在这里给几个人上课。"学官听了很是惭愧。

汪应辰未及成年，就参加乡试并且考中，后来参加礼部考试也名列前茅。当时，赵鼎是宰相，非常欣赏汪应辰的才华，他便招他到自家的塾堂任教。

绍兴五年（1135），汪应辰考中进士第一名，年龄刚刚18岁。殿试时的题目是关于吏道、民力、兵势的，汪应辰回答认为治理国家的关键应以诚信为本，对皇帝而言，要设身处地为天下百姓着想。高宗看了他的策论，

列传

宋史

以为他是老成之士，等到殿试时一看，竟然是个翩翩少年，高宗感到很惊异。过去进士第一名，皇帝都要赐诗，这次高宗特意为汪应辰书写了《中庸篇》作为赏赐。汪应辰当初名洋，与姓相连不甚协调，高宗特意为他改名为应辰。爱才心切的高宗立即想授予他官职，赵鼎倒是颇为冷静地说："姑且让他到京城外任职，以利于培养他成才。"于是，高宗授予汪应辰镇东军签判之职。

【淡泊明志】

后来，汪应辰被召回京城，任秘书省正字。当时秦桧力主和谈，汪应辰没有附和权臣的主张，而是坚决反对议和。而他的观点也独辟蹊径，很有说服力。当时反对议和的大臣主要是不愿对小小的金国表现得太过软弱，因为在中国人的传统观念里，中原大地是天下的中心，是最文明、最发达的地方。四方小国都只是蛮夷之地，理应对中国俯首称臣。现在金国这个蛮族却动不动就对中原指手画脚，这当然让宋朝的士大夫们难以接受。

汪应辰一方面也抱有这样的观点，另一方面则进一步指出和议的最大危害，在于会让宋朝自己不思进取。他在奏折中写道："和谈不成功并不是最坏的结果，相反，和谈成功了才

最让人担心，因为这样朝廷就会对金国放松警惕，不再防范，这样国家就危险了。"同时，汪应辰还敏锐地看到，一旦和议的声音占据了朝廷的主流，那么其他的声音——尤其是主战的声音就会被压制，从此朝廷中没有了各抒己见的氛围，没有了不同的意见，大臣们只会欺上瞒下、谄媚权臣，这是对朝政最大的威胁。这样的观点明显是针对秦桧的，因此，奏折送上去后，秦桧很不高兴，就将汪应辰贬出京城，让他任建州通判。

虽然遭到贬黜，汪应辰还是看得很开。他明白当时的朝政已经被奸臣把持，但他不愿同流合污，也不想再参与政治。因此，虽然名义上自己还有官职，但汪应辰已经不想再做官了，于是就请求让自己管理当地的祠观。秦桧巴不得少一个人跟自己过不去，于是马上批准了汪应辰的请求。汪应辰就把家搬到了常山的永年院，过起了隐士一般的生活。当然，这样的生活是十分清贫的，院子里光秃秃的什么也没有，路径上满是蓬蒿，每天连喝粥都不能按时保证。许多人都纷纷叫苦不迭，只有汪应辰

青釉凤耳瓷瓶·宋

瓷瓶造型简洁，直颈筒腹平底，除双耳为仅具轮廓的凤纹外，没有其他附加装饰，通体平素无纹，施厚重的粉青色釉，匀净淡雅，为南宋龙泉窑瓷器精品。

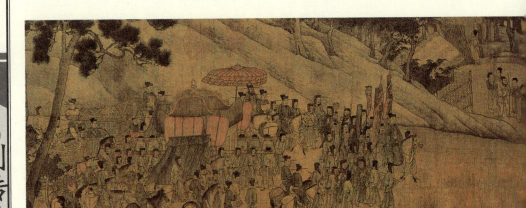

显得怡然自得，终日以修身讲学为己任。汪应辰先后三次主管崇道观，他在隐居时，生活非常艰苦，但是胸中的浩然之气长存。

后来，汪应辰又被朝廷召回，担任吏部郎官，升为右司。面对高官厚禄，汪应辰却并不动心。他以侍奉年老的母亲为由，请求离开京城，到外地担任一个小官。宰相苦苦挽留他说："你刚刚被提拔重用，怎么能轻易放弃呢？我不能答应你的要求。"汪应辰回答道："母亲年纪大了，我不能再等了。"于是，他离开朝廷，担任婺州知州。不久，汪应辰的母亲去世了，他就又辞职，在母亲的坟墓旁搭建了一座简易的房子，住在里面守孝。

▶【坚守恩义】

汪应辰的恩师张九成被贬到邵州，朋友们都和他断绝了往来，只有汪应辰按时写信问候他。等到张九成的父亲去世，言官仍然对其进行猛烈攻击、指责，但汪应辰一人却不远千里前去吊唁，人们都认为他这样做很危险。

前任宰相赵鼎因遭到秦桧的忌恨，而被贬朱崖，三年后老死于贬地。赵鼎的亲属运送其棺木经过汪应辰管辖的袁州，别人都躲闪不及，汪应辰却写文章祭奠赵鼎说："只有您两度登上相位，都正在国家危难的时候；一旦贬斥到南方荒凉之地，竟成生死之别。事情已经盖棺论定，皇恩已经允许归葬家园。"官吏把祭文用火烧了。赵鼎的儿子向他借了三个士兵护送灵柩回去。一行人经过衢州时，当地知州章杰秉承秦桧的心意，指斥汪应辰阿谀奉承，是赵鼎的死党，下令将汪应辰捉拿审讯，翻遍其行李，没有找到祭文。大臣胡寅从中说和，给秦桧写信请求不要追究，事情才平息。

▶【治世良臣】

汪应辰刚任婺州知州时，当地多年积欠朝廷供钱已达十三万贯。朝廷命令提刑和漕司调查处理，汪应辰说征收租税太急迫了就会干扰百姓，于是他让各县免除百姓陈旧的欠账，去

掉繁碎的杂税，定期统计，堵塞漏洞，不久就补交齐了供款。

后来，汪应辰拜为秘书少监，升为代理吏部尚书。大臣李显忠虚报五千多兵士赏赐，汪应辰上奏批驳他。汪应辰任代理户部侍郎兼侍讲时，一个人虽然承当繁杂事务，但能节省每笔费用，他曾仔细为皇帝算过一笔细账，上奏说：“皇帝扈从升官三天，而政事堂吏增加食钱一万多贯；工匠洗涤器皿只给一百多贯，而堂吏的食钱是六百贯；塑显仁皇后像，半年还没完成一半的活，而堂吏食钱已支取白银三万两、绢六百匹。其他都类似与此。”这笔细账让孝宗惊讶浪费之大，此后命令吏部加以减裁。

【遭人忌恨】

汪应辰在朝中经常革除弊病，很多人都很仇视、忌恨他。

一次，德寿宫中砌石池，用水银使野鸭、金鱼浮在上面。孝宗经过那里，已经禅让的高宗指给他看说：“水银正不够用，这是从汪尚书家买

🔴 迎銮图

这幅作品在南宋文献中记载为《迎銮图》，佚名绘。全图仪仗肃穆，笔致工整，人物神态栩栩如生，衣褶线条劲挺，设色典雅，布景笔墨雄浑。

来的。”孝宗发怒说：“汪应辰极力说我置房舍和百姓争利，自己却贩卖水银。”汪应辰知道了，极力请求离职。恰巧重新颁布发运均输的旨意，汪应辰叹息说：“我不能留下了，只要还能辩驳众人的错误，那么也许还可以到京外当个闲官。”于是，汪应辰就极力议论这事有害无益，于是改任平江府知府。

宠臣韩玉遵旨挑选马匹，经平江府，汪应辰对他有所怠慢。韩玉回到朝廷，就向皇上诬陷说：“臣所经过的州县，没有像平江那样不安定的。”孝宗怪罪汪应辰。恰巧这时平江的米纲运到了京城，米的数量有亏损，有人乘机向上报告，汪应辰被接连贬官。汪应辰竭力请求再去管理祠观，从此居家不出了，淳熙三年（1176）二月卒于家中。

赵汝愚列传

史的发展是必然与偶然的结合，有时候，决定历史走向的，还真是某个人的某个决心，甚至是一些机缘巧合。赵汝愚之于南宋，就有这样的意义。在皇帝父子发生矛盾，宰相逃离，人心溃散之际，他当机立断，做出更换皇帝的重大决定。然而，历史仍是有它必然的趋势的，南宋朝廷已无法雄起，正如赵汝愚最终还是败在奸臣手里。

赵汝愚，字子直，是汉恭宪王赵元佐的第七代孙。他的父亲赵善应给他树立了一个纯厚笃孝的人格榜样。赵善应的父母生病时，他曾刺出自己的血和着药让父母吃。母亲害怕雷声，他每逢听到雷声就披上衣裳跑到母亲房间里陪她。有一次，他在寒冷的深夜回家，陪从的人想要敲门，赵善应立刻阻止他说："不要吓着我的母亲。"于是就在外面坐了一夜。对于国事，赵善应也无时无刻不挂在心上。听到四方有水旱灾荒，他总是显出忧虑的神色。江、淮地区有敌人入侵的警报传来，他会为此流泪，好几天吃不下饭；同事聚会宴饮，他不悦地说："难道现在是诸位开心享乐的时候吗！"大家都被他弄得很尴尬。赵汝愚在这样的家庭中长大，也自然拥有了忠孝的品格。

【宫廷之变】

赵汝愚很早就有远大志向，经常说："大丈夫能青史留名，才不辜负这一生。"在科举考试中，他选拔为进士第一名，任签书宁国军节度判官，朝廷召他参加馆职考试，授任秘书省正字。当时孝宗正一心一意谋求恢复国土，赵汝愚初次进见，就陈述自己对国事的想法，受到孝宗的称赞。光宗接受孝宗的禅让即位后，赵汝愚又逐步升迁为知枢密院事。

绍熙二年（1191），光宗与孝宗之间的矛盾开始显现出来。当初，高宗让宫女黄氏在东宫服侍光宗，等到光宗即位，黄氏就被册封为贵妃。这年冬天十一月郊礼的时候，有关部门已经警告说将有暴风雨来临，光宗很害怕，晚上在青城斋宿时，宫中的黄贵妃突然去世了。光宗回宫后知道了这件事，非常痛心，当天晚上就生病了。内侍飞跑去报告孝宗，孝宗连忙赶到皇帝寝宫，问起光宗生病的缘由，觉得为这点事就病成这样，实在不像话，就免不了责备几句。等到光宗的病稍微好了一点，按惯例应该每五天去重华宫拜见一次孝宗，这时孝宗还在生光宗的气，就传旨说光宗不用来了。光宗也跟孝宗赌气，到了孝宗生日那天，光宗连朝也不上了，更不要说去祝寿了。京城的人都听说了这些事，很是忧虑。赵汝愚反复规诫劝谏，光宗才终于悔悟。在赵汝愚的安排下，光宗和皇后一起去看望孝宗，双方在一起愉快地度过了一整天。

如果说光宗的病最初是由于黄贵妃，到了现在却是由于对孝宗疑虑畏惧，害怕他又要跟自己抢皇位。每次他不肯去拜见孝宗时，赵汝愚就好言好语地劝他，他就明白了，但一下朝，回到寝宫，他就又疑心起来。绍熙五年（1194）春天，孝宗生病了，等到五月，病一天比一天严重起来。光宗在后殿，丞相留正率领百官入宫，请求他到重华宫去侍候孝宗。寝宫前的侍卫按旧例阻止他们进去，但这些大臣就是不肯退出。光宗更加怀疑这些大臣都是孝宗一伙儿的，死活不出来见大家。过了两天，宰相又请求晋见，光宗干脆命令身边的人传旨说："把宰相他们一起赶出去。"于是，留正、赵汝愚两个人只得来到宫外等候命令。孝宗听说这事后，非常忧虑，派人写信给丞相，传达孝宗的旨意，让他们都回去。于是，赵汝愚等人才回到自己家中。

六月初八，半夜五更的时候，重华宫的大太监急匆匆地来到赵汝愚家敲门，告诉他孝宗已经病逝了。按理说，发生这么大的事，中书省要报告给皇上的。但赵汝愚担心皇上疑心，又不肯出宫上朝，就先扣下了这份奏札，没有马上递上去。第二天，光宗上朝时，赵汝愚把这份奏折交给了光宗，光宗答应去孝宗的寝宫主持丧事，但直到太阳偏西了，光宗还是躲在自己的寝宫中不出来，宰相留正只好先率领百官前往重华

🔴 **花卉纹银六角盘·南宋**

盘为六曲菱花形，圆唇、平折沿、斜壁、平底。盘沿锤出一周折枝花卉，盘内底中心刻一莲花，其外围有突起弦纹，四周随形刻繁茂的折枝花，是宋代金银制品中的精品。

宫筹备丧事。

六月十三，丧礼马上就要举行了，皇族和大臣们都应该换上丧服去参加仪式了，可光宗还是不肯出来。留正和赵汝愚商议，想通过少傅吴琚作为中间人，请求宪圣太后垂帘听政，暂时主持丧事，但宪圣太后不答应。留正等人一起写了一封奏折，上面说："臣等接连几天到皇上寝宫请求朝见，总是得不到批准。屡次上奏章，也得不到答复。今天要举行丧礼，理应率领百官请求皇上出宫，如果皇上不出宫，百官一起在宫门口痛哭，恐怕会引起民心骚动，有害于国家的稳定。乞求太皇太后颁降谕旨，就说因为皇帝有病，暂且就让他在宫中服丧，但是丧礼不能没有人主持，因为祷文的称号是'孝子嗣皇帝'，宰相臣子不敢代为施行。太皇太后您是寿皇孝宗的母亲，请您代理主持丧礼。"

这个时候，留正、赵汝愚已经对光宗失望了，他们知道这样一天天下去，国家将面临危险。因此，他们请求太后垂帘听政，实际上是想让皇子嘉王取代光宗，这样大臣们可以在太后听政时上奏陈述国家大事的计划，不管是发布命令、施行政策都名正言顺了，不会再有后顾之忧。但是这个计策里的关键人物吴琚却打了退堂鼓，他一向胆小、谨慎，而且说自己是外戚，不方便参与重大的国家大计，于是，这个建议最后只得中止。

十八日，留正、赵汝愚等人又来到宫门前，在和宁门外等待跟光宗对话，但光宗还是躲着不见他们。大臣们等不及了，就上了一道奏折说："皇子嘉王天生仁孝，陛下应当尽早确立储君，以此来安定民心。"等了半天，还是没有答复。

又过了六天，大臣们不屈不挠地再次上书，说的还是立储君的事。这次光宗皇帝终于有了反应，回复了一条批示，上面就说了两个字："很好。"第二天，大臣们又一起草拟了一份诏书，关于立嘉王为皇储的，送进宫去，请求皇上亲自批准，然后交给学士院来颁布。当天晚上，光宗皇帝亲笔写了一条批示交给宰相留正，上面用颇

为哀怨的语气说："我执政也已经很久了，现在想退下来休息休息。"本来，大臣们也没想让光宗直接退位，谁知光宗早就看清楚了他们的心思，干脆先发制人，说了这么一句。留正见了，心里怕极了，害怕承担起"逼宫"的罪名，也打起了退堂鼓。他趁着上朝时假装跌倒受伤，就回家去想办法逃出京城。赵汝愚看到计划外泄，估计自己也脱不了干系，干脆以不变应万变，就像战争时期的士兵晚上穿着盔甲、坐着随时等待战斗命令，以备不测。同时，要使皇帝退位，也必须得到御前军队的支持，而这时赵汝愚跟殿前都指挥使郭杲还不熟，不确定能不能跟他联合，也很犹豫。

适逢工部尚书赵彦逾到赵汝愚家来拜访，谈到国家正处于艰难时刻，赵汝愚哭了，赵彦逾也哭了。赵汝愚因此稍微向他透露出一起辅佐嘉王登基的意思，没想到赵彦逾对此显得很高兴。赵汝愚知道赵彦逾和郭杲的关系不错，就故意说："如果郭杲不同意怎么办？"赵彦逾很肯定地说："这

件事交给我了，明天告诉你结果。"赵汝愚说："这件大事已经传出去了，难道还能有时间等待吗？是刻不容缓啊！"于是，赵彦逾马上就去找郭杲。赵汝愚也连卧室都不敢进，就坐在屏风后面焦急地等待赵彦逾回来。过了一会儿，赵彦逾回来了，果然说服了郭杲。于是，他们共同制定了具体的计划。

第二天，留正在五更时就偷偷乘小轿出城走了，京城中人心更加动荡，赵汝愚很平静地对待这个消息，没有表现出慌张。自从和吴琚的意见没取得一致后，赵汝愚他们就一直在找可以向慈福宫太皇太后那里陈述意见的人，后来决定把这个任务交给韩侂胄。韩侂胄依靠跟他很熟悉的内侍张宗尹向太后上奏，但没有得到回复。第二天再去，还是没有回音。韩侂胄很郁

🔶 **孝经图（局部）**
此图为南宋佚名画家所绘，根据儒家经典《孝经》绘制而成。人物场景微小细腻，极为精湛可爱。

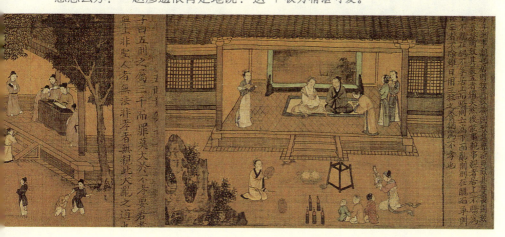

闷，徘徊不决着想要退出宫，这时正好遇到重华宫提举关礼。关礼问他怎么了，韩侂胄就向他具体讲述了赵汝愚等人的想法，又说自己现在得不到太后的回应。关礼听了，决定帮他一把，就让他稍等，自己进宫见到宪圣太后，当场就哭了。宪圣太后问他怎么了，关礼说："圣人读万卷书，难道曾经见过像如今这样混乱的局面而确保不出乱子的吗？"宪圣太后不太高兴地说："你不知道现在的情况。"关礼说："现在的情况京城里每个人都知道了，宰相已经走了，皇室唯一可以依赖的赵汝愚知院，早晚也是要走的。"宪圣太后吃惊地说："赵汝愚跟皇家是同姓一族，情况和别人不同，竟然也要走了吗？"关礼说："赵知院没有走，不仅仅是由于同姓的缘故，还因为太皇太后是可以依靠的。现在他们决定了大事却得不到太后的指示，形势迫使他不能不走。他走了，国家可怎么办？希望太后三思啊。"宪圣太后问韩侂胄在哪儿，关礼说："臣已经留下他等候命令。"宪圣太后说："既然是他们决定的事情，只要顺利就可以，传令告诉他好生去做。"

缂丝莲塘乳鸭图（局部）·南宋

关礼赶紧把这个消息告诉韩侂胄，并说："明早太皇太后将在寿皇灵柩前面垂帘接见大臣。"韩侂胄回来报告，赵汝愚把这事告诉其他大臣，并派郭杲以及步军都指挥使阎仲连夜派兵卫护南北内宫，关礼派他的亲家宣赞舍人傅昌朝秘密缝制了黄袍。

就在这天，嘉王告诉赵汝愚他不想去哭吊孝宗，赵汝愚告诫他说："禅祭是十分重大的事，王子不能不出席。"第二天，举行禅祭，群臣都去了，嘉王也去了。赵汝愚率领百官来到孝宗皇帝灵前，宪圣太后果然垂帘出席，赵汝愚率领百官再拜，上奏说："皇帝生病，不能主持丧礼，臣等乞求立皇子嘉王为太子，来维系人心。皇帝批示有'很好'两个字，接着有'想要退位赋闲'的话，请求太皇太后处理吩咐。"宪圣太后说："既然有皇帝亲笔，你们就应奉旨行事。"赵汝愚说："这件事太重大，要传遍天下，写进史书，必须议定一个指挥文件。"宪圣太后答应了。

赵汝愚从袖子里拿出已经拟好的文件呈上去，上面说的是："皇帝因病到现在没能主持丧礼，曾经有过亲笔御书，想要自动退休赋闲。皇子嘉王赵扩可以即皇帝之位，尊奉皇帝为太上皇帝，皇后为太上皇后。"宪圣太后看完了说："很好。"赵汝愚上奏说："从现在起，臣等有应该上奏的事，应当听从新君的处置，但是恐怕两宫父子之间有难于相处的地方，必须烦请太皇太后做主。"又说："上皇

疾病未愈，突然间听到这事，肯定会有惊疑，请求让都令杨舜卿前去侍奉太上皇。"太后就召见杨舜卿到帘前，当面告知他。接着，宪圣太后命令嘉王即位，这就是宋宁宗。赵扩开始坚决辞谢说："这样我恐怕要背负不孝的名声。"赵汝愚上奏说："天子应当把安定社稷、稳定国家作为孝顺。现在朝廷内外人人担忧慌乱，万一发生变故，怎么对太上皇交代？"嘉王不再推辞，于是众人挽扶着他进入素白的帐幕，给他披上黄袍，还没等他坐下，赵汝愚就率领百官对他行礼。

宁宗赵扩来到孝宗的灵前，悲哀地大哭。过了一会儿，丧礼结束了，皇上催促百官回去，自己穿着丧服站在重华殿东厢房的白帷帐旁，内侍扶着他才能坐下，可能是经历了这一场剧变，心理上还不能承受。赵汝愚派人召回留正继续担任宰相，任命朱熹为经义讲席待制，并把朝外的士大夫都召回来，辅佐新君。

▶【赵韩之争】

留正回来后，赵汝愚被任命为右丞相。赵汝愚辞谢不接受，说："我是与皇家同姓的大臣，不幸处理君臣变故，怎敢说到功劳呢？"在关于孝宗陵寝的问题上，赵汝愚和留正的意见不一致，韩侂胄趁机从中离间他们，宁宗把留正贬到建康，任命赵汝愚为光禄大夫、右丞相。赵汝愚极力推辞了好几次，宁宗不答应。赵汝愚本来是想倚靠留正共同办事的，因此对韩

侂胄很愤怒，等他来拜见自己时，借故不接见，让韩侂胄又羞又气。签书枢密罗点提醒赵汝愚说："您做得不对了。"赵汝愚也觉悟了，又接见韩侂胄，但韩侂胄还是不高兴。

本来，韩侂胄认为自己在拥立新君方面也有大功，理应受到重用。朱熹看到了韩侂胄的野心，进宫朝见时将自己的看法禀告给宁宗，但宁宗不相信。朱熹又告诉赵汝愚，应当用丰厚的赏赐慰劳韩侂胄，但不要让他参与政治。可是赵汝愚认为韩侂胄很容易对付，就没把朱熹的话放在心上。朱熹再次给宁宗进谏，请求罢黜韩侂胄，结果惹得宁宗不高兴，倒是把朱熹贬出京城。赵汝愚、彭龟年等人都为朱熹说情，也不管用。从此以后，韩侂胄的气焰更加嚣张。

韩侂胄自恃有功，却被赵汝愚抑制，因此每天都想提拔自己的党羽任台谏官，以此来排斥赵汝愚。赵汝愚粗心大意，竟没有觉察到他的阴谋。赵彦逾因为曾经传递消息给郭杲，在拥立新君的事情上也算有功，事情稳定后，希望赵汝愚能提拔自己，但却只得到一个四川制置使的官，心里也很不满，就站到了韩侂胄一边，共同谋划排挤赵汝愚。赵彦逾到四川赴任前，上朝辞行，说出一大堆当时贤士

的姓名，指斥他们都是赵汝愚的私党。宁宗听了很不高兴，心中也开始产生怀疑。赵汝愚请求近臣推荐御史，韩侂胄私下里告诉御史中丞，让他推荐跟自己关系好的大理寺主簿刘德秀。于是，宁宗批示提拔刘德秀为监察官，他的同党也随之得以升迁，从此朝廷中的言官就全部成了韩侂胄的人。

适逢黄裳、罗点去世，韩侂胄又提拔自己的同党京镗代替罗点，赵汝愚开始被孤立。接下来，中书舍人陈傅良、监察御史吴猎、起居郎刘光祖先后被驱逐出朝，一群阴险小人纷纷附和韩侂胄，视正派人士如仇敌，正直的士大夫的灾祸从此开始了。

韩侂胄想要把赵汝愚从朝中赶走，又想不出用什么名义。有人给他出主意说："赵汝愚跟皇家是宗室同姓，只要诬陷他用计谋危害国家，肯定能将他及其死党一网打尽。"皇帝最担心的无疑就是皇位的稳固了，韩侂胄觉得这个主意好，就提拔他的同党李沐担任正言。

李沐曾经请赵汝愚帮忙给自己弄一个节度使的官职，但没成功，因此也想报复赵汝愚。于是，他上奏说："赵汝愚因为与皇室同姓而官居宰相，这将对国家不利，请求罢免他的职务。"宁宗果然同意了李沐的请求，赵汝愚被罢免相位。

但朝中也有不少正直之士为赵汝愚喊冤。李祥进言："去年国家遭逢重大忧患，朝廷内外喧闹动荡，留正丢下相位逃走，朝廷百官几乎要解散，

军队百姓都将要动乱，两宫消息隔绝，国家丧礼无人主持。赵汝愚以枢臣身份不顾灭族之祸，奉行太皇太后的命令，辅佐陛下登上至尊之位，对国家有显著功勋，其忠心天地可鉴，最后竟然受人暗算而离职，天下人将会怎么想呢？"博士杨简也表达了相同的意见，结果李沐又弹劾李祥、杨简，将他们也罢免了。太府丞吕祖俭也上书陈述赵汝愚的忠诚，宁宗又下诏说吕祖俭勾结朋党有欺君之罪，将他贬往韶州。

太学生杨宏中、周端朝、林仲麟、蒋传、徐范等人跪在宫门口说："去年人心惊恐猜疑，担心迟早要发生变故。当时假如不是赵汝愚出力，裁定重大决策，即使有一百个李沐，也不知该怎么办。在那个时候，赵汝愚位高权重，握有兵权，他想干什么不可以？但他没有趁那个时候谋取私利，这才带来了国家现在的安定，他怎么会对朝廷有异心呢？"书信递上去，这些太学生们也全都被送往五百里外羁押管制。

有这么多人为赵汝愚说话，韩侂胄更加忌恨他了，认为如果不重加贬斥，就堵不上人们的嘴。于是，他授意监察御史胡纮上疏，称赵汝愚假借自己的梦，有谋反之心。原来，赵汝愚曾经梦见孝宗授给他汤鼎，背负着白龙升天，后来他辅佐宁宗穿着孝服登上帝位，觉得是梦的应验，没想到现在被奸人用作口实。于是，宁宗下令把赵汝愚发配到永州。这时，汪义

端等人又暗示宁宗杀掉赵汝愚。

赵汝愚启程前，对儿子们说："看韩侂胄的意思，一定想要杀我，我死了，你们才可以免祸。"到了衡州，赵汝愚突然生病，又被地方官钱鍪刁难，没有得到及时救治，就去世了。天下人听到这个消息，都为他感到冤屈。

论赞

论曰：自古以来，大臣处于危难多疑的境地而能免去祸难的，恐怕很少了。从前周成王年幼即位，周公担任宰辅，四国传播谣言，周公也不能免除居住东方的忧患。赵汝愚是宋朝的宗室重臣，他的贤德固然比不上周公，他与皇室的关系也不像周公那样近。孝宗崩逝，光宗生病，国家重大丧事无人主持，朝廷内外喧闹骚动，甚至有大臣畏难而逃走，汝愚一个人能够奋不顾身，很快定下大计，召集贤明有德的人，来辅佐新政权，天下这才得到太平，他的功劳可以说是盛大的了。但过了没多久，却被韩侂胄所陷害，一旦被斥逐，再也不能复返，天下人听到都为他感到冤屈。从这里可以看出宋朝的衰败已经无法挽救，天意如此，确实不是人的力量可以改变的。

白话精编二十四史

● 第八卷 ●

陆游列传

陆游是位悲情人物，与秦桧的尴尬遭遇，似乎注定了他一生的命运。虽然他一生力主北伐，但是最后仍是失望而返。只留一腔政治抱负，付于苦涩的一笑之中。不过值得庆幸的是，这位满怀爱国之情的诗人给我们留下了众多不朽的诗篇。

陆游，字务观，越州山阴（今浙江绍兴）人。12岁的时候，陆游就能作诗、写文章，因祖上曾有官爵的原因，荫补为登仁郎。宋代有一种考试叫"锁厅"，这种考试是指现任官员或有爵禄者参加的进士考试。陆游就参加了这种考试，并被荐送为第一，而秦桧的孙子秦埙正好排在他后面。秦桧对此非常生气，并对主持进士考试的考官治罪。第二年，进行礼部的考试，又把陆游的名字排在前列，秦桧贬黜了陆游，陆游从此一直遭到秦桧的妒忌。秦桧死后，陆游才开始赴福建宁德任主簿，后来担任了敕令所的删定官。

▶【勇于直谏】

当时，杨存中长时间掌管戍守京城的禁军，陆游在奏疏中竭力陈述其不合适。宋高宗赞赏陆游的意见，于是罢免了杨存中。一段时间，京城中有些显贵人物争相购买珍宝玉器献给高宗，陆游上奏提醒说："陛下以'损'作斋名，除了经籍及文房四宝之外，

都摒弃不用。而有些小臣却不能体察圣意，动辄就私买珍宝玉器献给皇帝，亏损圣上之德，请求严加禁止。"

宋孝宗即位后，提拔陆游为枢密院编修官兼"编类圣政所"的检讨官。大臣史浩和黄祖舜都举荐陆游擅长作词、写文章，熟悉典故。于是孝宗召见他，并用嘉许的口吻说："陆游很有学问我早有耳闻，他发表的言论也确实切实直率。"于是，孝宗赐陆游进士出身。受了赏赐的陆游没有见好就收，而是大胆进言："陛下刚刚即位，正是发布政令以示天下的时候，但是那些官吏将帅玩忽职守，所以要选出那些最恶劣的，当着群臣的面坚决铲除。"

当时龙大渊和曾觌二人在朝中执掌大权，陆游对枢密使张焘说："曾觌、龙大渊独揽大权，培植私党，祸乱朝纲。您现在还不指出的话，将来就更不可能去除他们了。"此言引起了张焘的重视，并立即禀告了孝宗。孝宗责问这些话是谁说的，张焘回答是陆游。孝宗龙颜大怒，将陆游贬为建康

府通判，不久又改任隆兴府通判。

一些言官纷纷议论陆游结交台谏官员，鼓吹是非，一味撺掇张浚出兵抗击金兵，于是陆游被罢官回家。很久以后，陆游才被任命为夔州通判。

王炎任川陕宣抚使时，征召陆游为干办公事。陆游向王炎陈述进取之策，认为治理中原必定要从长安开始，夺取长安又必须从陇右开始，因此，军队应该广积粮食，训练兵勇，有机会就进攻，没机会就防守。这时，吴璘的儿子吴挺掌握着兵权，非常骄横放纵，用很多钱去结交士人，屡次过错杀人，王炎对他也是无可奈何。陆游看不下去，请求用吴玠的儿子吴拱代替吴挺。王炎说："吴拱胆小而缺少智慧，遇敌必败。"陆游却反问："如果吴挺遇到敌人，怎么就能保证他不失败呢？一旦吴挺立下战功，就更难

驾驭了。"后来，吴挺的儿子吴曦潜逃叛国，陆游的话终于得到了应验。

【文采过人】

范成大统帅四川，陆游为参议官，两人以文字相交，不拘守官场的礼节，人们都讥笑他们。陆游倒乐得其所，还自号"放翁"。

后来，陆游又被起用，出任严州（今浙江建德）知府。陆游进入宫殿，向孝宗辞行。孝宗没谈公事，却对他说："严州地区山水风景十分优美，你公事办完，在余暇的时间里可以游览、赋诗、写词。"陆游再次入见孝宗时，孝宗还是显现出对他的文采十分欣赏。孝宗说："你的文笔功夫深厚，能写得一手好诗好字，这不是他人可以比拟的。"

陆游才气超人，一直为时人所津津乐道。他晚年再次出山，为权臣韩侂胄撰写《南园阅古泉记》，为清议一流的人们所讥讽。朱熹曾说过："陆游的才华太高，阅历又太浅，恐怕会被有权势的人所牵累，他的晚景怕不会很好。"朱熹的话真是有先见之明啊！

🔴 爱国诗人陆游·当代·马振声
陆游（1125～1210）是南宋爱国诗人，今存其诗9300多首，他是中国现有存诗最多的诗人。陆游的许多诗篇都抒写了抗金杀敌的豪情和对敌人的痛恨，充满了爱国主义激情。

辛弃疾列传

辛 弃疾少时虽然身在北方，但却有着坚定的南归之心。历经磨难，他来到南宋小朝廷，却发现这里不是他的大宋，而是偏安一隅的政客们的是非圈。然而，已经不甚清晰的"铁马冰河"之梦仍然萦绕在他的脑海里，只要一有机会，辛弃疾总是最先挺身而出，要求北征。他是一位文武双全的奇才，却没有成就他的场所。

辛弃疾，字幼安，历城（今山东历城）人。年少时，辛弃疾师从蔡伯坚，当时他与党怀英是同学，两人都才华出众，时人号称"辛党"。学业完成后，两人想了解自己今后的前程，就用蓍草占卦。党怀英占得一个坎卦，坎为水，代表北方，因此他决定留在北方在金国为官。而辛弃疾占得一个离卦，离为火，代表南方，于是他决定到南方的宋王朝为官。此后命运无常，让两位昔日的同窗好友各为其主，势不两立。

【南归之心】

金主完颜亮死后，中原豪杰纷纷起义。耿京聚兵于山东，号称天平节度使，节制山东、河北忠义军马。在这支队伍里，辛弃疾任掌书记，他力劝耿京南向归宋。有一个叫义端的和尚，喜欢谈论军事，早先与辛弃疾也有交往。等到辛弃疾在耿京军中时，义端也聚集了一千多人，辛弃疾就劝

他投奔耿京。一天晚上，义端偷了耿京的大印逃走，耿京大怒，要杀辛弃疾。辛弃疾没有慌乱，沉着地说："请给我三天时间，如果那时我抓不到他，再杀我也不迟。"辛弃疾推测义端一定会将义军的虚实报告给金帅，于是在路上就进行追捕，很快就捉住了义端。义端求饶说："我知道你真正的命相是青犀相，力能杀人，求你不要杀我。"辛弃疾没有理会，砍下义端的脑袋就送给了耿京。从此，耿京对辛弃疾更加信任了。

绍兴三十二年（1162），耿京命令辛弃疾带奏表归宋。当时，宋高宗正在建康慰劳军队，亲自召见了辛弃疾，高兴地接受了耿京的奏表，并任命辛弃疾为承务郎、天平节度使掌书记，同时用节度使印和文告召耿京南归。此时，张安国、邵进已经杀了耿京降金，辛弃疾返回到海州时，与随从谋划道："我遵从主帅之命归顺宋朝，没想到会发生这种变故，拿什么

回去复命呢？"于是，辛弃疾约定海州统制王世隆及一批忠义人士直奔金营进行偷袭。而张安国正与金将畅饮，辛弃疾等人就当着众人的面将他抓起，绑着他离去了，金将没有追上他们。辛弃疾将张安国献给朝廷，朝廷就在闹市中将张安国斩首了。朝廷仍然授予辛弃疾原来官职，改做江阴检判。当时，辛弃疾只有23岁。

▶ 【北征壮志】

乾道四年（1168），辛弃疾到建康府做通判。乾道六年（1170），宋孝宗在延和殿召见他商谈国事。当时虞允文执掌大权，孝宗锐意革新，辛弃疾伺机论述了南北形势及三国、晋、汉的人才，所持的观点强硬而直露。不仅如此，辛弃疾还顺势写出了《九议》和《应问》三篇、《美芹十论》献给朝廷，着重论述宋金双方不利和有利的条件、战术的优点短处、地理的要害等等。由于宋朝刚跟金议和成功，所以辛弃疾的北征的建议就不能实行了。最终，辛弃疾还是升任司农主簿，出京城任滁州知府。滁州遭受兵祸，村落破败，辛弃疾对百姓宽征薄赋，召回逃难流散的百姓，训练民兵，提议军队屯垦，还创建了奠枕楼、繁雄馆。

孝宗皇帝下诏命辛弃疾筹建飞虎队，这一下让辛弃疾看到了北征的希望，他立即动起手来。辛弃疾首先丈量马殷的营垒房基，修建新的营垒，招步兵二千人，马军五百人，战马铁甲齐备。

辛弃疾先拿五万铜钱到广西买了五百匹马，孝宗帝又下诏命令广西安抚司每年顺便买三十匹

🔶 **辛弃疾塑像**

辛弃疾（1140～1207），南宋词人。他的词多抒发力图恢复国家统一的爱国情怀，倾诉壮志难酬的悲愤，对南宋统治者进行了深刻的揭露和批判。

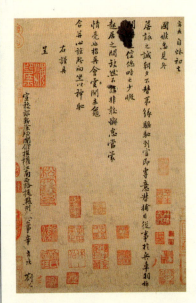

马。当时，枢密院有人不喜欢如此，多次从中阻挠，而辛弃疾却干得更加卖力，始终不愿半途而废。建军的开支非常大，辛弃疾善于筹划，相关困难往往能很快解决。谏官弹劾辛弃疾是在聚敛财富，孝宗下发了御前金字牌，让他立即停建。一心北征的辛弃疾却把金字牌藏了起来，责成监办的人，限期一个月要建成飞虎营栅，违者就要按军法治罪。当时连续下了几个月的秋雨，负责建营栅的机构说造瓦很困难，辛弃疾问："需要用多少瓦？"他们回答："二十万。"辛弃疾淡然一笑，说："这个你们不要担忧。"于是，辛弃疾命令厢官从官舍、神祠取一部分瓦，动员百姓每家献出两块瓦，不到两天，一切都齐备了，僚属都很叹服。最终，飞虎营如期落成，辛弃疾这才上书陈述事情的经过，并画好图纸呈给孝宗，孝宗消除了误解。军队建成，雄镇一方，是长江沿岸各军之冠。

【巧妙赈灾】

辛弃疾被加官为右文殿修撰，并差遣为隆兴知府兼江西安抚使。

当时，江右发生严重饥荒，朝廷命他去负责赈灾等事。刚到灾区，辛弃疾就露出了铁腕手法，他让部下在交通要道张榜宣明："不卖粮的人要发配边疆，强买粮食的人要斩首。"重拳出后，辛弃疾又施巧劲。他命令手下将官府中的官钱、银器全部拿出来，并且直接从官吏、儒生、商贾当中挑选出有才干的人，负责筹借钱物，并让他们负责买粮运粮，限定要在月底运到城下卖出。于是，运粮船陆续往来，粮价也就降下来了，百姓因为这些举措度过了灾年。

此时，同样受灾的信州却没有多少好办法，其守臣谢源明只好向辛弃疾求助救济米，辛弃疾的手下当然不愿意。辛弃疾却很识大体，正色说："我们都是大宋的子民。"他把十分之三的米船发到信州。

【治理闽中】

绍熙二年（1191），辛弃疾重新被起用为福建提点刑狱。在这个任内，辛弃疾曾主持军事，经常叹息："福州前面就是海，是盗贼藏身之所，上四郡的百姓也都凶悍斗狠，但是帅府却很空虚，一旦有事，怎么办呢？"于是，他以安抚为主要任务，积极储备，不到一年，就积钱五十万缗，被时人称为"备安库"。

辛弃疾认为闽中地少人多，年岁歉收，就到广南买粮，恰好还赶上连年丰收。后来，有宗室和军人赶到闽中来买米，于是辛弃疾就把充裕的库粮卖给他们。等秋天米价回落时，辛弃疾又用备安钱买入两万石，这样，一切都显得有备无患。

辛弃疾还想造万套铠甲，招募强壮者扩充军队，严格训练，这样就不用担心祸害一方的盗贼。然而，这件事情还没做，台臣王蔺就弹劾他用钱如泥沙，杀人如草芥，早晚都要在闽中称王。面对这种指责，辛弃疾只好请求辞官回家。

【文动天下】

在南宋一朝，辛弃疾的仕途并不如意，经常受到同僚的质疑，但是，群臣们对于辛弃疾的文采却是交口称赞的。

辛弃疾曾和朱熹游历武夷山，作赋《九曲棹歌》。朱熹赞叹不已，还写"克己复礼"、"夙兴夜寐"两个书斋名赠给辛弃疾。辛弃疾擅长写词，他的词悲壮激烈，有《稼轩集》流传于世。

辛弃疾对于一帮文友同僚也很仗义。朱熹死时，理学正遭禁止，门生故旧甚至都没有为其送葬的。只有辛弃疾写祭文说："你会万世不朽的。谁说你死了，你凛然犹生！"辛弃疾做大理卿时，同僚好友吴交如去世，却没有棺殓。辛弃疾感叹："身为列卿而如此贫困，吴交如真是廉洁！"于是，辛弃疾赠送财物帮助办了丧事，并且多次对宰相诉说吴交如的清廉，最后孝宗也下诏赐吴交如家人银绢。

然而辛弃疾的身后事也很凄凉，很多人为之扼腕。咸淳年间（1265～1274），史馆校勘谢枋得途经辛弃疾墓旁庙宇，听到有急促的声音大呼于堂上，好像在抒发其心中的不平，呼声从黄昏一直持续到深夜。谢枋得连夜点蜡烛写祭文，准备天亮去祭奠他，文章写成后声音就停了下来。德祐初年，谢枋得向朝廷请求，最终朝廷加赠辛弃疾为少师，谥号"忠敏"。

史弥远列传

历 史上的史弥远是一个大好臣，他主张对金求和，为了自己的政治野心胆敢暗杀别的大臣，甚至假传圣旨，直接更改了皇位继承人。他培植亲信、排斥异己，专横跋扈，权倾两朝，并用推崇理学的方式笼络知识分子。在他假模假样地赐予岳飞"忠武"的谥号时，不知他会不会脸红？

史弥远，字同叔，是南宋政治家史浩的儿子。宋孝宗淳熙六年（1179），史弥远开始踏上仕途，补官承事郎。淳熙十四年（1187），他考中进士，并一路高升，一直做到太常寺主簿。后来，因父母年老，他请求回家侍奉父母，并在史浩死后守丧。宋宁宗庆元二年（1196），他重新回到朝廷，出任一个八品小官。开禧元年（1205），他开始逐渐受到重用，一直升为礼部侍郎兼刑部侍郎，成为朝廷的三品大员。

▶【政治野心】

当时，韩侂胄主张对金朝作战，希望以此来扩大宋朝的疆土，从而巩固皇帝对自己的宠幸和自己的权位。可是，宋军在前线大败。消息传来，朝廷一片混乱。宁宗请所有官员就此事发表意见，史弥远上疏说："坚决主张对金作战的人认为只有先下手才能取得胜利，可是这是军队将领的事。至于国家体制、宗庙社稷等方面的事，由于涉及面很广，

怎么可以将数千万人的性命孤注一掷呢？京城是国家的中心，如今已有很多将士去边疆守卫，倘若再派人马到边疆，谁来保卫京城？"

正当史弥远与韩侂胄对于金朝的态度分歧明显化的时候，又发生了一件有利于史弥远的事情。开禧三年（1207）二月，正在前方与金朝打仗的宋军主帅吴曦叛变降金。这个消息对于南宋朝廷来说无疑是一个巨大的打击，也极大地动摇了宋朝抗金的信心。由于韩侂胄是主张抗金的，所以他的威望也受到了严重挫败。

不久，宋朝派使者去与金朝议和，金方提出以韩侂胄首级作为议和的前提，这个要求韩侂胄当然不能答应。史弥远却从中看到了自己的机会，他知道皇上虽然信任韩侂胄，但总归把议和看得比韩侂胄的脑袋更重要，于是决定除掉韩侂胄，以此换得金人的满意。当然，最重要的是自己能够取代韩侂胄的地位。

史弥远也知道这件事凭自己一己

之力是很难做到的，于是他开始寻找外援，被他找到的是当时的皇后杨氏。当初宋宁宗立皇后时，韩侂胄并不支持立杨氏，因此杨氏很早就对韩侂胄怀恨在心。史弥远首先找到了杨皇后的哥哥杨次山，让他在杨皇后耳边吹风，请她向宋宁宗提出罢免韩侂胄。虽然杨皇后极力对宁宗说韩侂胄主张对金用兵将不利于社稷，但宁宗总是置之不理。

史弥远并没有放弃，既然明的不行，就来暗的——他决定赌一把，找人暗杀韩侂胄，到时候宁宗想不用自己都不行。于是，他暗中与杨皇后一起伪造了一封宋宁宗的密旨，又找到主管殿前司公事的夏震，让他去杀掉韩侂胄。史弥远向夏震出示了这封假圣旨，说这次行动是宁宗的旨意。夏震听说让自己去杀韩侂胄，震惊不已，不敢相信，因为那可是当朝第一重臣啊。可是看到所谓的圣旨，他也无话可说，只得表示愿意拼死效命。当年的十一月，夏震带领禁军埋伏在路旁，在玉津园用棒子打死了韩侂胄。韩侂胄已死的消息传到宋宁宗耳朵里，宁宗最初不相信。过了几天，才相信这是真的。

韩侂胄死了，去金国讲和的任务就交给了史弥远。嘉定元年（1208），史弥远与金朝签订了丧权辱国的《嘉定和议》，把宋金关系由叔侄之国改为伯侄之国，岁币由20万增为30万，另外还以"犒军"的名义送给金朝白银300万两。当史弥远带着这份和议回到宋朝时，屈辱的内容引起了许多朝中大臣的强烈不满。然而，宋宁宗却很满意，于是开始重用史弥远。史弥远终于实现了取代韩侂胄掌握朝政的计划。

【拥立理宗】

其实，在史弥远暗杀韩侂胄的计划里，除了杨皇后外，还有一个皇室成员参与，那就是当时宋宁宗唯一的儿子赵询。赵询后来被立为太子，但却因病死了。赵询死后，宋宁宗另

🐉青铜双龙纹菱花镜·南宋
此图为菱花形，双龙昂首对峙，身躯上卷。其下香炉青烟袅袅，溪水中有浮游之龟。图案充分体现了宋人祈求长生和升仙的思想。

🔴 **梅石溪凫图·南宋·马远**

此幅画属于所谓"江湖小景"的小景画范围，是一幅美丽而悠然的花鸟画，一群活泼的野鸟在幽僻的崖涧下互相追逐，自由嬉戏。

立同宗室中的赵竑为太子。赵竑十分看不惯史弥远的专横，曾经私下里放言说等自己即位后就要把史弥远流放到边远地区。谁知道史弥远早就在赵竑身边安插了耳目，所以这句话被史弥远知道了。为了解除后患，史弥远开始在宋宁宗面前说赵竑的坏话，想要废掉赵竑另立他人。

当初同样作为太子候选人之一的，还有另一个皇室子弟，名叫赵贵诚。史弥远决定用他来取代赵竑。嘉定十七年（1224）闰八月的一天夜里，宋宁宗病死了。当时，史弥远正在宫内，他首先封锁消息，然后派人把赵贵诚叫进宫。杨皇后也在场，史弥远便要求杨皇后假传圣旨，废掉赵竑，立赵贵诚为新皇帝。杨皇后虽然曾经

与史弥远合作，但现在毕竟关系到皇位，对于国家来说是无上之大事，所以她一开始很为难，一方面知道史弥远不好得罪，另一方面又不敢擅自决定太子的废立。

史弥远早就想到杨皇后会犹豫，他已经事先拉拢了杨皇后的兄弟杨谷等人，让他们来劝她，并派夏震看守皇宫及赵竑。杨谷对杨皇后说："史弥远手中握有重权，咱们得罪不起他。宫里到处都是他的人，如果不立赵贵诚，恐怕会生兵变，到时候咱们杨家

就大祸临头了。"杨皇后想了很久，终于勉强答应了。

于是，史弥远对外宣称宋宁宗早就下诏将赵贵诚立为太子，赐名赵昀。他还拿出一份伪造的宋宁宗的遗诏，上面写着废赵竑为济王，立赵昀为太子，即帝位。这就是宋理宗。

新皇登基不久，为了防止赵竑的不满，史弥远又想办法将赵竑一家流放到湖州，后来又派人逼迫赵竑自缢，并对外宣称赵竑是病死的。除掉了这个心头之患，史弥远便可以高枕无忧地做他的首辅大臣了。果然，理宗即位后，就拜史弥远为太师，照旧为右丞相兼枢密使，晋封魏国公。

【笼络知识分子】

除去韩侂胄后，史弥远整整做了17年宋宁宗的宰相。等到理宗即位后，他又做了九年宰相。他利欲熏心、专权独裁，一味重用谄媚卑鄙之人。宋理宗虽然也知道这些，但为了感谢他拥立自己的功劳，往往对此睁一只眼闭一只眼。即使有御史谏官说史弥远如何邪恶，理宗也从不追究。赵竑被迫自尽后，许多正直之士纷纷出来议论此事。史弥远培植亲信、排除异己，不遗余力地将这些正直君子统统贬黜放逐。当时，史弥远身边有著名的"三凶"和"四木"，所谓的"三凶"是指李知孝、梁成大、莫泽；"四木"是指薛极、胡榘、聂子述、赵汝述。他们依附史弥远，专横跋扈，无恶不作。

不过，对于理学学派来说，史弥远却算得上是一位"大恩人"，因为史弥远专政期间大力推崇理学，实际上，他是把这作为笼络知识分子的一种手段。《嘉定和议》签订后不久，史弥远起用了诸多理学人士，并为之前被诬蔑的一些理学大家平反昭雪。例如，朱熹、周敦颐、程颢、程颐、张载等人之前是没有资格拥有谥号的，但史弥远则特意给他们颁布了谥号，分别为"文"、"元"、"纯"、"正"、"明"。此外，他追赠朱熹太师官号，追封信国公爵位，并表彰他的《四书集注》。具有讽刺意味的是，史弥远还追赐岳飞的谥号为"忠武"。这些笼络手段自然受到理学人士的欢迎，而史弥远也因此获得了他们的支持。由于史弥远对理学的大力倡导，史弥远死后不久，理学被确定为南宋官方的统治思想。

当然，也有理学家看穿了史弥远的真面目，依然对他深恶痛绝，而史弥远对于这些难以笼络的人自然也毫不客气。理学家真德秀、魏了翁就因为批评史弥远，先后以"谤讪"、"诬诋"罪名被罢官。

论赞

论 曰：史弥远在选拔官员的时候，总是排斥疏远的，重用亲近的。他也很忌讳听到正直的谏言。

文天祥列传

文天祥明知南宋大势已去，不是靠他一己之力所能拯救的，但他仍然愿意尽臣子之心，进行最后的抵抗。当国家已经灭亡，敌人许他以高官厚禄，他仍不为所动，宁愿忠于那个已经从历史上抹去的国号。他的那句"人生自古谁无死，留取丹心照汗青"，至今仍振聋发聩。

文天祥，字宋瑞，又字履善，吉州吉水（今江西吉安）人。他身材高大、相貌堂堂，漂亮白皙像玉石，眉清目秀，眼睛炯炯有神。在他还是小孩子时，有一次看到学校供奉的几个著名同乡的画像：欧阳修、杨邦义、胡铨，他们的谥号都叫"忠"。文天祥十分景仰他们，立下决心说："如果我死后不能像他们一样在这里接受祭供，就不是大丈夫。"

【誓保宋廷】

20岁那年，文天祥考中进士，在集英殿答对论策。当时理宗在位已经很久，政务渐渐懈怠，文天祥就以"遵循天意而不懈怠"为题作答，其文章写了一万多字，而且不打草稿，一挥而就，理宗亲自选拔他为第一名。考官王应麟也欣喜地对理宗说："从这份答卷可以看出文天祥的忠心义胆像铁石一样坚固，臣为陛下得到这样的人才而庆贺。"

开庆初年，元朝的军队进攻宋朝，宦官董宋臣鼓动理宗迁都，人们都不敢说他不对。文天祥当时进京任宁海军节度判官，他上书"乞求斩杀董宋臣，以统一人心"。理宗没同意，文天祥就主动罢职回家。后来，他又被启用，并逐渐升至刑部侍郎。这时，董宋臣再度升任都知，文天祥又上书极力论说他的罪过，但还是没有得到回应。文天祥无奈，又主动申请调到外地为官，任瑞州知州，改为江西提刑，升为尚书左司郎官，不管在哪儿，他总是因为说话太直，屡次被弹劾罢免。

咸淳九年（1273），文天祥任湖南提刑，见到前任丞相江万里。江万里一向认为文天祥有气节，很欣赏他。两个人谈起国事，都忧心忡忡。江万里对文天祥说："我老了，什么样的人我都见过，拯救国运的重任，恐怕就要你来承担。你要努力啊。"

德祐初年，元军大举进攻南宋，朝廷告急，诏令天下起兵勤王。当时任赣州知州的文天祥捧着诏书痛哭，派陈继周征发州中豪杰，同时联合溪峒少数民族，又派方兴召集自己家乡吉州的士兵，各路英雄纷纷响应，集结了一万多人的军队。此事上报给朝廷，文天祥被任命为江西提刑安抚使前去护卫京城。文天祥的朋友阻止他，说："如今蒙古大军分三路浩浩荡荡地南下，攻破京郊，逼近内地，你以仓促集合的一万多人前往抵抗，这跟驱赶羊群去和猛虎搏斗又有什么不同？"文天祥慷慨而悲凉地回答说："我也知道是这样，但国家养育了臣民三百多年，如今有难，征集天下军队，如果竟没有一个人一匹马进京保卫，这不是太令人痛心了吗？所以我宁愿自不量力，以身殉国，也希望天下忠臣义士看到我的行为，也能起来响应，这样国家就有希望了。"

八月，文天祥领兵来到临安。十月，进入平江。这时，大元军队已经从金陵出发进入常州。文天祥派将领朱华、尹玉、麻士龙、张全援救常州。到了虞桥，麻士龙战死，朱华带军在五牧作战，打了败仗，尹玉的军队也被打败。剩下的士兵争抢过河，纷纷扒住张全的兵船想要上去，谁知张全的士兵害怕人多沉船，把这些战友的手指砍断，不让他们上船。结果，大部分残兵都淹死了。张全的军队根本没作战，一支箭也没发，就逃了回来。

第二年正月，文天祥任临安府知府。没多久，宋朝投降，陈宜中、张世杰都逃走了，于是文天祥便被任命为右丞相兼枢密使，被派到元军中请求讲和。文天祥与元朝丞相伯颜在皋亭山谈判，文天祥态度很强硬，伯颜一发怒，就把他扣下，想带着他去镇江。文天祥和他的门客杜浒等十二人，在夜里逃出来，来到真州。

文天祥还未到时，扬州有逃回来的士兵说："元朝暗中派一位投降的丞相来真州劝降了。"知州李庭芝信以为真，以为文天祥是来劝降的，就派苗再成立即把他杀了。苗再成不忍心，就骗文天祥出去察看城防，把他关在城门外。过了许久，李庭芝又派两批人分别去侦察文天祥，看他到底是不是来劝降的，如果是，就杀掉他。这两批人分别同文天祥交谈后，看到他无比忠义，也都不忍心杀他，就派20名士兵把他护送到扬州。

一行人四更时分抵达扬州城下，城门还没开，许多人一边等待开门，一边谈论时事，都说现在各地都在严密防备文丞相。文天祥与随从听了这话，相视吐吐舌头，庆幸没等进城才听到这话，于是赶紧改变路线，往东进入海路，碰到元军，藏在土围墙里才得以躲过。一路上只顾奔波，没带吃的东西，大家都饿得走不动了，只能跟砍柴的人讨些残羹剩饭。走到板桥，又碰到元军，大家跑到竹林中藏起来，敌兵进入竹林搜索，抓住了杜

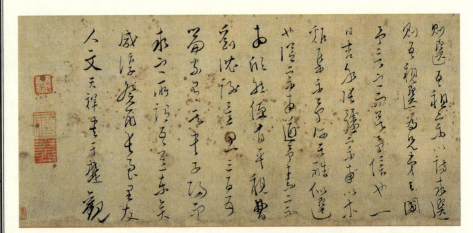

文天祥《木鸡集序》（局部）

文天祥的书法以小篆知名，今已不可见。《木鸡集序》用笔非常有特色，从头至尾下笔轻盈率意。

浒、金应两个人，文天祥躲过一劫。后来，杜浒、金应拿出怀里藏的金子给元兵，才被放回。大家雇了两名樵夫用筐子抬着文天祥到达高邮，又乘海船来到温州。

【宁死不降】

回到朝廷后，文天祥率领南宋所剩不多的军队辗转各地，艰苦抗战，自己的母亲和唯一的儿子都在战争中死去了。但最终寡不敌众，有一天正在战斗前线吃饭时，他被元朝大将张弘范的军队抓住。

文天祥被押到潮阳，见到张弘范。左右侍卫命令他跪拜，但他坚决不拜，张弘范也不勉强，就用宾客的礼节接待他。张弘范让文天祥写信招降张世杰，文天祥说："我不能保卫父母，还教别人背叛父母，你想这可能吗？"张弘范不死心，还是坚持向他索要招降信，于是文天祥便写下著名的《过零丁洋》这首诗给他们。诗的末句说："人生自古谁无死，留取丹心照汗青。"张弘范无奈，却也笑着把这首诗收藏

了起来。

崖山战役，元军大胜，军中举办宴会犒赏士兵，张弘范趁机又劝文天祥投降，说："你的国家已经灭亡了，作为丞相，你的忠孝也已经尽到了。如果你能改变心意，以侍奉宋朝的态度侍奉我们皇上，可能还能做宰相呀。"文天祥悲痛落泪，说："眼睁睁地看着国家灭亡而不能够拯救，做人臣子的死有余辜，难道还敢偷生避死，侍奉他人吗？"张弘范虽然劝不动文天祥，但也觉得他很仁义，就派使者护送他到元都燕京。

文天祥在路上想要绝食自尽，八天没有吃饭，但没有死。到了燕京，元朝用豪华的驿舍招待他，但他晚上坚持不躺下睡觉，坐了一夜，直到天明。第二天，他被移送到兵马司，由士兵看守。当时，元世祖经常从原来的南宋官员中寻求人才，王积翁说：

"南朝人里没有比得上文天祥的了。"于是，元世祖便派王积翁去宣旨招降文天祥。文天祥拒不领旨，说："国家灭亡，我理应殉国。如果我能被释放，以道士的身份回归家乡，也许他日能以方外身份与元朝合作；但如果马上让我做官，不仅亡国的士大夫不可以此苟活，而且是将自己一生的努力全都抛弃了，那么你们要我又有何用？"听了这话，王积翁便想联合其他十个人请求释放文天祥，让他当道士，但其中留梦炎不同意，说："如果文天祥一出去，又在江南号召抗元，到时候我们十个人怎么办？"其他人一听也是，此事便作罢。

【慷慨赴死】

文天祥在燕京一共被关押了三年。至元十九年（1282），有一个福建僧人宣称土星侵犯帝座星，世间将有变。没多久，中山有个疯子自称"宋主"，有兵一千人，想要救回文丞相。京城也有匿名信，说某天将要率领士兵起事，丞相可以不必发愁了这样的话。元朝怀疑信中所说的丞相就是文天祥，就把他召进宫中，问他："你现在还有什么愿望吗？"文天祥回答说："我蒙受宋朝恩典，担任宰相，怎么可以事奉第二国？希望赐我一死就足够了。"元世祖本来不忍心杀他，挥手让他退下。但这时，旁边有大臣极力表示应该满足文天祥的请求，元世祖想了想，便听从了他们的话。可是没过一会儿，元世祖又后悔了，赶紧下诏阻止行刑，但这时已经晚了。

文天祥临刑时非常从容，他对旁边人说："我的任务完成了。"于是向着南方行跪拜之礼，然后慷慨就义。几天后，他的妻子欧阳氏收拾他的尸体，发现他的面部仍然栩栩如生，神采不减。文天祥死的时候才47岁，他的衣服中有一段随身携带、激励自己的话，上面写着："孔子说成仁，孟子说取义，只有忠义至尽，才能做到仁。读圣贤书，所学习的不就是这些吗？只有这样，从今以后才可以问心无愧了。"

论赞

论曰：自古以来的有志之士，想要得大义于天下，就不会因成功或失败而动摇其决心，这样的决心，君子称作"仁"。商朝衰落，周朝顺应天命要取而代之，八百诸侯的军队，伯夷、叔齐就凭他们两个人的力量想要加以阻止，即使是三岁小孩也知道是不可能的。后来，孔子仍称赞他们"求仁而得仁"。宋朝亡国了，文天祥以单薄的力量在岭海一带颠沛流离，想要谋求复兴，最终兵败被俘。世祖皇帝爱惜他的才能，想尽办法驯服他，终究没能成功。文天祥从容就义，视死如归，是因为他有比活命更重要的追求，能不称他为"仁"吗？

白话精编二十四史 ◎ 第八卷 ◎

程颢列传

程颢是一代大家，然而他并非是只知道啃书本的迂腐书生，而是将儒家的精神融进自己的官宦生涯中。他明辨是非、为民请命，用忠孝仁义的道理来教导百姓，用一身的正气实践着儒家的济世情怀。

程颢，字伯淳，世代居住在中山（今属河北），后来才迁到河南。他的父亲是一个有头脑的官员。当时有一个叫区希范的人已经死了，乡人却忽然传说他的神魂降临了，并且说这个神魂说"要为我在南海立祠"，于是乡人赶紧迎接区希范的神位到南海去。程颢的父亲派人察问是怎么回事，人们回答说："经过浔州（今广西桂平）的时候，浔州太守开始也认为是妖怪，就把祭品扔到了江中，祭品却逆流而上，太守害怕了，赶紧以礼相待。"程颢的父亲还是不相信，就让人又把祭品扔到水中，祭品顺流而去，这一场闹剧于是平息下来。

▶【明眼断案】

程颢考中进士后，担任户县、上元县（今属陕西、江苏）主簿。户县有个百姓借自己哥哥的房宅居住，在挖地时发现了许多埋在地下的铜钱。哥哥的儿子上告到程颢那里，说："这是我父亲藏下的。"程颢问他："你父亲藏了多少年了？"回答说："40年。"

程颢又问："这个人借你们的房子居住有多长时间了？"回答说："20年了。"程颢于是派遣吏人取来十千钱仔细察看，然后对上告的人说："现在官府所铸的钱，不超过五六年就流通到各地了，而这些都是未埋藏前几十年所铸的，这是怎么回事呢？"那个人回答不上来，只好作罢。

程颢任晋城县令时，有个姓张的富人父亲死了，一天早晨有个老者来到门前说："我是你的父亲。"姓张的富人感到非常惊异，无法断定真假，就和那个老者一起来到了县衙上。老者说："我是个大夫，出远门治病的时候，妻子生了孩子，家贫不能抚养，就送给了张家。"程颢问他可有什么凭证。老者从怀中取出一封书信交给程颢，只见信上写着："某年某月某日，将儿抱给张三翁家抚养。"程颢问道："张氏这时只有40岁，怎么会称为翁呢？"老者原以为铁证如山，没想到自己被揭穿了，惊骇之余，连忙谢罪。

程颢非常关心自己治下的百姓，

也十分注重教化。老百姓交纳粟米作为税款，一般是要送到最近的边境地区。如果自己装着粮食送过去，路途太远，太过辛苦；而如果到了边境附近再去买粮食交纳，又太贵，买不起。程颢了解到这些情况，就挑选出一些值得信赖的富人，让他们提前储备一些粟米，让他们预先储备好粮食等在要交纳的地方，这样一来，就为老百姓节省了不少费用。

老百姓如果有事来到县衙，程颢一定要告诉他们孝悌忠义的道理，教育他们在家要侍奉父兄、出门要侍奉尊长。他根据乡村间的距离远近建立伍保制度，使百姓在有困难的时候互相帮助，使奸诈之徒无处容身。凡是孤寡残疾的人，程颢都责令他们的亲戚和乡里照应，使他们免于流离失所。外地人在途中患上疾病的，也都能在程颢这儿得到精心照顾。他管辖的每个乡都有学校，他在闲暇时会亲自来到学校，召集乡中父老谈话。乡里儿童所读的书，他亲自订正句读，教员不好，就另外换人。他还选择优秀的年轻人，将他们集中起来进行教授。凡是他治理过的地方，老百姓都像敬爱自己的父母一样敬爱他。

【一身正气】

熙宁初年，因为吕公著的推荐，程颢担任太子中允、监察御史里行。宋神宗素闻其名，几次召见程颢，每次退朝还恋恋不舍地说："叫你问对，是因为我想常见到你。"有一天，神宗突然来到程颢家里，当时正是中午，程颢赶紧出来迎接，随行的大臣说："你不知道皇上还没吃饭吗？"程颢与神宗交谈了很久，提了许多建议，大抵都是要神宗端正心

🔴 **程颢像**

程颢（1032～1085），字伯淳，后人称明道先生，河南洛阳人。程颢早年受业于周敦颐，宋仁宗嘉祐二年（1057）中进士，政治上追随司马光，反对王安石新政，一生从事讲学活动，是宋代理学的奠基人，与其弟程颐合称为"二程"，其学派被称为"洛学"。

术、杜绝欲望、访求贤士、培育英才等。神宗听后俯身对他说："我应该时刻用你的话来警醒自己。"

王安石执政后，积极推动变法，朝廷内外很多人都不赞同，双方经常在朝中争吵，相互猛烈攻击。有一天，程颢被召赴朝中议事，正好看见王安石在怒气冲冲地指责一些反对者。程颢不慌不忙地说："天下之事不是由一个人议定的，希望你能平心静气地倾听。"王安石感到很惭愧。其实，王安石跟程颢的关系原本不错，虽然关于新法的问题，两个人的意见不一致，也产生了一些矛盾，但王安石还是很敬重他，并没有特别生气。

程颐程颢朱熹三先生像图·元·佚名

程昉治理黄河，征用了澶州士卒800人，由于程昉太过严苛，众人都逃了回来。澶州的官吏畏惧程昉，不敢接纳这些人。程颢说："他们逃回来，如果不接纳，一定会出乱子。要是程昉发怒的话，我一个人来担当。"随即亲自去打开城门，对众人进行安抚慰劳，并跟大家约定，休息三天，再回去服役，众人欢呼雀跃地进了城。后来程昉经过澶州，扬言说："澶州士卒溃散，是程颢引诱的，我要把这件事上奏皇帝。"程颢听到后，说："他的所作所为还怕我告他呢，怎么敢告诉皇上。"后来，程昉果然没有上告。

曹村的堤坝决口，当地官员认为决口太大，不可能堵上。程颢对太守刘涣说："曹村决口，京城也会被威胁到。作为大臣，哪怕用身子去堵，也要把它堵上。你干脆把这件事交给我来做吧。"刘涣于是把官印交给了程颢，程颢立即赶到决口的地方，先对士卒们大加激励，最后命令善于游泳的人渡过决口，拉上一条非常粗的绳索，让其他人也渡过去，然后在两岸同时筑堤，几天的功夫就把决口堵上了。

广济、蔡河沿岸的无赖之徒没有职业，专门截取行船的财货，每年一定要烧掉十几条船来逞威风。程颢命人将其中一人逮捕，让他交待出同伙。等到把这些人都抓住了，程颢却赦免他们过去的罪恶，将他们安置在不同的地方，让他们以拉纤为业，同时监察其他做坏事的人。从此，当地再也没有剽掠抢劫的事情发生了。

宦官王中正的权势很大，各地都竞相献上奢靡的钱物以取悦于他。当为王中正敛财的人来到程颢治理的境内时，程颢用讽刺的语气说："我们这个县穷，岂敢和别的县相比。从老百姓那里剥削，这是法律所不允许的。不过，我这儿倒是有一件奢侈品，那就是过去县令的帷帐，要不就送给你？"

【理学大师】

程颢不仅天资聪颖，而且很有修养，无论是他的学生还是朋友，跟他

交往了几十年，几乎从来没有看见过他急躁暴怒。从十五六岁开始，程颢就和弟弟程颐一起跟着周敦颐学习，从此便厌倦科举，立志追求真正的道义。他遍读诸子百家的书，对于道家、佛学的学习长达几十年，然后返归到《六经》之中去追求"道"。自从秦、汉以来，还没有人像他那样把理学研究得如此透彻。

程颢去世时，士大夫无论是认识还是不认识他的，都感到悲伤。文彦博听取大家的意见，在他的墓碑上题字称"明道先生"。他的弟弟程颐为碑文作序，将程颢的学术地位推崇得很高，他说："周公死后，圣人的道义就没有再流传开来；孟子死后，圣人的学术就没有人再继承发扬。明道先生生活在一千四百年后，始终将大兴儒学作为自己的终生任务，使圣人的道义能够重新流行于世，这种功绩大概在孟子之后只有他一个人而已。"程颐一方面称赞程颢的学问渊博，是千年以来不多见的真正的儒者；另一方面，他又哀叹："学者如果不能体会真正的'道'，又有谁会知道这个人的功绩呢？"言下之意，在一个道统失落的年代，程颢真正的价值又有多少人能够真的体会呢？

邵雍列传

邵雍是儒者，却有道家的风采，随意洒脱、不求声名、顺其自然，以安乐为意。难怪当时的人都视他为神人，以为他可以预知未来。其实，他只是有一颗纯净、自然的心。

邵雍，字尧夫，祖先是范阳（今河北涿州）人，从父亲邵古开始迁居衡漳，后又迁居共城（今河南辉县）。邵雍30岁那年，到河南游历，将他的父亲葬在伊水岸旁，于是成为河南府人。

【安乐先生】

邵雍年少时，对自己的才能颇为自负，一心想要立功名。他读书涉猎范围很广，几乎没有他没读过的书。有一次，他感叹道："过去的人还像古人那样喜欢交友，而我却还没有周游四方去走师访友。"于是他决定周游天下。他渡过黄河、汾河，越过淮水、汉水，周游在齐、鲁、宋、郑等古国的废墟之上。很久以后，他驾车归来，自信地说道："我已经领悟了道的真谛了。"于是不再远游。

邵雍刚到洛阳的时候，住在一间茅草房里，茅屋的墙是用蓬蒿荆条编成的，不能遮风挡雨。邵雍亲自砍柴、烧饭来侍奉父母，虽然经常穷的没米下锅，可是他却很高兴，旁人都不能理解。富弼、司马光、吕公著等许多贤能的人退居洛阳时，都很敬重邵雍，经常与他往来。虽然邵雍常常到田间耕作，但是收成只能勉强度日。他把自己的居所命名为"安乐窝"，自号"安乐先生"。早晨他焚香安坐，晚上喝三四杯酒，微醉即止，兴致上来的时候就吟诗自咏。

春秋时节，他喜欢出门游玩，往往乘坐一辆小车，信马由缰，想到哪里就到哪里。城里的士大夫都能分辨出他的车子的声音，听到他来了，都争相迎候，连家里的儿童仆役都欢呼着相告："我们家先生到了。"有时他会在一些士大夫家里留宿，甚至有人专门为他建造了房子，等候他来住，并称它为"行窝"。

【隐而不仕】

司马光对待邵雍像对待自己的兄长一样，他们两个人都有高尚的品德，格外为人所钦慕尊重。洛阳的父子兄弟之间如果有矛盾，都会互相告诫说："不要做不善之事，以免司马端明、邵先生两个人知道。"有士大夫路过洛阳，哪怕不到公府去，也一定要到邵雍的住所。

邵雍非常有学识，然而他并不喜欢显示自己的才能，更不想向别人推荐自己。与人讲话时，他总是称赞别人的优点，不提别人的缺点。如果有人向他请教问题，他就耐心地为之解答，但绝不把自己的观点强加于人。无论对方贵贱长少，邵雍一律对他们以诚相待，所以贤良的人钦慕他的品德，不贤良的人佩服他的道德。一时间，洛阳贤人辈出，忠良厚道的品行也名扬天下。

熙宁年间，王安石实行变法，地方上的官员在推行新法时遇到许多困难，有的官吏就自己弹劾自己，辞职离去。邵雍在各地的门生旧友纷纷来信询问自己该怎么办，邵雍回答说："现在正是贤人应当尽力的时候，新法固然严酷，但是如果在实行中能够宽缓一分，那么百姓就受益一分。如果辞了职又怎么能为国家出力呢？"

嘉祐年间，朝廷下诏访求隐逸的贤人，有人推荐了邵雍，朝廷授予他

邵雍塑像

位于今河南辉县百泉邵夫子祠内。邵雍（1011～1077），字尧夫，谥号"康节"。北宋哲学家、思想家、易学家、史学家和诗人，为理学象数学派的创立者。

监主簿的职位，又补为颍州团练推官。邵雍都是在坚决推辞之后才勉强接受任命，最后还是称病不赴任。熙宁十（1077）年，邵雍去世，终年67岁。

邵雍才智出众、品德高尚，能够保持自己的独立性情，不随波逐流。旁人与他交往时间长了，就会越发尊重信任他。河南的程颢刚结识邵雍时，与他谈论了一整天，回去之后感叹道："尧夫所拥有的，是内圣外王的学问啊。"

邵雍学识渊博，非常人所能及。程颐曾经说："他心明眼亮，自然什么事能够知道。"当时的学者都认为邵雍能够预知世事，说他能根据事物的声音、形色来推测它们的变化。他们甚至还列举出一些已经发生的事情，认为都是邵雍曾经预言过的。实际上，邵雍未必真的有这么神。

邵雍生病期间，司马光、张载、程颢、程颐从早到晚在床前侍候。邵雍临终时，这几个人一同到外间商议丧葬之事，邵雍听到了他们的谈话，于是他把儿子邵伯温叫来说："诸君想要把我埋在城区附近，但我还是应当跟咱们的祖先葬在一起。"

邵雍下葬之后，程颢为他题写了墓志铭。

朱熹列传

朱熹是理学大师，为人慷慨正直。他天资聪颖，从小就显示出惊人的领悟力。长大后，他一方面修身养性、钻研学问，另一方面不忘为国尽忠，直言敢谏。他反对议和，力主抗金；他嫉恶如仇，痛恨奸臣。朱熹并不是迂腐的读书人，但学问却成为别人攻击他的把柄。朱熹的遭遇看似是围绕理学这一学术问题，实际上却是他的政敌对他的政治攻击。在漫长的历史中，陷入这种境遇中的，朱熹并不是唯一的一个。

朱熹，字元晦，一字仲晦，徽州婺源（今江西婺源）人。他的父亲朱松也曾在朝为官，且正直忠贞。秦桧定下与金朝议和的政策后，朱松与同僚一同上书，极力论说这样不行。秦桧恼怒，暗示御史弹劾朱松自以为贤能且怀有异心，朱松被贬到饶州，还没成行，就去世了。朱熹的性情品德深受父亲的影响。

▶【刚直风骨】

朱熹从小就聪明过人，想问题与别的小孩子不一样。在他刚刚学会讲话的时候，有一天，父亲为了教他认识大自然，就指着天空对他说："这是天。"小朱熹听了，先是点点头，然后马上又问道："天在我们上面，那么天的上面是什么？"朱松没想到一个小孩子会问这样的问题，觉得很稀奇，一时不知该如何回答。朱熹开始读书后，老师教给他《孝经》，朱

熹把里面的故事读过一遍后，就在书上写道："如果不像书中这样做，就不是人。"还有一次，他和一群小孩在一座沙丘上面玩，别的小孩都在兴高采烈地玩沙子，只有朱熹一个人端端正正地坐在一个角落里，用手指在沙上写写画画。别人走近一看，发现他画的竟然是八卦图。

18岁时，朱熹参加乡贡，考中进士。担任泉州同安县主簿时，他挑选城中德才兼备的人作为弟子，每天都跟他们讲论圣贤修己治人的道理，并用自己的学问和一言一行去影响自己的学生。

孝宗继位后，下诏让大臣们直言政事，朱熹便经常给孝宗递奏折，直陈对政事得失的看法。他极力主张抗击金朝，反对一味妥协求和，他对孝宗表示，大宋与金有不共戴天的仇恨，是不可能议和的。他希望孝宗能够任用贤能之人，摒弃奸邪之徒，这样才

能使国富兵强，有实力对抗金人。朱熹嫉恶如仇，对朝中的奸臣非常愤怒，也曾直言不讳地对孝宗说，朝廷中的重臣大多结党营私、贪赃枉法，再这样下去，一定会带来莫大的祸患，可是孝宗却认为朱熹这样说，其实是在讽刺他忠奸不分，于是勃然大怒道："你这是认为我大宋将要灭亡了吧。"

虽然如此，还是有人愿意举荐朱熹。不过，这里面却有两种截然不同的原因：有的人是认为朱熹的确有才能，希望他能为国家出一份力，所以极力推荐他，比如陈俊卿；而另外一些人却怀有私心，名义上是推荐朱熹，实际上却是想贬低他，比如宰相赵雄曾对孝宗说："士人都喜爱名声，陛下越是恨朱熹，那么人们就越发称赞他，这岂不是正好抬高了他吗？依我看，不如根据他的所长任用他，等他渐渐担任政事之后，到底有没有能力自然可见分晓。"孝宗认为赵雄说的有道理，于是拜授朱熹为提举江西常平茶盐公事。

这时，正赶上浙东发生大饥荒，

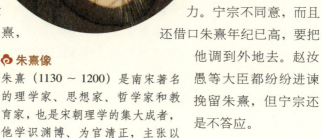

🌸 **朱熹像**

朱熹（1130～1200）是南宋著名的理学家、思想家、哲学家和教育家，也是宋朝理学的集大成者，他学识渊博、为官清正，主张以理学治国，却得不到统治者的理解。

朱熹临危受命前去赈灾。朱熹还没赴任前，就致书其他各郡，招募米商，减免他们的税收。等到他来到郡上后，米商们的米船就已经纷纷来到。朱熹每天都出去探访民情，几乎走遍了浙东各地，有时候出门连个随从人员都不带，以至于所到之处人们都不知道他来过。一些心里有鬼的官吏害怕他，有的甚至主动要求辞职，因此，他所管辖的地区风纪肃然。他的这些政绩，孝宗也听说了。有人再说朱熹疏于政事，孝宗就说："恰恰相反，朱熹的政绩很可观。"

宁宗继位后，韩侂胄自认为拥立新皇有功，常常居功自傲。朱熹担心他妨害政事，于是多次向宁宗上奏，请求限制韩侂胄的权力。宁宗不同意，而且还借口朱熹年纪已高，要把他调到外地去。赵汝愚等大臣都纷纷进谏挽留朱熹，但宁宗还是不答应。

庆元元年（1195），赵汝愚任宰相后，召集天下名士，朝野内外都乐观地认为朝政出现了新希望，只有朱熹还在为韩侂胄权力过大而忧心忡忡。他屡次对宁宗进言之后，又多次亲笔致信赵汝愚，劝他用丰厚的赏赐酬报韩侂胄，但不要让他干预朝政，其中有"防微杜渐，谨不可忽"的话。但赵汝愚却太大意了，认为韩侂胄很容易对付，就没把朱熹的忠告放在心上。后来，赵汝愚果然被诬陷驱逐，朝廷的大权都归于韩侂胄一个人了。

▶【被污"伪学"】

朱熹的直言得罪了许多朝臣，许多人都想报复他。朱熹行为端正，那些人从他身上找不到什么把柄，于是，他们开始打起了歪主意。由于朱熹尊崇理学，所以那些想诋毁他的人都拿反对理学做幌子，名义上痛斥理学的坏处，实际上是想借此打击朱熹。例如，监察御史陈贾在面见皇帝时，说近来士大夫之间有所谓的"道学"，大体上是假借其名来做坏事，希望皇上对这些人严加考察，弃之不用。陈贾所针对的其实就是朱熹。

兵部侍郎林栗曾经和朱熹讨论《周易》《西铭》，两人的见解不一致，于是他也弹劾朱熹，说："朱熹本来没有什么学问，只是剽窃张载、程颐的余说，称之为'道学'。他所到之处动不动就携带几十个门生，妄想模仿孔子、孟子游历聘访的风习，不肯接受朝廷的任命，他实在是太虚伪了。"

自从朱熹离去，韩侂胄的势力越发嚣张，他知道朱熹反对自己，就授意他的门客对朱熹发难。御史中丞何澹放出第一炮，他抨击所谓精通某一门学术的学问，是用欺骗世人的文章来沽名钓誉，号召大家都来分辨这种学问的真伪。于是，一种所谓"伪学"的说法开始流行开来，而这显然指的是朱熹所倡导和专长的理学。太常少卿胡纮说："近年来，伪学猖獗，这些人图谋不轨，希望陛下告诉大臣们，对这些人暂停升职、任用。"不久，朱熹被削夺了职位，而那些弹劾他的人则都得到晋升。陈贾被升为兵部侍郎。刘三杰以前曾经弹劾朱熹、赵汝愚、刘光祖、徐谊等人是"伪党"，现在他又进一步指责这些人是"逆党"，结果，刘三杰当天就被升为右正言。右谏议大夫姚愈也说朱熹等道学家与有权势的大臣结为死党，窥视朝廷大权。宁宗听了这么多反对理学的声音，就算原本不信，现在也信以为真了，于是命人起草诏书宣谕天下，公开反对"伪学"。由此，攻击理学的人越来越多，也越来越激进，甚至有人上书请求斩杀朱熹。

在这种环境中，士人们大多被迫循规蹈矩，不敢为自己做任何申辩。稍稍以理学知名的人，几乎都没有容身之处。那些以前学习理学的人，如果不想随波逐流，就只能隐居深山，而那些懦弱的，则纷纷改拜他人为师，即使路过原来的师门也不进去，有的甚至还改换服饰，在集市上游逛，以此来证明自己不是伪党。

即使在这种情况下，朱熹仍坚持每天给学生们上课。有人劝他把学生遣散了，免得招惹麻烦，但他总是笑而不答。有个名叫陈景思的人，是原丞相陈康伯的孙子，与韩侂胄是姻亲。他劝韩侂胄不要做得太过分了，韩侂胄这才觉得自己是做的有点过了头。

庆元五年（1199），朱熹去世，终年71岁。临终前，他还亲笔写信给儿子朱在以及几个学生，劝勉他们努力治学，并嘱托他们修订自己留下的书籍。随后，他把衣服帽子都穿戴得整整齐齐，然后端正地坐在床上，靠着枕头去世了。

朱熹的遗体将要入葬时，有人还在对宁宗说："天下的伪书生们已经会聚到了一起，要为他们的伪学老师送葬，在聚会之中，他们肯定要狂妄地谈论时人的短长、谬议时政的得失，希望陛下下令逮捕他们。"宁宗同意了这个建议。

嘉泰元年（1201），朝廷对理学的禁令稍微放松了一些。第二年，宁宗下诏恢复朱熹的名誉，等韩侂胄死后，又下诏追赠朱熹为中大夫。

理宗宝庆三年（1227），朱熹被赠为太师，并追封信国公，后改为徽国公。

朱熹年少时慷慨激昂，致力于求道。他的父亲朱松病重时，曾经嘱咐他说："胡原仲、刘致中、刘彦冲三个人学识渊博，都是我所敬畏的人，我死后你可以去拜他们为师，他们讲什么你都要听从。"后来，朱熹就以他们三人为师，一心研读他们的学问。李侗当时年纪已经很大了，可是朱熹依然步行几百里路去拜他为师。所以说，朱熹的学问既是从书籍中学习到的，又是从当时的名士那里学习到的。

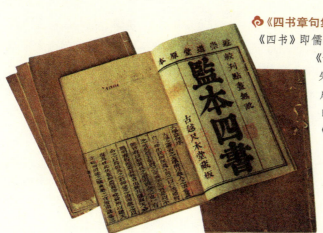

《四书章句集注》书影

《四书》即儒家经典《大学》、《中庸》、《论语》、《孟子》的合称，朱熹对四书加以注解，成《四书集注》。元以后的科举考试都以朱熹的《四书集注》作为唯一的标准。

秦桧列传

在中国人的词汇中，秦桧几乎已成为"奸臣"的代名词。他坚持对金割地求和，拼命排斥异己，甚至不惜制造冤案、谋害忠良；他权倾朝野，不把高宗皇帝放在眼里，只看重那些对自己溜须拍马的小人；他贪污腐败，死后家里还不断收到各种各样的贿赂……其实他也曾经是个有骨气的宋臣，一度反对割地求和，也许是在被扣作人质的日子里，一系列的恐吓、折磨让他改变了理想，从此走上了一条不归路。

【曾经强硬】

秦桧，字会之，江宁（今南京）人。靖康元年（1126），金军入侵，派使者跟宋朝谈判，要求宋朝割让三个镇的土地给金。当时，秦桧上奏表明自己的观点，说金人贪得无厌而又狡诈，不能满足他们的要求，还请求将金国的使者拒之门外，不让他们进入宫殿。后来，朝廷派秦桧到张邦昌手下做事，秦桧却推辞说："这个机构是专门为了割地而设的，和我的主张不符，我不能去。"于是他连上三道奏折拒绝赴任，朝廷最终同意了。

两名宋使从金国回来，向朝廷禀告说金人坚持要得到土地，不然的话，就要发兵攻取东京。钦宗连忙召集百官商议该怎么办，范宗尹等70人请求答应给金人土地，以求和平，但秦桧等36人却坚持不能给。

靖康二年（1127），金军大举进攻东京，东京沦陷，徽宗、钦宗被金军俘虏。金人想要扶持一个不姓赵的傀儡皇帝，王时雍等人商议推立张邦昌，许多人都不敢说话，但也有人坚决反对，认为还是应当推举一个赵家的子孙登基。秦桧当时是御史台长官，他也反对异姓人登基，希望维护赵家的江山，他还呈上一篇状子，表示自己宁愿被杀，也不愿辅佐一个不姓赵的皇帝。金人看了很生气，就把秦桧抓了起来。

最后，张邦昌还是被金人扶上了皇位，建立伪楚国。张邦昌给金人写信，请求把秦桧放回来，但金人不答应。于是，秦桧与徽、钦二帝，以及孙傅、张叔夜等大臣一起被带回了金国。后来，秦桧被分配到金国重臣完颜昌手下。宋高宗建炎四年（1130），完颜昌进攻山阳，秦桧及其家人也随行在军队中。行军途中，秦桧带着妻子、奴仆找机会逃离了队伍，最后终于取道水路，逃回大宋。

【转为求和】

秦桧回来后，有人问他是怎么逃出来的，他就说他杀了监视他们的金人，然后逃了回来。朝中许多大臣都不相信他的话，认为跟他一起被抓走的人都没有回来，只有他和他的家人回来了，而且从金国首都燕京到大宋路途遥远，一路上不可能没有人来追他们。如果金人是让他跟随完颜昌的部队来作战的，一定会把他的妻子和仆人扣作人质，他怎么又能和他的家人一起回来呢？种种疑问让人不由得对秦桧的说法产生怀疑，但当时的宰相范宗尹跟秦桧的关系很好，他尽力帮秦桧说话，处处宣传秦桧的忠诚。大家于是作罢。

虽然秦桧到底是怎么回来的，一直是个谜，但有一点非常明显，那就是秦桧从金国回来后，一下子转变了立场，从坚决反对割地求和，变成了坚决主张割地求和。这不免让许多人猜测，秦桧在金国时可能提出自己回国后将劝宋朝议和，这才被金国放了回来。对于秦桧，高宗的态度也很矛盾。他最初对拼命逃回来的秦桧很赞赏，一直给他升官，直至宰相。可是高宗也是一个有理想的君主，也曾一度想要抗金北伐，恢复中原。然而后来秦桧极力主张议和，高宗又变得不知该如何是好。有一天，他把直学士綦崇礼召进皇宫问话，让他分析秦桧提出的把河北送给金国、把中原送给受金人控制的伪齐国君刘豫的计策。

高宗苦恼地说："秦桧说'南方人回南方，北方人回北方'。我是北方人，能回到哪里呢？"綦崇礼把高宗的话记了下来，并且告诉了满朝文武官员，人们这才明白秦桧其实是个奸恶之徒。

于是，有大臣不停地弹劾秦桧，高宗也下诏解除了秦桧的职务，并在朝堂张榜公布，表示不再起用秦桧。可是绍兴三年（1133），又有宋朝官员出使金国回来之后，也提出对金国割地求和的建议，跟秦桧以前所说的话基本一致。高宗渐渐地又动摇了，曾经的雄心壮志渐渐消退，最后终于走上妥协退让的道路。绍兴五年（1135），宋金达成和约，不久，秦桧就恢复了官职，再次做了宰相，从此之后他把持朝政，极力推行割地求和的主张。

【排斥异己】

秦桧心胸狭窄，为了推行自己的主张，拼命打压异己，只要谁跟他观点不一致或曾经反对过他，他就一定要除之而后快。

张浚与赵鼎的关系非常好，两个人曾经在一起谈论人才问题，当时张浚对秦桧很有好感，赵鼎却谨慎地说："这个人如果得志，恐怕就没有我们的立足之地了！"张浚不以为然，还向朝廷引荐秦桧。等到与秦桧共事之后，张浚才发现秦桧的阴险，在他离开朝廷的时候，高宗让他再推荐一个人，张浚没有回答，高宗问秦桧怎么样，张浚就说秦桧是个阴险的人，于是高宗就重用了赵鼎。秦桧知道这件事后，就授意谏官纷纷弹劾张浚，一直把他贬得离朝廷远远的。

挤走了张浚，秦桧还不满足，还要离间赵鼎与张浚的关系。他对赵鼎说："其实皇上早就想重用你了，是张浚迟迟不告诉你，害怕你得势。"赵鼎本来是很讨厌秦桧的，听他这么一说反而开始信任秦桧，跟张浚疏远起来。一直到晚年，赵鼎和张浚偶遇时谈起这件事，才明白他们是被秦桧挑拨了。

朝廷中的许多贤士都因为得罪了秦桧而相继被罢免或迫害。枢密院编修官胡铨上疏，请求斩杀秦桧来向天下人谢罪。秦桧却给胡铨带上刑具，并将他贬到昭州（今广西平乐）。陈刚中称赞胡铨，秦桧非常生气，把陈刚中贬到赣州，当时赣州正流行瘟疫，陈刚中去了不久就死在了那里。随后，秦桧就用胡铨的例子来警告朝廷内外，意思是谁敢反对我就是这个下场。

高宗这时候已经完全依赖秦桧，只想着和议，一点抗争的念头都没有了。要是有人对他说和议不好，他就皱皱眉说："我不想听这些话。"然后就起身离去。

其实，当时宋军是完全有希望打败金军的。尤其是在岳飞的率领下，军民同心，正准备直捣金人老巢，可是秦桧却害怕破坏和议，一日之内连下十二道金牌，逼岳飞撤军。岳飞回朝后，秦桧又设计害死了岳飞，制造出举国震惊的冤案。此外，他还收回

了韩世忠、张俊等人的兵权，从此宋朝再无良将可以率兵与金兵对抗了。

秦桧的卖国行为让许多正直之士激愤不已。有一次，秦桧正要上朝，有一名小军官突然上前刺杀他，可惜没有刺中，最后这名小军官被判在闹市中凌迟处死。从此以后，秦桧提高了警惕，每次出门身后都跟着50名卫兵，每人还拿着一根长长的棒子以保护他。

秦桧自专政以来，限制人们的言论，蒙蔽高宗的视听。对于拍他马屁的人，他就加以重用；而对那些批评他的人，则睚眦必报。在这种高压气氛中，许多朝廷官员都不敢谈论国家大事，即使上朝，也只说一些鸡毛蒜皮、无关紧要的事情敷衍了事。秦桧还禁止民间私自撰写史书，以防自己的所作所为在民间流传下去。一旦发现有人写史书，就严厉惩罚。

有时候，秦桧甚至欺瞒高宗，这偶尔也让高宗不太高兴。衢州曾经兴起盗贼，秦桧私下里派人去镇压，但没有报告给高宗。晋安郡王趁着进宫的机会悄悄将这件事告诉了高宗，高宗非常吃惊，问秦桧怎么不禀告自己。秦桧说："这点小事不值得让您烦心，所以没向您报告，我是想等把盗贼平定了再向您禀报。"虽然秦桧说得好像很有道理，但这却表明他这个臣子可以代替皇上做决定，这能让高宗不生气吗？秦桧退下后，打听到是晋安郡王跟高宗说的这件事，就想报复他，于

是上奏说晋安郡王当时在服丧，应该减少他的俸禄。高宗知道后，表面上同意这样做，私下里却又把减少的钱偷偷补给晋安郡王。作为一个皇帝，连做这样一件事都得偷偷摸摸的，也可见高宗跟秦桧之间的微妙关系。

秦桧还频频接受贿赂，富可敌国，一直到他死后，还有国外的珍宝源源不断地送到他家里。

绍兴二十五年（1156），秦桧去世，时年66岁。临死前，他还在谋划如何害死张浚。

秦桧前后两次担任宰相，一共19年。在这19年里，他胁持皇上、主张议和、耽误国家，当时的忠臣良将，几乎都被他陷害尽了，而那些愚钝无耻、争着把诬陷好人当做自己的功劳的人则受到他的重用。至于那些被冤枉的人，因为没有罪名可以加，他们竟然随意罗织罪名。但凡弹劾人的奏章，基本上都是秦桧写的。此外，秦桧还在全国安插耳目，只要听到有议论朝廷的人，一律逮捕治罪。此外，他还在宫中安排亲信窥视高宗的一举一动。至于地方呈上来的奏章，都送到他那里，根本就不送给高宗看。

岳飞墓前的秦桧夫妇跪像

位于今浙江杭州西湖景区岳王庙中侧岳飞墓前，像为铁铸人像，秦桧夫妇反剪双手，面墓而跪，形象沮丧。

张邦昌列传

宋
史

列
传

在宋朝遭遇靖康之耻，徽、钦二帝被金人掳走之后，张邦昌被金人立为傀儡皇帝，他虽然坐上皇位，却始终谨小慎微，还没来得及享受皇帝的身份带来的无上权力，就被逼下台。虽然他后来主动归附高宗，但始终得不到宋朝大臣们的谅解。

张邦昌，字子能，在宋朝历任礼部侍郎、少宰、太宰等职。

▶【登上皇位】

靖康二年 (1127)，金人攻陷东京，掳走了宋徽宗和宋钦宗，并谋划着扶植一个不姓赵的傀儡皇帝，以听从他们的指挥。宋朝的一些旧臣不同意，还是想立一个姓赵的皇帝，金人很生气，胁迫百官共同商议。众大臣都不敢反对，商量很久也没有商量出什么好办法，就说："现在我们只能勉强听从命令，推举一人前去应付了。"但是，具体的人选仍然无法确定。这时，正好尚书员外郎宋齐愈从外面回来，众人询问他的意见。宋齐愈没有说话，只默默写了"张邦昌"三个字给群臣看。于是，众人决定让张邦昌暂时代理国事。

不过，大臣们的意见并不统一，孙傅、张叔夜两位大臣就不愿意在奏状上签名，于是金人将他们俩押到军中关了起来。王时雍当时任东京留守，

他决定召集众大臣开会。群臣赶到后，王时雍便紧闭大门，并派重兵在门前守卫，还让范琼告诉众位大臣已经拥立张邦昌。没有了退路，众位大臣只好同意拥立张邦昌，突然有一位太学生猛地站出来反对，大家又犹豫起来。见此情景，范琼担心大家会受到影响，便厉声喝斥这位太学生，并立刻将他赶走。王时雍先在奏状上签名，为百官作表率，大臣们也陆续开始签名。

倒是张邦昌似乎还没做好准备，金人刚开始劝他登位时，他还曾想要自杀。到了这种时候，有人劝他说："你要是想殉国，早先没有死，现在去死一定会惹恼金人，你想让一城百姓去死吗？"张邦昌没办法，正好这时金人捧着册立他的文书来了，张邦昌只好跪拜接受册命，登上皇位，国号"大楚"，准备建都金陵。

▶【让出皇位】

登上皇位的张邦昌也想有些作为，他接见百官时不称"朕"，仍然

自称为"予"，传谕称"宣旨"，手诏称"手书"，允许执政、侍从坐着谈论国事，自己平常也不穿皇帝穿的龙袍。王时雍每次向他汇报政事时称"臣启陛下"，张邦昌还斥责他。

金军带着徽、钦二帝回北方了，吕好问一直对张邦昌很不服气，这时便对他说："当初众人选你做皇帝是迫于金人的压力，现在金人走了，你还能像现在这样吗？康王久居朝外，众心所归，为什么不拥戴他做皇帝呢？"张邦昌也担心自己今后不知怎么办，就听从了吕好问的建议，决定把皇位让给康王赵构。他派人给赵构写了一封信，说自己当初完全是被金人逼迫的，从没妄想做皇帝。后来他又亲自去见赵构，伏地痛哭请求治他死罪，赵构看他的样子怪可怜的，就原谅了他。

【生死何从】

高宗赵构即位后，一度想重用张邦昌，把他和李纲同时封为重臣。李纲痛恨张邦昌曾经僭位，坚决不跟他同朝为官，于是连上多封奏折要求严惩张邦昌，还说自己对张邦昌要见一次打一次。高宗一直很倚重李纲，这一道道奏章让他不能无动于衷。于是，高宗降旨说："张邦昌篡位叛逆，理当诛灭，但是他当初完全是被胁迫的，因此特别予以宽免。"于是将张邦昌降为一个小官。

当初，张邦昌被立为皇帝后住在皇宫里。钦宗的后妃李氏经常殷勤地给他送水果，张邦昌也乐于接受。一天晚上，张邦昌在李氏的寝宫内喝醉了，于是李氏将自己的上衣给他盖在身上，并把他搀到内室，让自己的养女陈氏来服侍他。

高宗听说这件事后勃然大怒，立刻下令将李氏抓了起来。经过一番思索，高宗决定对张邦昌新账老账一起算，于是下诏列举了他一堆罪状，最后将他定为死罪，李氏则被发配到偏远之地从事苦力。

⊙ **耕织图刻石拓片**
宋朝多次颁诏开垦农田、兴修水利。宋仁宗、宋高宗先后令人绘出农家耕地、收割、养蚕、织布的图画，陈列于宫中。从此，以耕织为题材的绘画作品纷纷出现。

白话精编二十四史

● 第八卷

宋史

【特邀编审】

曲鸣丽

【特邀校对】

慧眼文化

【文图编辑】

樊文龙

【文字撰写】

沈仲亮

【装帧设计】

罗雷

【美术编辑】

刘晓东

【图片提供】

Fotoe.com